英検®は、公益財団法人
日本英語検定協会の登録商標です。

厳選
過去問

10日間完成
毎日ミニ模試

英検® 1級

トフルゼミナール講師 **山田広之**［監修］

テイエス企画

はじめに

過去問を使った実戦的な演習をしたいけれど、同時に解き方のコツも整理しておきたい。本書は、そのような学習者に最適な１冊です。

試験対策として、ある程度の量の過去問にあたることは大切ですが、やみくもに問題を解き、答え合わせをすることの繰り返しだけでは合格への力はなかなかつきません。

本書では、まずは第１章の「早わかりガイド」で英検の概要を押さえ、次に過去問のエッセンスを抽出した例題で、全問題形式の解き方のコツを習得します。その上で、第２章の「ミニ模試」で、第１章で学んだ解き方に習熟していきます。「ミニ模試」は、１日の学習として適度な分量に各問題形式をバランス良く配分してありますので、１回分をこなすごとに一歩ずつ確実に合格に近づくことができます。

さらに、巻末には各 DAY の読解問題で登場した頻出の英単語をまとめてありますので、問題をやりっぱなしにしないための効果的な復習ツールとして、また使い勝手の良い頻出英単語リストとして、試験本番まで繰り返し活用してください。

全 10 回の「ミニ模試」のうち、6 回を筆記試験とリスニングテストに、3 回を英作文に、１回を二次試験の対策に充てていますので、試験日までの期間に合わせ、優先的に取り組む回を選択していただくと良いでしょう。得意な分野をさらに得点源にするのも良いでしょうし、弱点を集中的に強化するのも良いと思います。

本書が、皆さんの目標達成の一助となることを願っています。

2020 年 3 月　監修者 山田広之

目次

毎日ミニ模試
英検1級

本書の構成と取り組み方

本書は、毎日短時間・短期間の学習で英検1級に合格する力をつけるために、以下の5つのセクションから構成されています。各セクションの取り組み方を良く理解した上で学習を進めてください。

1 英検1級 早わかりガイド
2 ミニ模試（筆記試験・リスニングテスト）
3 ミニ模試（英作文）
4 ミニ模試（二次試験）
5 でる単語リスト1000

1 英検1級 早わかりガイド

英検とはどんな試験なのか？ 試験の全体像をとらえ、例題への取り組みを通して各設問形式について解き方のコツをつかみます。

■ 試験の概要

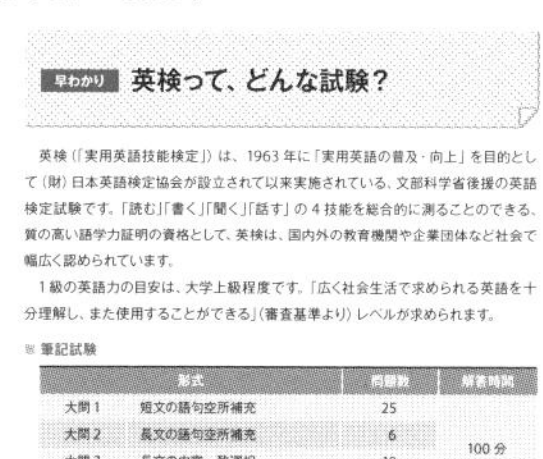

早わかり **英検って、どんな試験？**

英検（「実用英語技能検定」）は、1963年に「実用英語の普及・向上」を目的として（財）日本英語検定協会が設立されて以来実施されている、文部科学省後援の英語検定試験です。「読む」「書く」「聞く」「話す」の4技能を総合的に測ることのできる、質の高い語学力証明の資格として、英検は、国内外の教育機関や企業団体など社会で幅広く認められています。

1級の英語力の目安は、大学上級程度です。「広く社会生活で求められる英語を十分理解し、また使用することができる」（審査基準より）レベルが求められます。

※ 筆記試験

	形式	問題数	解答時間
大問1	短文の語句空所補充	25	100分
大問2	長文の語句空所補充	6	
大問3	長文の内容一致選択	10	
大問4	英作文	1	

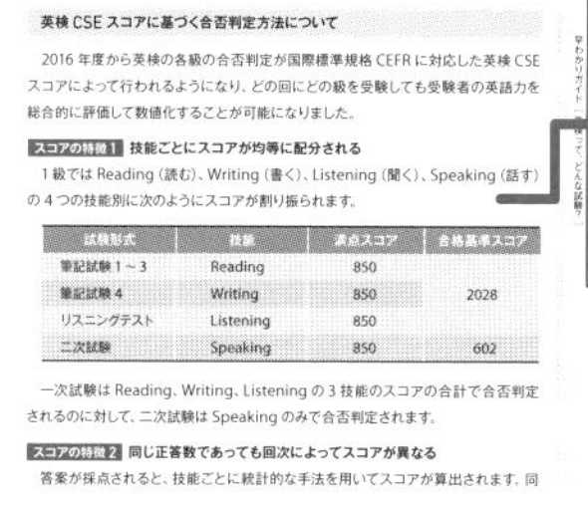

英検CSEスコアに基づく合否判定方法について

2016年度から英検の各級の合否判定が国際標準規格CEFRに対応した英検CSEスコアによって行われるようになり、どの回にどの級を受験しても受験者の英語力を総合的に評価して数値化することが可能になりました。

スコアの特徴1 **技能ごとにスコアが均等に配分される**

1級ではReading（読む）、Writing（書く）、Listening（聞く）、Speaking（話す）の4つの技能別に次のようにスコアが割り振られます。

試験形式	技能	満点スコア	合格基準スコア
筆記試験1～3	Reading	850	2028
筆記試験4	Writing	850	
リスニングテスト	Listening	850	
二次試験	Speaking	850	602

一次試験はReading、Writing、Listeningの3技能のスコアの合計で合否判定されるのに対して、二次試験はSpeakingのみで合否判定されます。

スコアの特徴2 **同じ正答数であっても回次によってスコアが異なる**

答案が採点されると、技能ごとに統計的な手法を用いてスコアが算出されます。同

まずは、科目構成や問題数、解答時間、スコアと合否の判定方法について把握しておきましょう。

■ 例題と解き方のコツ

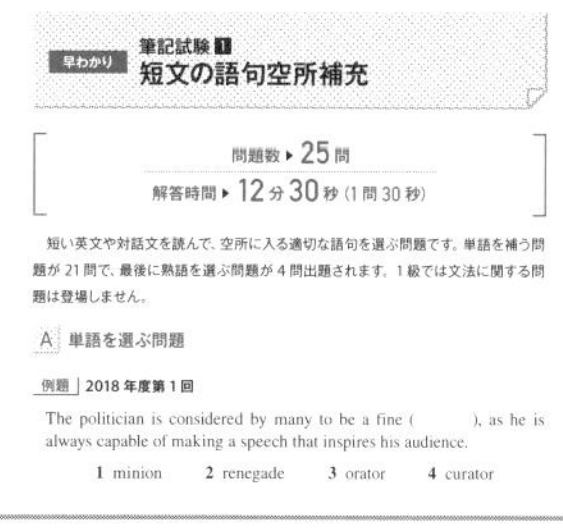

早わかり 筆記試験 1 **短文の語句空所補充**

問題数 ▸ 25問
解答時間 ▸ 12分30秒（1問30秒）

短い英文や対話文を読んで、空所に入る適切な語句を選ぶ問題です。単語を補う問題が21問で、最後に熟語を選ぶ問題が4問出題されます。1級では文法に関する問題は登場しません。

A 単語を選ぶ問題

例題 2018年度第1回

The politician is considered by many to be a fine (　　　), as he is always capable of making a speech that inspires his audience.

1 minion　2 renegade　3 orator　4 curator

B 熟語を選ぶ問題

例題 2018年度第3回

A: Which brand of dish soap should I buy, Max?
B: My mother (　　　) White Flag. She says it's the only brand that gets the dishes clean enough.

1 swears by　2 ekes out　3 hems in　4 irons out

POINT 消去法で正解を導き出そう

空所に入れる熟語はいずれも動詞を含む語句です。選択肢の熟語は見慣れないものが多いかもしれませんが、その中に含まれる動詞や副詞から意味を推測して消去法で正解を絞り込んでいくのが有効です。この例題では、話し手Bが自分の母親についてShe says it's the only brand that gets the dishes clean enough（それ＝White Flagはお皿が十分きれいになる唯一のブランドだと言っている）と述べているので、空所には「～を褒める、薦める」に近い意味の熟語が入ると考えられます。1級受験者のレベルならきっと1のswearは「誓う」、2のhemは名詞だと「（衣服や布地の）縁、裾」、3のironは「アイロンをかけてしわを取る」の意味だと知っているでしょう。hemにしてもironにしても「～を褒める、薦める」に近い意味の熟語が作れそうにないので、この2つを除外して肯定的な意味のswearを含む1を選択します。

筆記試験、リスニングテスト、英作文、二次試験について、過去問から典型的な問題を取り上げています。解き方のコツを習得してください。

2 ミニ模試（筆記試験・リスニングテスト） DAY 1, DAY 2, DAY 4, DAY 5, DAY 7, DAY 8

「早わかりガイド」の例題でマスターした解き方に沿って、過去問演習で合格への実力を養成します。短時間でこなせるミニ模試方式ですので、試験日までの期間に合わせ、優先的に取り組む回を選択して自分に合った学習メニューを作ると良いでしょう。

■ 筆記試験・問題

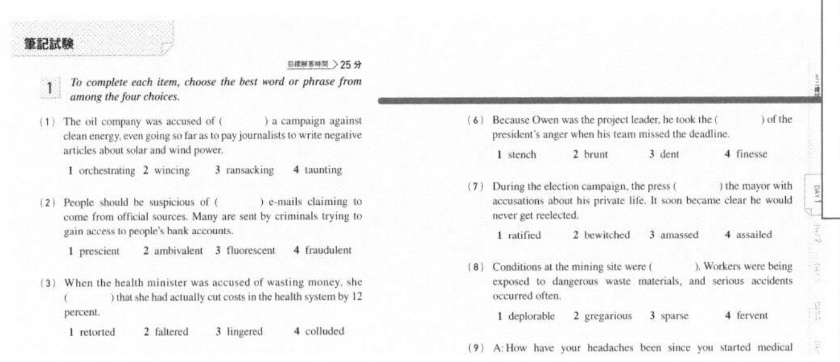

筆記試験

目標解答時間 > 25分

1 *To complete each item, choose the best word or phrase from among the four choices.*

(1) The oil company was accused of ( ) a campaign against clean energy, even going so far as to pay journalists to write negative articles about solar and wind power.
1 orchestrating 2 wincing 3 ransacking 4 taunting

(2) People should be suspicious of ( ) e-mails claiming to come from official sources. Many are sent by criminals trying to gain access to people's bank accounts.
1 prescient 2 ambivalent 3 fluorescent 4 fraudulent

(3) When the health minister was accused of wasting money, she ( ) that she had actually cut costs in the health system by 12 percent.
1 retorted 2 faltered 3 lingered 4 colluded

(6) Because Owen was the project leader, he took the ( ) of the president's anger when his team missed the deadline.
1 stench 2 brunt 3 dent 4 finesse

(7) During the election campaign, the press ( ) the mayor with accusations about his private life. It soon became clear he would never get reelected.
1 ratified 2 bewitched 3 amassed 4 assailed

(8) Conditions at the mining site were ( ). Workers were being exposed to dangerous waste materials, and serious accidents occurred often.
1 deplorable 2 gregarious 3 sparse 4 fervent

(9) A: How have your headaches been since you started medical

筆記試験の演習です。「目標解答時間」を設定してありますので、時間を計って取り組みましょう。

■ リスニングテスト・問題

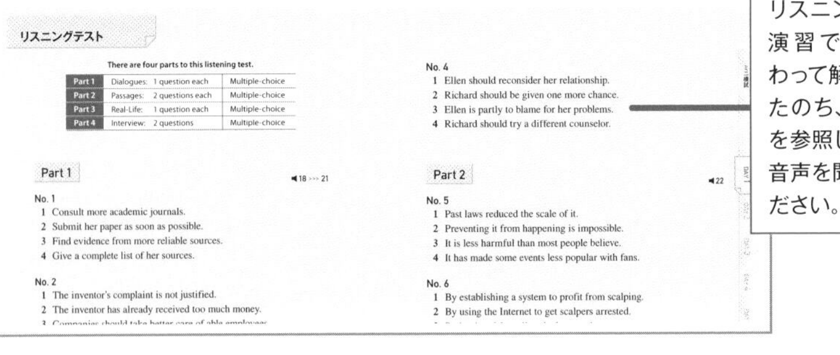

リスニングテスト

There are four parts to this listening test.

Part 1	Dialogues: 1 question each	Multiple-choice
Part 2	Passages: 2 questions each	Multiple-choice
Part 3	Real-Life: 1 question each	Multiple-choice
Part 4	Interview: 2 questions	Multiple-choice

Part 1 ◀18 >>> 21

No. 1
1 Consult more academic journals.
2 Submit her paper as soon as possible.
3 Find evidence from more reliable sources.
4 Give a complete list of her sources.

No. 2
1 The inventor's complaint is not justified.
2 The inventor has already received too much money.

No. 4
1 Ellen should reconsider her relationship.
2 Richard should be given one more chance.
3 Ellen is partly to blame for her problems.
4 Richard should try a different counselor.

Part 2 ◀22

No. 5
1 Past laws reduced the scale of it.
2 Preventing it from happening is impossible.
3 It is less harmful than most people believe.
4 It has made some events less popular with fans.

No. 6
1 By establishing a system to profit from scalping.
2 By using the Internet to get scalpers arrested.

リスニングテストの演習です。解き終わって解説を確認したのち、スクリプトを参照して繰り返し音声を聞き込んでください。

■ 解答・解説

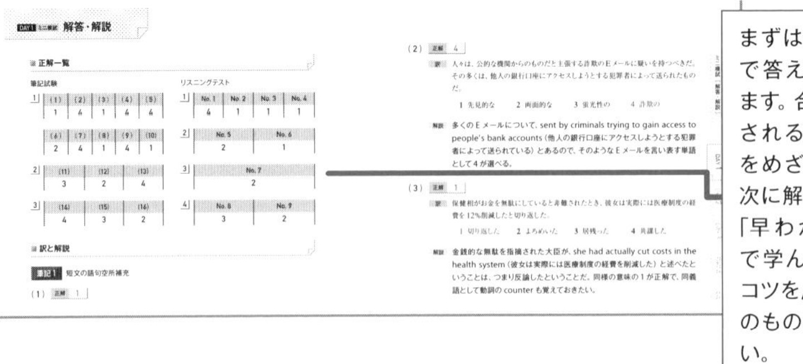

DAY 1 ミニ模試 解答・解説

正解一覧

筆記試験

1	(1)	(2)	(3)	(4)	(5)
	1	4	1	4	4
	(6)	(7)	(8)	(9)	(10)
	2	4	1	4	1

2	(11)	(12)	(13)
	3	2	4

3	(14)	(15)	(16)
	4	3	2

リスニングテスト

1	No. 1	No. 2	No. 3	No. 4
	4	1	1	1

2	No. 5	No. 6
	2	1

3	No. 7
	2

4	No. 8	No. 9
	3	2

訳と解説

筆記1 短文の語句空所補充

(1) 正解 1

(2) 正解 4
訳 人々は、公的な機関からのものだと主張する詐欺のEメールに疑いを持つべきだ。その多くは、他人の銀行口座にアクセスしようとする犯罪者によって送られたものだ。
1 先見的な 2 両面的な 3 蛍光性の 4 詐欺の
解説 多くのEメールについて、sent by criminals trying to gain access to people's bank accounts（他人の銀行口座にアクセスしようとする犯罪者によって送られている）とあるので、そのようなEメールを言い表す単語として4が選べる。

(3) 正解 1
訳 保健相がお金を無駄にしていると非難されたとき、彼女は実際には医療制度の経費を12%削減したと切り返した。
1 切り返した 2 よろめいた 3 居残った 4 共謀した
解説 金銭的な無駄を指摘された大臣が、she had actually cut costs in the health system（彼女は実際には医療制度の経費を削減した）と述べたということは、つまり反論したということだ。同様の意味の1が正解で、同義語として動詞のcounterも覚えておきたい。

まずは「正解一覧」で答え合わせをします。合格に必要とされる正解率7割をめざしましょう。次に解説を確認し、「早わかりガイド」で学んだ解き方のコツを反復して自分のものとしてください。

3 ミニ模試（英作文） DAY 3, DAY 6, DAY 9

英作文の勉強は一人ではやりにくいと言われますが、まずは一人でやれることをしっかりやりきることが大切です。「書く」という観点から文法を学び直し、使える表現を増やし、答案の「型」を身につけましょう。そのためのトレーニングとなっています。

■ 英作文・問題

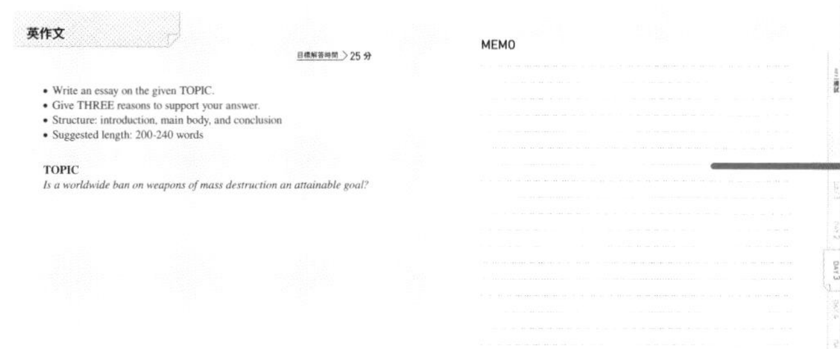

英作文

目標解答時間 25分

- Write an essay on the given TOPIC.
- Give THREE reasons to support your answer.
- Structure: introduction, main body, and conclusion
- Suggested length: 200-240 words

TOPIC

Is a worldwide ban on weapons of mass destruction an attainable goal?

MEMO

自分なりの解答を作ってみましょう。信頼できる英語の先生に添削指導が受けられる場合は、お願いすると良いでしょう。答案作成方法がわからない場合は後回しにし、次のトレーニングに進んでも結構です。

■ 解答例・英作文上達トレーニング［トレーニング 1］

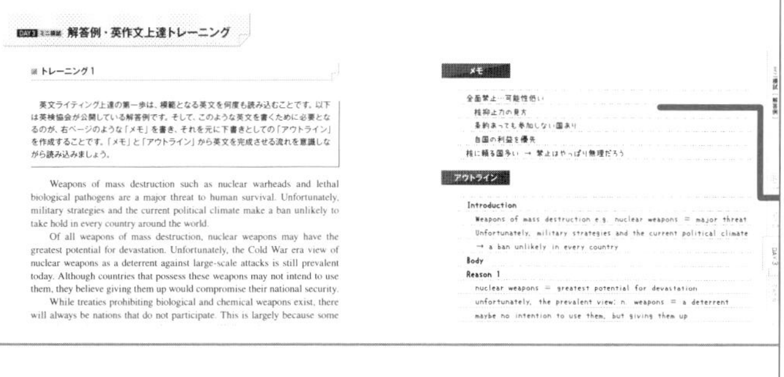

DAY 3 ミニ模試 解答例・英作文上達トレーニング

トレーニング 1

英文ライティング上達の第一歩は、模範となる英文を何度も読み込むことです。以下は英検協会が公開している解答例です。そして、このような英文を書くために必要となるのが、右ページのような「メモ」を書き、それを元に下書きとしての「アウトライン」を作成することです。「メモ」と「アウトライン」から英文を完成させる流れを意識しながら読み込みましょう。

Weapons of mass destruction such as nuclear warheads and lethal biological pathogens are a major threat to human survival. Unfortunately, military strategies and the current political climate make a ban unlikely to take hold in every country around the world.

Of all weapons of mass destruction, nuclear weapons may have the greatest potential for devastation. Unfortunately, the Cold War era view of nuclear weapons as a deterrent against large-scale attacks is still prevalent today. Although countries that possess these weapons may not intend to use them, they believe giving them up would compromise their national security.

While treaties prohibiting biological and chemical weapons exist, there will always be nations that do not participate. This is largely because some

メモ

全面禁止…可能性低い
核抑止力の見方
条約あっても参加しない国あり
自国の利益を優先
核に頼る国多い → 禁止はやっぱり無理だろう

アウトライン

Introduction
Weapons of mass destruction e.g. nuclear weapons = major threat
Unfortunately, military strategies and the current political climate
→ a ban unlikely in every country
Body
Reason 1
nuclear weapons = greatest potential for devastation
unfortunately, the prevalent view: n. weapons = a deterrent
maybe no intention to use them, but giving them up

英作文問題は、
・メモの作成
↓
・アウトライン化
↓
・解答の作成
の流れで進めます。この３つの関係を注意深く確認しながら、模範解答を繰り返し読み込むことが独習で上達するヒケツです。

■ 解答例・英作文上達トレーニング［トレーニング 2］

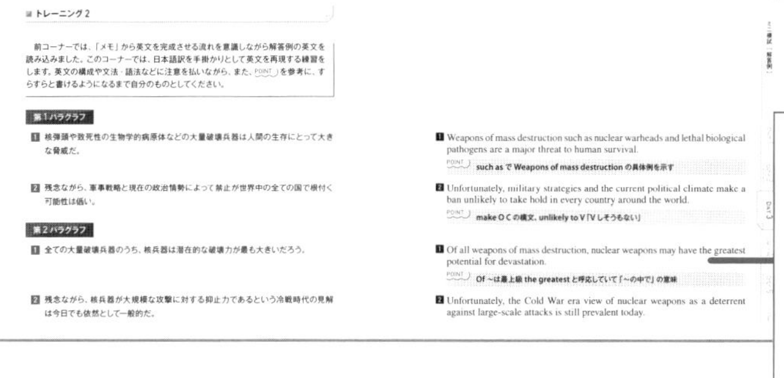

トレーニング 2

前コーナーでは、「メモ」から英文を完成させる流れを意識しながら解答例の英文を読み込みました。このコーナーでは、日本語訳を手掛かりとして英文を再現する練習をします。英文の構成や文法・語法などに注意を払いながら、また、POINT を参考に、すらすらと書けるようになるまで自分のものとしてください。

第1パラグラフ

1 核弾頭や致死性の生物学的病原体などの大量破壊兵器は人間の生存にとって大きな脅威だ。

2 残念ながら、軍事戦略と現在の政治情勢によって禁止が世界中の全ての国で根付く可能性は低い。

第2パラグラフ

1 全ての大量破壊兵器のうち、核兵器は潜在的な破壊力が最も大きいだろう。

2 残念ながら、核兵器が大規模な攻撃に対する抑止力であるという冷戦時代の見解は今日でも依然として一般的だ。

1 Weapons of mass destruction such as nuclear warheads and lethal biological pathogens are a major threat to human survival.
POINT such as で Weapons of mass destruction の具体例を示す

2 Unfortunately, military strategies and the current political climate make a ban unlikely to take hold in every country around the world.
POINT make O C の構文。unlikely to V「V しそうもない」

1 Of all weapons of mass destruction, nuclear weapons may have the greatest potential for devastation.
POINT Of ～は最上級 the greatest と呼応していて「～の中で」の意味

2 Unfortunately, the Cold War era view of nuclear weapons as a deterrent against large-scale attacks is still prevalent today.

模範解答を読み込んだら、日本語から英語への変換が素早くできるようになるまで練習します。常に全体の構成を意識しながら取り組んでください。

4 ミニ模試（二次試験） DAY 10

一人での面接練習をどうすれば良いかですが、基本は英作文と同じです。本番でメモを作ったり、それをアウトライン化したりすることはできませんが、準備段階ではそのようなトレーニングを積み重ね、「話す」という観点から文法を学び直し、使える表現を増やし、解答の「型」を身につけましょう。

■二次試験・問題

二次試験

You have one minute to choose one topic from the five choices and prepare your speech. You have two minutes to give your speech.

TOPIC CARD

1. Agree or disagree: It is too late to prevent the loss of biodiversity on Earth
2. Should more be done to increase awareness of mental-health issues in Japan?
3. What role should the central government play in determining school curriculums?
4. Are humans too dependent on science to solve society's problems?
5. Will the gap between the rich and the poor inevitably increase in today's globalized world?

MEMO

自分なりの解答を作ってみましょう。信頼できる英語の先生に面接指導が受けられる場合は、お願いすると良いでしょう。解答はスマートフォンのボイスメモ機能などを使って録音しておきましょう。

■解答例・英語面接上達トレーニング［トレーニング 1］

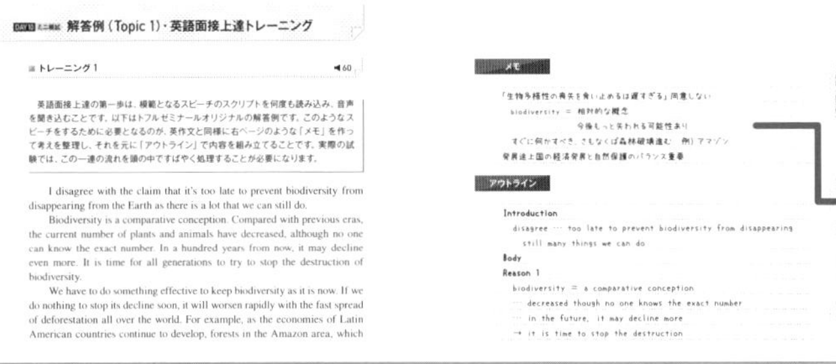
DAY 10 ミニ模試 解答例（Topic 1）・英語面接上達トレーニング

トレーニング 1 ◀60

英語面接上達の第一歩は、模範となるスピーチのスクリプトを何度も読み込み、音声を聞き込むことです。以下はトフルゼミナールオリジナルの解答例です。このようなスピーチをするために必要となるのが、英作文と同様に右ページのような「メモ」を作って考えを整理し、それを元に「アウトライン」で内容を組み立てることです。実際の試験では、この一連の流れを頭の中ですばやく処理することが必要になります。

I disagree with the claim that it's too late to prevent biodiversity from disappearing from the Earth as there is a lot that we can still do.

Biodiversity is a comparative conception. Compared with previous eras, the current number of plants and animals have decreased, although no one can know the exact number. In a hundred years from now, it may decline even more. It is time for all generations to try to stop the destruction of biodiversity.

We have to do something effective to keep biodiversity as it is now. If we do nothing to stop its decline soon, it will worsen rapidly with the fast spread of deforestation all over the world. For example, as the economies of Latin American countries continue to develop, forests in the Amazon area, which

メモ

「生物多様性の消失を食い止めるは遅すぎる」同意しない
biodiversity = 相対的な概念
今後もっと失われる可能性あり
すぐに何かすべき、さもなくば森林破壊進む　例）アマゾン
発展途上国の経済発展と自然保護のバランス重要

アウトライン

Introduction
disagree … too late to prevent biodiversity from disappearing
still many things we can do
Body
Reason 1
biodiversity = a comparative conception
… decreased though no one knows the exact number
… in the future, it may decline more
→ it is time to stop the destruction

面接の解答も英作文問題同様に、
・メモの作成
↓
・アウトライン化
↓
・解答の作成
の流れで練習します。この3つの関係を注意深く確認しながら、模範解答を繰り返し読み、聞くことが独習で上達するヒケツです。

■解答例・英語面接上達トレーニング［トレーニング 2］

トレーニング 2 ◀61 … 70

前コーナーでは、「メモ」からスピーチを完成させる流れを意識しながら解答例のスクリプトを読み込み、音声を聞き込みました。このコーナーでは、日本語訳を手掛かりとしてスピーチを再現する練習をします。英文の構成や文法・語法などに注意を払いながら、また、POINT を参考に、すらすらと話せるようになるまで自分のものとしてください。

意見

1 私は生物多様性が地上から消えるのを防ぐのには遅すぎるという意見には同意しません。なぜなら私たちにできることがまだたくさんあるからです。

理由 1

1 生物多様性は相対的な概念です。

2 その正確な数は誰にも分かりませんが、以前の時代と比べると動植物の現在の数は減りました。

3 今から100年後には、もっとずっと減っているかもしれません。

1 I disagree with the claim that it's too late to prevent biodiversity from disappearing from the Earth as there is a lot that we can still do.
POINT claim の直後は同格の that. the claim that ~「~という主張」

1 Biodiversity is a comparative conception.
POINT comparative「相対的な（他と比べて分かる）」

2 Compared with previous eras, the current number of plants and animals have decreased, although no one can know the exact number.
POINT compared with ~「~と比べると」

3 In a hundred years from now, it may decline even more.
POINT in ~「（今から）~後には」. even は比較級 more を強調

模範解答を読み、聞き込んだら、日本語から英語への変換が瞬時にできるようになるまで練習します。常に全体の構成を意識しながら取り組んでください。

5 でる単語リスト1000

「英語は最後は単語力がものをいう」と言われます。単語集を使って一気に多くの単語を覚えることも有益ですが、日頃の学習の中で出会った単語を確実に覚えていくことが最も大切です。このコーナーでは、ミニ模試の読解問題に登場した頻出単語約 1000 語を、各 DAY の各問題、各パラグラフごとにまとめてありますので、総仕上げとして取り組んでください。

■ 英検 1 級 でる単語リスト 1000

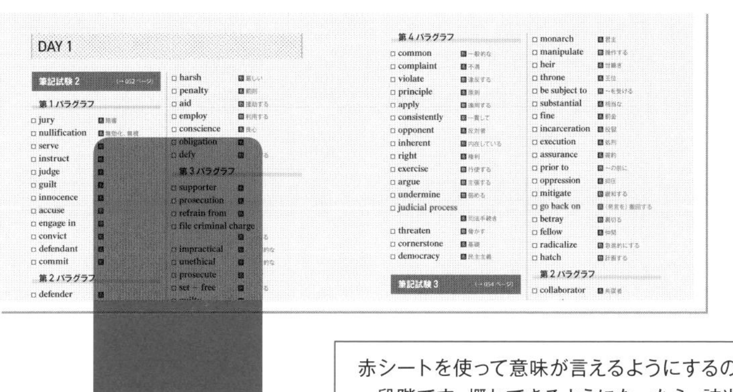

DAY 1

筆記試験 2 (→ 052 ページ)

第 1 パラグラフ

□ jury 名 陪審
□ nullification 名 無効化、無視
□ serve
□ instruct
□ judge
□ guilt
□ innocence
□ accuse
□ engage in
□ convict
□ defendant
□ commit

第 2 パラグラフ

□ defender
□ harsh 形 厳しい
□ penalty 名 罰則
□ aid 動 援助する
□ employ 動 利用する
□ conscience 名 良心
□ obligation
□ defy

第 3 パラグラフ

□ supporter
□ prosecution
□ refrain from
□ file criminal charge
□ impractical
□ unethical
□ prosecute
□ set ~ free

第 4 パラグラフ

□ common 形 一般的な
□ complaint 名 不満
□ violate 動 違反する
□ principle 名 原則
□ apply 動 適用する
□ consistently 副 一貫して
□ opponent 名 反対者
□ inherent 形 内在している
□ right 名 権利
□ exercise 動 行使する
□ argue 動 主張する
□ undermine 動 弱める
□ judicial process 名 司法手続き
□ threaten 動 脅かす
□ cornerstone 名 基礎
□ democracy 名 民主主義

筆記試験 3 (→ 054 ページ)

□ monarch 名 君主
□ manipulate 動 操作する
□ heir 名 世継ぎ
□ throne 名 王位
□ be subject to 動 ～を受ける
□ substantial 形 相当な
□ fine 名 罰金
□ incarceration 名 投獄
□ execution 名 処刑
□ assurance 名 確約
□ prior to 前 ～の前に
□ oppression 名 抑圧
□ mitigate 動 緩和する
□ go back on 動 (発言を) 撤回する
□ betray 動 裏切る
□ fellow 名 仲間
□ radicalize 動 急進的にする
□ hatch 動 計画する

第 2 パラグラフ

□ collaborator 名 共謀者

赤シートを使って意味が言えるようにするのが第一段階です。概ねできるようになったら、該当する DAY の問題文に戻り、英文を何度も読みこむことによって英語力を伸ばすことができます。「問題集は解きっぱなしにしない」ことが英語上達と合格への王道です。

〈出典〉本書は以下の英検 1 級過去問題を使用して制作されています。
2018 年第 1 回、第 2 回、第 3 回、2019 年第 1 回

音声ダウンロードについて

本書に掲載されている英文の音声が無料でダウンロードできますので、下記の手順にてご活用ください。

■ パソコンにダウンロードする

① パソコンからインターネットでダウンロード用サイトにアクセスする

下記の URL を入力してサイトにアクセスしてください。

https://tofl.jp/books/2540

② 音声ファイルをダウンロードする

サイトの説明に沿って音声ファイル（MP3 形式）をダウンロードしてください。

※スマートフォンにダウンロードして再生することはできませんのでご注意ください。

■ 音声を再生する

① 音声ファイルをパソコンの再生用ソフトに取り込む

ダウンロードした音声を iTunes などの再生用ソフトに取り込んでください。

② 音声を再生する

パソコン上で音声を再生する場合は、iTunes などの再生ソフトをお使いください。iPhone などのスマートフォンや携帯用の音楽プレーヤーで再生する場合は、各機器をパソコンに接続し、音声ファイルを転送してください。

※各機器の使用方法につきましては、各メーカーの説明書をご参照ください。

英検1級
早わかりガイド

[目標解答時間：25 分+リスニング]

早わかり 英検って、どんな試験？

英検（「実用英語技能検定」）は、1963年に「実用英語の普及・向上」を目的として（財）日本英語検定協会が設立されて以来実施されている、文部科学省後援の英語検定試験です。「読む」「書く」「聞く」「話す」の4技能を総合的に測ることのできる、質の高い語学力証明の資格として、英検は、国内外の教育機関や企業団体など社会で幅広く認められています。

1級の英語力の目安は、大学上級程度です。「広く社会生活で求められる英語を十分理解し、また使用することができる」（審査基準より）レベルが求められます。

■ 筆記試験

形式		問題数	解答時間
大問1	短文の語句空所補充	25	100分
大問2	長文の語句空所補充	6	
大問3	長文の内容一致選択	10	
大問4	英作文	1	

■ リスニングテスト

形式		問題数	解答時間
Part 1	会話の内容一致選択	10	約35分
Part 2	文の内容一致選択	10	
Part 3	Real-Life形式の内容一致選択	5	
Part 4	インタビューの内容一致選択	2	

■ 二次試験

形式	問題数	解答時間
自由会話（面接委員との簡単な日常会話）	―	約10分
スピーチ（与えられたトピックに関する意見表明）	1	
Q & A（スピーチの内容に関連した質疑応答）	―	

英検 CSE スコアに基づく合否判定方法について

2016 年度から英検の各級の合否判定が国際標準規格 CEFR に対応した英検 CSE スコアによって行われるようになり、どの回にどの級を受験しても受験者の英語力を総合的に評価して数値化することが可能になりました。

スコアの特徴 1　技能ごとにスコアが均等に配分される

1 級では Reading（読む）、Writing（書く）、Listening（聞く）、Speaking（話す）の 4 つの技能別に次のようにスコアが割り振られます。

試験形式	技能	満点スコア	合格基準スコア
筆記試験 1 ～ 3	Reading	850	2028
筆記試験 4	Writing	850	
リスニングテスト	Listening	850	
二次試験	Speaking	850	602

一次試験は Reading、Writing、Listening の 3 技能のスコアの合計で合否判定されるのに対して、二次試験は Speaking のみで合否判定されます。

スコアの特徴 2　同じ正答数であっても回次によってスコアが異なる

答案が採点されると、技能ごとに統計的な手法を用いてスコアが算出されます。同じ級のテストについて正答数とスコアの対応関係が定まっている訳ではないので、正答数が同じでも受験する回によって異なるスコアになることがあります。

スコアの特徴 3　合格するためには、技能のバランスが重要

2015 年度までは一次試験で Writing の配点が低かったため、Reading や Listening で高得点を取れれば Writing が 0 点であっても合格することが可能でした。しかし、4 つの技能に均等にスコアが配分されるようになった今では、得意な技能だけでスコアを稼ぐという考え方は通用しません。1 級に合格するには、各技能で 7 割程度の正答率が必要です。

英検 CSE スコアと CEFR について

英検 CSE スコアは、CEFR に合わせて 4 技能の上限をそれぞれ 1000 点に設定し、合計で 0 点から 4000 点のスコアに尺度化したものです。CEFR とは Common European Framework of Reference for Languages の略で、語学のコミュニケーション能力別のレベルを示す国際標準規格です。A1 から C2 まで 6 つのレベルが設定されていて、英検と CEFR の対応関係は以下の通りです。

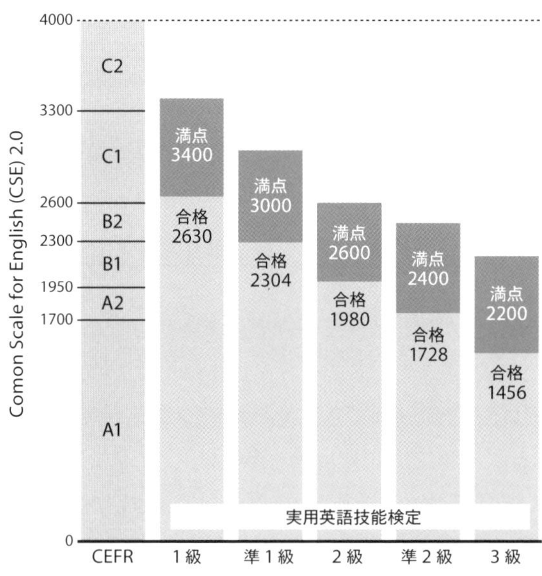

CEFR との対応関係により、英検の全級を通して受験者の英語力を 1 つの尺度で示すことができるようになっただけでなく、TOEFL（Test of English as a Foreign Language）をはじめ、IELTS（International English Language Testing System）や TEAP（Test of English for Academic Purposes）などの異なる英語試験ともスコアの比較が可能になりました。

試験日程 各年度で3回実施され、それぞれ一次試験に合格した場合のみ二次試験が受けられます。

	一次試験	二次試験
第1回	6月	7月
第2回	10月	11月
第3回	1月	2月

※年度や受験会場などによって日程が変わりますので、詳細は公式サイトでご確認ください。

申し込み 個人での申し込みの場合、インターネット、コンビニエンスストア、特約書店からの申し込みが可能です（1級の検定料は、10,300円。2020年度より適用）。詳細は、日本英語検定協会のホームページに記載されています。

公式サイト 日本英語検定協会 **http://www.eiken.or.jp/**

問い合わせ先 英検サービスセンター **TEL：03-3266-8311**

平日 9:30～17:00
試験前日 9:00～17:30
試験当日 8:00～17:30

早わかり

筆記試験 1

短文の語句空所補充

問題数 ▶ 25 問

解答時間 ▶ 12 分 30 秒（1 問 30 秒）

短い英文や対話文を読んで、空所に入る適切な語句を選ぶ問題です。単語を補う問題が 21 問で、最後に熟語を選ぶ問題が 4 問出題されます。1 級では文法に関する問題は登場しません。

A 単語を選ぶ問題

例題 | 2018 年度第 1 回

The politician is considered by many to be a fine (　　　), as he is always capable of making a speech that inspires his audience.

1 minion　**2** renegade　**3** orator　**4** curator

POINT 文全体を読もう！

問題文の途中に空所が置かれていることがほとんどですが、そこで立ち止まってはいけません。必ず最後まで読み通して全体的な内容を把握することが重要です。そうすると、空所にどのような意味の単語が入るのか予想しやすくなります。この例題では、The politician（その政治家）について he is always capable of making a speech that inspires his audience（常に聴衆を鼓舞するスピーチをすることができる）と書かれているので、大勢を前に話すのが得意な人という意味の単語が空所に適合します。

正解 3 | 訳 常に聴衆を鼓舞するスピーチをすることができるので、その政治家は多くの人たちから素晴らしい演説家であるとみなされている。

1 子分　**2** 反逆者　**3** 演説家　**4** 学芸員

B 熟語を選ぶ問題

例題 | 2018年度第3回

A: Which brand of dish soap should I buy, Max?
B: My mother ( ) White Flag. She says it's the only brand that gets the dishes clean enough.

1 swears by **2** ekes out **3** hems in **4** irons out

POINT 消去法で正解を導き出そう！

空所に入れる熟語はいずれも動詞を含む語句です。選択肢の熟語は見慣れないものが多いかもしれませんが、その中に含まれる動詞や副詞から意味を推測して消去法で正解を絞り込んでいくのが有効です。この例題では、話し手Bが自分の母親についてShe says it's the only brand that gets the dishes clean enough（それ＝White Flagはお皿が十分きれいになる唯一のブランドだと言っている）と述べているので、空所には「～を褒める、薦める」に近い意味の熟語が入ると考えられます。1級受験者のレベルならきっと1のswearは「誓う」、2のhemは名詞だと「（衣服や布地の）縁、裾」、3のironは「アイロンをかけてしわを取る」の意味だと知っているでしょう。hemにしてもironにしても「～を褒める、薦める」に近い意味の熟語が作れそうにないので、この2つを除外して肯定的な意味のswearを含む1を選択します。2のeke outは非常に使用頻度の低い表現なのであらかじめ知っている必要はありません。

正解 1

訳 A：マックス、どのブランドの食器用洗剤を買ったらいいかしら？
B：僕の母親はホワイトフラッグを信頼してるね。お皿が十分きれいになる唯一のブランドだって言ってるよ。

1 ～を信頼する **2** ～をやりくりする
3 ～を囲む **4** ～を解消する

早わかり

筆記試験 2

長文の語句空所補充

問題数 ▸ 長文 2 題 計 6 問

解答時間 ▸ 12 分 (1 問 2 分)

350 語程度の英文を読んで、空所に入れるのに適切な語句を選ぶ問題です。本文が 3 パラグラフで構成され、それぞれのパラグラフに空所が 1 つずつあるのが標準的な形です。空所に入るのは動詞を含むフレーズや名詞句や短い節などで、長い文全体が選択肢になることはありません。

例題 | 2019 年度第 1 回 (第 1 パラグラフ)

Film Noir

In the 1940s and 1950s, stylish black-and-white Hollywood films that would come to be known as "film noir" became popular with moviegoers. Film noir was characterized by dark themes such as criminality, and featured cynical characters and bleak subject matter. These films, it can be argued, (1). Given the violence of World War II and the looming threat of nuclear devastation that followed on its heels, society was in many ways upended, and the sense of security that had once prevailed in the United States was shattered. It was perhaps inevitable, then, that movies — previously regarded as light entertainment — would come to portray the unsettling dread felt throughout society.

(1) **1** negatively influenced society
2 provided an escape from reality
3 were almost prevented from being made
4 were a reflection of their times

POINT　パラグラフ全体の流れをつかもう！

空所はパラグラフの前半か中頃で登場する確率が高く、短文の語句空所補充問題と同様、空所の前の内容からだけでは正解が判断できないことが多いです。そのため、空所は空所のままパラグラフ全体を読み通してその内容を把握してから選択肢を吟味するのが賢明です。この例題では、film noirについて一般的な説明をした上で、どのようなものだと論じられるのかが問われています。空所の後を読み進めると、第二次世界大戦とその後の悲観的な将来の見通しによってアメリカ社会でthe sense of security（安心感）が失われ、映画がthe unsettling dread felt throughout society（社会全体で感じられていた落ち着かない恐怖感）を描くようになったとあるので、こうした内容を簡潔に表した4が正解です。時にはAs a result（結果として）などの表現とともに空所がパラグラフの最終文に置かれていることがありますが、その際はそれまでパラグラフで説明されていた事柄のまとめになる文を完成させることになります。いずれにしても、空所の位置に関わらず、パラグラフ全体の主旨と展開を理解することが重要です。

（1）正解　4

選択肢の訳
1 社会に悪い影響を与えた
2 現実からの逃避を提供した
3 ほとんど制作が妨害された
4 その時代を反映したものだった

本文訳

フィルム・ノワール

1940年代と1950年代に「フィルム・ノワール」として知られるようになるスタイリッシュなモノクロのハリウッド映画が映画ファンに人気を博した。フィルム・ノワールは、犯罪行為などの暗いテーマによって特色づけられ、シニカルな登場人物と悲観的な主題が特徴だった。これらの映画はその時代を反映したものだったと論じることができる。第二次世界大戦の暴力とその直後の核による荒廃という迫り来る脅威によって、社会は多くの点で一変し、かつてアメリカで広まっていた安心感が打ち砕かれた。そうなると、映画が、以前は気楽な娯楽とみなされていたが、社会全体で感じられていた落ち着かない恐怖感を描くことになるのはもしかすると避けられなかったのかもしれない。

早わかり

筆記試験 3
長文の内容一致選択

問題数 ▶ 長文 3 題 計 10 問

解答時間 ▶ 50 分 (1 問 5 分)

英文を読んで、その内容についての質問に答える問題です。3 ～ 4 パラグラフからなる 500 語程度の長文 2 つと 7 ～ 8 パラグラフからなる 800 語程度の長文 1 つが登場し、それぞれ 3 つから 4 つの問題が出題されます。本文の内容に即して正しい文を完成させる問題と、質問に対する正しい内容の選択肢を選ぶ問題の 2 種類があります。

例題 | 2018 年度第 3 回 (第 1 パラグラフ)

Enoch Powell and Immigration

On April 20, 1968, Enoch Powell, a British politician, delivered a speech to fellow Conservative Party members warning of the dire consequences of mass immigration from Britain's former colonies in South Asia, Africa, and the West Indies. In the 1950s, Britain had encouraged immigration to address labor needs, but after a decade, chronic housing shortages were causing local authorities to deny accommodation to newly arrived immigrants, and many private landlords were rejecting them outright. The 1968 Race Relations Act, however, was poised to make any form of race-based discrimination illegal. It was upon this issue that Powell based his objections, claiming landlords would, in effect, be forced to accept nonwhites into their homes. Citing conversations with his constituents, Powell argued such legislation could lead to the marginalization of Britain's white, native-born majority, and quoted one voter as saying, "In this country in 15 or 20 years' time the black man will have the whip hand over the white man." The speech went beyond criticizing Britain's immigration policy, calling for tighter controls along with voluntary repatriation.

（1）According to the author of the passage, a major motivating factor behind Enoch Powell's speech was his belief that

1 the longer immigrants remained in Britain, the higher the priority they should be given by landlords when trying to find accommodation.

2 the Race Relations Act would put landlords in an unfair position by denying them the right to refuse potential tenants based on their ethnicity.

3 the government should stop distracting citizens from the wider issue of Britain's housing problem by focusing only on race and immigration.

4 the government had failed to recognize that immigration was no longer necessary from an economic point of view and should therefore be ended.

POINT 設問の内容を確認してから本文を読もう！

1級の長文の内容一致選択問題は、本文の長さに比べて設問数が少ない傾向にあります。つまり、設問に解答するために大量の英文の中から必要な情報を取捨選択しながら読む必要があるということです。このため、4つの選択肢の内容まで読む必要はありませんがあらかじめ設問を見ておいて、特にどのような内容を確認しながら読むべきか把握しておくことが必須になります。この例題では a major motivating factor behind Enoch Powell's speech（イーノック・パウエルが演説する気になった主な要因）が問われています。本文の流れを確認しておくと、第1文でパウエルの演説の基本情報と概要が示され、続く第2文と第3文でパウエルの演説の社会的な背景が説明されたあとで、第4文に It was upon this issue that Powell based his objections（パウエルの異議はまさにこの件に基づいていた）と述べられています。this issue（この件）とは第3文の人種関係法によって any form of race-based discrimination が禁じられることを指していて、彼がこのままでは landlords（家主たち）が自分たちの意志に反して移民を受け入れざるを得ない状況になると主張したという第4文の内容も合わせると2が正解だとわかります。

(1) 正解 2

訳 筆者によると、イーノック・パウエルが演説する気になった主な要因は彼の次のような考えである。

1 移民のイギリス滞在が長ければ長いほど、住居を探そうとする時に家主からより高い優先権が与えられるべきである。

2 人種関係法は、借主候補を人種に基づいて拒絶する借主の権利を否定することによって、家主を不公平な立場に追いやるだろう。

3 政府は人種と移民にのみ焦点を絞ることによって、イギリスの住宅問題というより大きな問題に向けられる市民の注意をそらすことを止めるべきである。

4 移民がもはや経済的視点からは必要とされておらず、それゆえ停止されるべきだということを政府は認識できなかった。

本文訳

イーノック・パウエルと移民

1968年4月20日にイギリスの政治家のイーノック・パウエルが保守党の仲間の党員に演説をして、南アジア、アフリカ、西インド諸島の旧イギリス植民地からの大量の移民がもたらす恐ろしい結果について警鐘を鳴らした。1950年代に、イギリスは移民によって労働力不足に対処しようとしていたが、10年後には慢性的な住宅不足が起こり、地方自治体が新しく到着した移民に住宅を与えることを拒む結果となり、多くの個人の家主も彼らを完全に拒んだ。しかし、1968年の人種関係法によって人種に基づいたいかなる形の差別も違法となる目前だった。パウエルの異議はまさにこの件に基づいていて、事実上家主は自分の家に非白人を強制的に受け入れざるを得なくなると主張した。パウエルは彼の選挙区民との会話を引き合いに出しながら、そのような法令は白人で国内で生まれたイギリスの多数派を片隅に追いやるものだと主張して、「この国では15年か20年もすれば黒人が白人を支配するようになるだろう」という1人の有権者の発言を引用した。彼の演説はイギリスの移民政策の批判から、さらに自発的本国帰還を伴うより厳しい規制の要求に及んだ。

早わかり

筆記試験 4 英作文

問題数 ▸ 1 問

解答時間 ▸ 25 分

指定されたトピックについて自分の意見を英語で述べる問題です。時事的な問題がトピックとしてよく取り上げられます。筆記試験の一部として出題されるので解答時間は受験者自らが決めることになりますが、現実的には大問 1 ～ 3 を 75 分で解き終えてから残りの 25 分間で集中して取り組むのが理想的な時間配分でしょう。

例題 | **2018 年度第 1 回**

- Write an essay on the given TOPIC.
- Give THREE reasons to support your answer.
- Structure: introduction, main body, and conclusion
- Suggested length: 200-240 words

TOPIC

Agree or disagree: Japan will benefit overall from hosting the 2020 Summer Olympics

1 つのトピックについて英語で文章を書くことは、①アイディアを書き出して構想を練る、②正しい英語のセンテンスを 1 つ 1 つ作る、という 2 つのプロセスに分けられます。この本の英作文の演習では、模範解答を利用しながらこれらのプロセスについて十分トレーニングを行い、英作文の力のアップをはかっていくことになります。まずは、上の例題を使って具体的なトレーニングの手順を次のページから確認しましょう。

トレーニング 1

英検協会が公開している以下の解答例と、この解答例の書き手が実際に書いたであろう右ページの「メモ」と「アウトライン」の 3 つを何度も読み比べましょう。「メモ」では意見と 3 つの理由が日本語で簡潔に書かれていて、「アウトライン」ではより具体的な内容が文章の展開を考えながら順番に並べられています。3 つの対応関係が十分に理解できたら、前ページの問題の指示文だけを見て、これらの「メモ」と「アウトライン」を再現してみてください。これができれば、自力で文章を組み立てられる力が身についたことになります。

To many countries, hosting the Olympic Games is a dream come true. In reality, however, it almost inevitably puts the host city in debt, results in wasted infrastructure, and puts a huge burden on local citizens, and this will surely happen in Japan.

Hosting the Olympics requires an immense financial investment. It is notoriously impossible to stay within budget, and as expenditures increase, so will Tokyo's debt. This will make it harder for the government to invest in beneficial things such as education and healthcare going forward. The billions of dollars spent on the Olympics would be better used in ways that improve the lives of citizens in Japan.

Infrastructure is another reason hosting the Olympics will be disadvantageous. Huge amounts are being spent on constructing new facilities such as stadium venues and train stations, many of which will fall into disuse after the Olympics. These will continue to drain taxpayers' pockets as they will require regular maintenance.

Finally, the Olympics will create numerous problems for residents. Security and logistics measures taken to expedite athletes' transportation will result in street closures that hurt local businesses. Throngs of tourists will create huge traffic jams and crowd public transportation, and the loud, celebratory atmosphere will get in the way of citizens' daily routines.

While many people enjoy the Olympic Games, the overall effect they have on the host country is negative. The various economic consequences and inconvenience to local citizens are certainly best avoided.

（242 語）

メモ

反対 ← cost 増、無駄なインフラ、住民不便

投資 / 借金増 → 公共サービスに金回らなくなる

施設作っても後で使われない、メンテの cost もあり

運営 / 選手優先、tourists 増 → 交通、日常生活に悪い影響

経済的な悪影響&支障 … 避けるべき

アウトライン

Introduction

hosting the Olympics = a dream come true

however, reality 1 the host city in debt

2 wasted infrastructure

3 a huge burden on local citizens

→ this will surely happen in Japan

Body

Reason 1

immense investment → expenditures / debt increase

→ harder to investment in education, health case

→ money not used to improve the lives of Japanese citizens

Reason 2

infrastructure = another reason for disadvantages

1. huge amounts spent on new facilities (stadium, stations)

→ fall into disuse

2. regular maintenance → taxes wasted

Reason 3

problems for residents

1. security and logistics measures for athletes

→ street closures

2. too many tourists → traffic jams, crowded transportation

3. celebratory atmosphere → citizens' daily routine disrupted

Conclusion

many people enjoy the Olympics, but overall effect – negative

economic consequences and inconvenience to locals – best avoided

トレーニング 2

前コーナーでは、模範的な英作文を書くにあたって、文章構成を考えながら具体的な内容をどのような順番で書くか考えるトレーニングをしました。後は正しい英語のセンテンスを作るだけです。ここでは左ページの日本語文を見た瞬間に右ページの解答例の英文が書けるようになるまで何度も練習しましょう。POINT では文法や語法上のヒントが挙げられていますので、参考にしてください。

第 1 パラグラフ

1 多くの国々にとって、オリンピック大会の開催は夢の成就を意味する。

2 しかし、実際のところ、ほぼ必然的に開催都市が借金を背負い、十分に利用されないインフラが造られ、地元住民に多大な負担が強いられる事態になり、これは日本でも確実に起こるだろう。

第 2 パラグラフ

1 オリンピックの開催には多大な財政投資が必要だ。

2 よく知られているように予算内に収めることは不可能で、支出が増加すればするほど東京の負債も膨れ上がるだろう。

3 こうなると、政府は今後教育や医療などの有益な事案に投資するのがより困難になるだろう。

4 オリンピックに費やされる数十億ドルは、日本の国民の生活を向上させるようなやり方でもっと有意義に使われただろう。

1 To many countries, hosting the Olympic Games is a dream come true.

POINT **a dream come true で 1 つの名詞相当語句**

2 In reality, however, it almost inevitably puts the host city in debt, results in wasted infrastructure, and puts a huge burden on local citizens, and this will surely happen in Japan.

POINT **最初の節は puts ... results ..., and puts と 3 つの動詞を並列する**

1 Hosting the Olympics requires an immense financial investment.

POINT **動詞 require を用いて費用がかかることを簡潔に表現**

2 It is notoriously impossible to stay within budget, and as expenditures increase, so will Tokyo's debt.

POINT **as S V「S が V するにつれて」、so V S（倒置）「S もまた～」**

3 This will make it harder for the government to invest in beneficial things such as education and healthcare going forward.

POINT **This が S の make O C の構文、it は for the government 以下を指す**

4 The billions of dollars spent on the Olympics would be better used in ways that improve the lives of citizens in Japan.

POINT **would は仮定法で「～だろう」の意味**

第3パラグラフ

1 オリンピック開催が有益でないもう1つの理由としてインフラが挙げられる。

2 スタジアム会場や駅などの新しい施設の建設に多大な費用が費やされているが、その多くはオリンピックの後には使われなくなる。

3 こうした施設は定期的なメンテナンスを必要とするので、納税者の金を消費し続けるだろう。

第4パラグラフ

1 最後に、オリンピックは住民に数多くの問題を引き起こすだろう。

2 選手の輸送を迅速に行うのに必要な安全対策と物流対策によって道路が閉鎖され、そうなれば地元の企業に悪影響が出るだろう。

3 たくさんの観光客が大規模な交通渋滞を引き起こしたり公共交通機関を混雑させたりして、騒々しいお祭り騒ぎが市民の日常生活の支障になるだろう。

第5パラグラフ

1 多くの人がオリンピック大会を楽しむが、開催国には総じて悪影響が出る。

2 地域住民に及ぶ様々な経済的な影響と支障は間違いなく避けるべきだ。

1 Infrastructure is another reason hosting the Olympics will be disadvantageous.

POINT reason S V「S が V する理由」、reason の後で why や that が省略

2 Huge amounts are being spent on constructing new facilities such as stadium venues and train stations, many of which will fall into disuse after the Olympics.

POINT 関係代名詞 which の先行詞は new facilities such as ...

3 These will continue to drain taxpayers' pockets as they will require regular maintenance.

POINT 費用がかかる理由を as S V「S が V するので」で表す

1 Finally, the Olympics will create numerous problems for residents.

POINT Olympics を主語にして問題が生じることを表現

2 Security and logistics measures taken to expedite athletes' transportation will result in street closures that hurt local businesses.

POINT taken to ... transportation が主語を修飾、述語動詞は result

3 Throngs of tourists will create huge traffic jams and crowd public transportation, and the loud, celebratory atmosphere will get in the way of citizens' daily routines.

POINT get in the way of ~「~の邪魔をする」

1 While many people enjoy the Olympic Games, the overall effect they have on the host country is negative.

POINT have ... effect on ~「~に…な影響を及ぼす」

2 The various economic consequences and inconvenience to local citizens are certainly best avoided.

POINT 副詞 certainly は文修飾、be best avoided「避けるのが一番良い」

指示文とトピックの訳

- 与えられたトピックでエッセイを書きなさい。
- 回答の根拠となる理由を3つ挙げなさい。
- 構成：導入、本論、まとめ
- 目安となる長さ：200 ～ 240 語

トピック
賛成か反対か：日本は総合的に見て 2020 年夏季オリンピック開催で恩恵を受けるだろう

解答例訳

多くの国々にとって、オリンピック大会の開催は夢の成就を意味する。しかし、実際のところ、ほぼ必然的に開催都市が借金を背負い、十分に利用されないインフラが造られ、地元住民に多大な負担が強いられる事態になり、これは日本でも確実に起こるだろう。

オリンピックの開催には多大な財政投資が必要だ。よく知られているように予算内に収めることは不可能で、支出が増加すればするほど東京の負債も膨れ上がるだろう。こうなると、政府は今後教育や医療などの有益な事案に投資するのがより困難になるだろう。オリンピックに費やされる数十億ドルは、日本の国民の生活を向上させるようなやり方でもっと有意義に使われただろう。

オリンピック開催が有益でないもう1つの理由としてインフラが挙げられる。スタジアム会場や駅などの新しい施設の建設に多大な費用が費やされているが、その多くはオリンピックの後には使われなくなる。こうした施設は定期的なメンテナンスを必要とするので、納税者の金を消費し続けるだろう。

最後に、オリンピックは住民に数多くの問題を引き起こすだろう。選手の輸送を迅速に行うのに必要な安全対策と物流対策によって道路が閉鎖され、そうなれば地元の企業に悪影響が出るだろう。たくさんの観光客が大規模な交通渋滞を引き起こしたり公共交通機関を混雑させたりして、騒々しいお祭り騒ぎが市民の日常生活の支障になるだろう。

多くの人がオリンピック大会を楽しむが、開催国には総じて悪影響が出る。地域住民に及ぶ様々な経済的な影響と支障は間違いなく避けるべきだ。

早わかり

リスニングテスト Part 1
会話の内容一致選択

問題数 ▶ 10 問

解答時間 ▶ 1 問 10 秒

会話を聞いてその内容についての質問に答える問題です。10 問中 8 問は 2 人の人物による 2 ～ 4 往復の対話です。9 問目では 5 往復以上の長い会話が放送され、10 問目もやや長めの会話で登場人物が 3 人に増えます。

例題 | **2018 年度第 1 回** 01

1 To ask for the meeting to be canceled.
2 To send her client instructions by e-mail.
3 To postpone the meeting until three o'clock.
4 To provide a written summary of her presentation.

■ スクリプト

W: Jack, an important client just called and asked me to come over to help with an emergency. I'm sorry but it means I won't be able to make the three o'clock meeting.
M: But you're supposed to give the presentation on Internet marketing.
W: I know. Would you pass out this report at the meeting instead? It basically covers what I was going to say.
M: I guess that'll have to do. Thanks.
Question: What is the woman's solution to the problem?

POINT **選択肢から場面を推測しよう!**

各設問の質問は、会話の後に1回読み上げられるだけで問題用紙には印刷されません。しかし、あらかじめ4つの選択肢に目を通して、登場人物の関係性や彼らが置かれている状況について検討をつけておくと、会話の内容も質問も理解しやすくなります。この例題では、選択肢にmeeting（会議）やclient（クライアント）やpresentation（プレゼンテーション）などの単語が並んでいるので、職場での会話だと推測できます。女性がI'm sorry（申し訳ない）と言ってからI won't be able to make the three o'clock meeting（3時の会議に出られない）と予定の急な変更を伝え、男性にWould you pass out this report at the meeting instead?（かわりに、あなたが会議でこの報告書を配ってもらえるかしら）と指示を出していることが聞き取れれば要点を押さえたことになります。次の設問の選択肢を見るために素早く解答することを心がけましょう。

正解　4

選択肢の訳
1　会議の中止を依頼する。
2　Eメールでクライアントに指示を送る。
3　会議を3時まで延期する。
4　自分のプレゼンテーションを要約した文書を提供する。

スクリプトの訳

女性： ジャック、さっき大事なクライアントから電話があって、緊急事態で手伝いに来てくれって頼まれたの。申し訳ないんだけど、これじゃあ3時の会議に出られないわ。

男性： でも、インターネットマーケティングについてプレゼンテーションすることになってますよね。

女性： そうなのよ。かわりに、あなたが会議でこの報告書を配ってもらえるかしら。私が言おうとしていたことが大体書かれているから。

男性： それできっと大丈夫だと思います。ありがとうございます。

質問： 問題に対する女性の解決策は何か。

早わかり

リスニングテスト Part 2
文の内容一致選択

問題数 ▶ 5 題 10 問

解答時間 ▶ 1 問 10 秒

説明文を聞いて、その内容についての質問に答える問題です。放送は 1 分 30 秒程度の長さで、話題は自然科学や科学技術から社会問題や環境問題など多岐に渡ります。5 つの文が放送され、それぞれについて問題が 2 問ずつ出題されますが、例題では文の前半とそれに関する 1 つの問題を取り上げます。

例題 | 2018 年度第 2 回　　02

1 Avoid foods that have been highly processed.
2 Consume more fruit and vegetables instead of meat.
3 Reduce intake of foods high in fats and oils.
4 Increase consumption of complex carbohydrates.

■ スクリプト（前半のみ抜粋）

Stone Age Diets

It is generally thought that our Stone Age ancestors in the Paleolithic era mainly consumed meat, wild fruits, vegetables, nuts, and seeds. Modern-day followers of such diets believe most people are too reliant on overly processed foods such as dairy products, complex carbohydrates like white bread, and refined sugars. This, they say, has increased the frequency of obesity and illnesses such as heart disease and diabetes. Modern-day Paleolithic diet followers avoid such products and instead rely on animal protein, vegetables, fruit, and unrefined fats and oils. They believe we have inherited our Stone Age ancestors' physiology and metabolism, so it is important to mimic their dietary patterns.

Question: What do followers of the modern-day Paleolithic diet try to do?

POINT 選択肢からトピックを予想しよう！

Part 1と同様に、質問は問題用紙に印刷されません。聞き取るべきポイントを絞り込んで正解率を上げるために、選択肢に登場する語句から説明文でどのような話題が取り上げられるのか予想しておきましょう。この例題では、food（食品）やfruit（果物）やvegetable（野菜）やmeat（肉）、fats and oils（油脂）やcarbohydrate（炭水化物）など、食べ物や栄養に関する単語が登場しているので、健康についての内容だと考えられます。実際に放送を聞いてみるとStone Age Diets（石器時代の食事法）が紹介され、体に悪いものとしてoverly processed foods（過度に加工された食品）やcomplex carbohydrates（複合糖質）やrefined sugars（精糖）が挙げられ、animal protein, vegetables, fruit, and unrefined fats and oils（動物性タンパク質、野菜、果物、未精製の油脂）を摂取すべきだと述べられています。

正解 1

質問の訳 現代の旧石器時代食の支持者は何をしようとするか。

選択肢の訳
1 加工度の高い食品を避ける。
2 肉のかわりに果物と野菜をより多く消費する。
3 油脂を多く含む食品の摂取を減らす。
4 複合糖質の消費を増やす。

スクリプトの訳

石器時代の食事法

旧石器時代の私たちの石器時代の祖先は主に肉、野生の果物、野菜、木の実、種を消費していたと一般的に考えられている。このような食事の現代の支持者は、ほとんどの人が乳製品のような過度に加工された食品や精白パンのような複合糖質や精糖に依存しすぎていると考える。これによって肥満と心臓病や糖尿病などの病気の発生率が増加していると彼らは主張する。現代の旧石器時代食の支持者は、そのような製品を避けてかわりに動物性タンパク質、野菜、果物、未精製の油脂に依存する。彼らは、私たちが石器時代の先祖の生理機能と代謝を受け継いでいるので祖先の食習慣を真似ることが重要だと信じている。

早わかり

リスニングテスト Part 3 Real-Life 形式の内容一致選択

問題数 ▶ 5 問

解答時間 ▶ 1 問 10 秒

短い英文を読んでからそれに関連する放送を聞き、最後に質問に答えます。実生活に即した状況が想定されていて、リーディングとリスニングの総合的な能力が問われます。リスニングの他の Part の問題と異なり、質問が問題用紙に印刷されていてあらかじめ読むことができます。

例題 2018 年度第 3 回 ◀03

Situation: You hear a radio advertisement for a computer store. You want to buy a new laptop, but you can only visit the shop on Sunday morning.

Question: What should you do to get a free wireless mouse?

1 Get a coupon from the website.
2 Attend one of the workshops.
3 Spend $350 or more.
4 Trade in your old computer.

■ **スクリプト**

You have 10 seconds to read the situation and the question.

Computer Planet is having a massive clearance sale this weekend on hundreds of desktop and laptop computers. Get savings that are out of this world! Check out the discount coupons on our website to save up to $100. You can also trade in your used computer for credit toward purchasing a new one. And we're offering fantastic freebies. Want a mouse to go with your new computer? To receive a free wireless model from one of our top brands, simply attend one of our free computer workshops held on Saturday, or make a purchase of $350 or more any time this weekend. Also, the first 50 customers to arrive on Saturday and Sunday mornings will receive a complimentary, colorful Computer Planet mousepad. Don't miss your chance to score one of the best deals around this weekend at Computer Planet!

POINT 放送の前に状況と質問をしっかり読もう!

事務的な手続き、あるいは買い物や旅行といったプライベートな場面で「何をすべきか」が問われます。各設問で 10 秒しか Situation(状況)を読む時間がありませんが、最初に日にちや時間帯、金額、場所などの具体的な条件と Question(質問)を確認しておくことが重要です。その上で、放送を聞きながら選択肢を消去法で絞り込みましょう。例題では、Situation と Question で a new laptop(新しいラップトップ)を買って同時に a free wireless mouse(無料のワイヤレスマウス)を手に入れたいが Sunday morning(日曜日の朝)しかお店に行けないという条件が提示されています。設問に無関係な割引や中古パソコンについての情報に惑わされないように注意してください。

正解 3

状況の訳 ラジオでパソコン販売店の宣伝が聞こえる。新しいラップトップを買いたいが、店に行けるのは日曜の朝だけだ。

質問の訳 無料のワイヤレスマウスを手に入れるにはどうすればよいか。

選択肢の訳
1 ウェブサイトからクーポンを入手する。
2 研修会の 1 つに参加する。
3 350 ドル以上の買い物をする。
4 古いパソコンを下取りに出す。

スクリプトの訳

10 秒で状況と質問を読んでください。
コンピュータープラネットは数百台のデスクトップ型とラップトップ型のパソコンの大量在庫一掃セールを今週末に開催します。とびきりのお買い得をお見逃しなく! ウェブサイトで割引クーポンをチェックしてください。最大で 100 ドルお得になります。さらに、新しいパソコンを購入時に中古のパソコンを下取り致します。また、すばらしい品を無料でおつけします。新しいパソコンにぴったりのマウスはいかがですか? 私たちのトップブランドの無料ワイヤレスモデルをもらうには、土曜に開催される無料のパソコン研修会の 1 つに参加するか、今週末ならいつでも 350 ドル以上のお買い物をするだけでいいんです。さらに、土曜と日曜日の朝先着 50 名様に、コンピュータープラネットのカラフルなマウスパッドを無料で差し上げます。どうぞ今週末はコンピュータープラネットで最高のお買い得商品を獲得するチャンスをお見逃しなく!

早わかり

リスニングテスト Part 4 インタビューの内容一致選択

問題数 ▶ 1 題 2 問

解答時間 ▶ 1 問 10 秒

3分以上の長いインタビューを聞いて、その内容についての質問に答える問題です。起業家や専門職に就いている人物がラジオ番組にゲストとして招かれて、自らの仕事について話すという設定が一般的です。放送されるインタビューは1つだけで2つの問題が出題されますが、例題ではインタビューの前半とそれに関する1つの問題を取り上げます。

例題 | 2019年度第1回 　04

1 His Japanese client is often reluctant to adopt the ideas he suggests.
2 His Japanese client wants to promote its corporate vision abroad.
3 His foreign clients doubt his knowledge of Japanese business culture.
4 His foreign clients sometimes face challenges due to cultural differences.

■ スクリプト（前半のみ抜粋）

This is an interview with James Norton, a communications consultant working in Japan.

Interviewer (I): Welcome to the show, James.
James Norton (J): Thank you very much.
I: So, could you tell us a little bit about what you actually do?
J: I'm a communications consultant. A communications consultant advises companies on how they can use their public voice to support the development of their business, to help sell their products, and to build better relationships with their customers.
I: OK, that's interesting, but how would you say their work actually differs from an advertising agency?

J: An advertising company is basically trying to take an image of a product and sell a message about that product. As a communications consultant, what we're trying to do is to look at what is a company's core vision, what is its core strategy. And we're trying to help the company develop what is a means of telling the story about that strategy or its vision, and how do its products fulfill that vision, how do they help the customer, how do they provide added value.

I: OK. What is one of the main challenges you face in your work?

J: Most of my clients are foreign companies. My biggest client is a Japanese company. So, once a Japanese company begins to understand what they can do, with a communications approach, then they go all-in, and they're very keen to use it. But all of my other customers are all foreign companies operating here, who have an understanding from their home country of how they want to communicate, and in Japan they try to replicate that strategy here, with some adjustments. And I think the biggest challenge for them is crossing from a Western mindset, where talking to the media and establishing media relationships is normal, to a country where that is relatively less developed.

Question: What is one thing that James says about his clients?

POINT 選択肢から質問を推測しよう！

長いインタビューを聞くことになりますが2つの設問しか出題されず、質問は問題用紙に印刷されません。4つの選択肢に目を通して、共通して含まれる語句を手掛かりに質問の内容を予測することで、聞き取るべき情報を絞り込んでおきましょう。例題の選択肢は、His Japanese client（彼の日本の顧客）か His foreign clients（彼の外国の顧客）で始まっています。放送が始まると、冒頭でインタビューを受けているのがコミュニケーション・コンサルタントの James Norton だと明らかになり、次に具体的に何をしているのか彼自身が説明しています。彼は日本に拠点を置く海外企業がコミュニケーション法について an understanding from their home country（母国由来の理解）を持っていて、日本でも they try to replicate that strategy（その戦略と同じやり方をしようとします）と述べた後で、the biggest challenge for them（彼らの最大の課題）について言及しているので内容的に近い選択肢を探します。

正解 4

質問の訳 ジェームズが顧客について言っていることは何か。1つ選びなさい。

選択肢の訳
1 彼の日本の顧客は彼が提案するアイディアを採用したがらないことが多い。
2 彼の日本の顧客は海外で自社のビジョンを推進したがる。
3 彼の外国の顧客は彼の日本のビジネス文化についての知識に疑いを持っている。
4 彼の外国の顧客は文化の相違によって問題に直面することがある。

スクリプトの訳

これは日本でコミュニケーション・コンサルタントとして活動しているジェームズ・ノートンへのインタビューです。

インタビュアー (I)：お越しくださりありがとうございます。ジェームズさん。
ジェームズ・ノートン (J)：ありがとうございます。
I：では、お仕事で実際に何をなさっているか少しお話しいただけますか。
J：私はコミュニケーション・コンサルタントです。コミュニケーション・コンサルタントは、広報をどのように用いてビジネスの発展を支え、製品販売を促進し、顧客とのより良好な関係を築くことができるかについて企業にアドバイスをします。
I：なるほど、興味深いですね。でも、その仕事は広告代理店と実際にどう違うのですか。
J：広告会社は基本的にある製品のイメージを利用してその製品についてのメッセージを売り込もうとします。コミュニケーション・コンサルタントとして私どもがやろうとしていることは、企業の中核となるビジョン、その中核となる戦略というものに目を向けることです。そうすることで、その戦略や自社のビジョンについて、それから自社の製品がどのようにそのビジョンを実現するのか、それらがどのように顧客の助けになるのか、それらがどのように付加価値を提供するのかについて伝える手段というものを作りあげることができるように企業を支援しようとしているのです。
I：なるほど。仕事において直面する主な問題は何でしょうか。1つ教えてください。
J：私の顧客のほとんどは外国の企業です。最大の顧客はある日本の企業です。それで、日本の企業は、一旦あるコミュニケーション法を用いて自分たちのできることを理解し始めると、一丸となって進んで、それを熱心に用いようとします。しかし、他の顧客はすべてここで事業しているまったくの海外の企業で、どのようなコミュニケーション法を求めるかについて母国由来の理解をしています。そして、日本では多少の調整はするものの、ここでもその戦略と同じやり方をしようとします。私の考えでは、彼らの最大の課題はメディアに発信したりメディアへの広報業務を築いたりするのが当たり前になっている西洋式の考え方を超えて、そうしたことが比較的発展していない国の立場に立つことです。

早わかり

二次試験 英語での面接

問題数 ▶ スピーチ 1 問と質疑応答

解答時間 ▶ 約 10 分

提示される5つのトピックから好きなものを選んで2分間スピーチをして、その後に面接委員からの質問に答えます。スピーチの準備時間は1分間ですがメモを取ることは許可されません。ニュースでよく取り上げられるような社会問題や国際問題など時事的なトピックが頻出します。

例題 ｜ 2018 年度第 1 回 A 日程

You have one minute to choose one topic from the five choices and prepare your speech. You have two minutes to give your speech.

TOPIC CARD

1. Is the privatization of public services good for the general public?
2. Are the values of young people today different from those of previous generations?
3. Should democratic nations make greater efforts to spread democracy to other nations?
4. Is enough being done to deal with the problem of antibiotic drug resistance?
5. Should Japan play a bigger role in international affairs?

英語でスピーチするのに必要なことは、基本的に英作文を書く場合と同じと言えるでしょう。つまり、①アイディアを整理して構想を練る、②正しい英語のセンテンスを作る、ということの2つです。ただし、紙にメモを取ることができないので、両方とも頭の中でやらなければなりません。次のページからは、2つのプロセスを可視化させながら英語スピーチ向上のためのトレーニングの手順を確認していきます。

トレーニング 1

05

以下の英文はトフルゼミナールが独自に作成したスピーチの解答例のスクリプトです。まず、右ページの「メモ」と「アウトライン」との内容的な対応関係を意識してこの解答例の音声を何度も聞き込みましょう。この際、英作文と同様の Introduction（導入）、Body（本論）、Conclusion（まとめ）の 3 部構成になっていることを確認してください。実際の試験では、1 分間で頭の中で構想を練らなければいけませんが、この例題では 1 つ目の Topic を見てアイディアを「メモ」として書き出して、文章の定型的なパターンに沿って「アウトライン」が再現できることを最終目標に取り組みましょう。

Some people are often against the privatization of public services because they claim you can't keep the quality secure nor the prices controlled. However, privatization brings many benefits to the general public.

First, when a policy of privatization is pursued, the public can have a wider range of choices. When public services are offered by non-private institutions, for example an administrative organization, you enjoy a few or often only one service. In this age of democracy, it is anachronistic and does not fit with our modern lifestyle.

Second, since consumers always prefer products or services that are cheaper, the principle of competition will encourage private organizations to offer the services at increasingly lower prices. For instance, when you travel, especially to somewhere far away, you usually choose the most inexpensive means of transportation. Thus, privatization will allow wider availability of public services to more people, resulting in the equality of opportunity to use the services regardless of their economic situation.

Third, because most public services are essential to people's everyday lives, for example, water or electricity supply, the quality of these services is also significant. To gain more customers, suppliers will try to ensure that their services are consistently of a high standard and regularly improved. The public can always choose the services of the highest quality among several alternatives.

To summarize, in terms of today's lifestyle trends and in consideration of price and quality, governments should promote the privatization of public services.

（241 語）

メモ

反対論：質の確保・価格管理 but 多くの恩恵がある。

1. 選択肢拡大：非民営（例：行政機関）→ 選択肢・少 ＝時代に合わない
2. 競争原理 → 安価 → 機会均等　例：交通手段
3. 質の安定 → 顧客獲得 → 質の向上　例：水、電気

まとめ　ライフスタイル・価格・質 → 民営化推進！

アウトライン

Introduction

the insecurity of the quality & price

→ some are against privatization of public services

but many benefits to people

Body

Reason 1

privatization → a wider range of choices

public services by non-private institutions

→ a few services at most

→ unfit to the modern democratic lifestyle

Reason 2

consumers' preference & the principle of competition

→ lower prices

for instance: travel

→ the least expensive means of transportation

thus, wider availability to more people → equal opportunity

Reason 3

public services are essential (e.g. water, electricity)

→ quality is important

→ for more consumers, suppliers ensure high standard & improvements

→ the public can choose the services of the highest quality

Conclusion

in terms of lifestyle, price and quality, governments should promote privatization

トレーニング 2

06 >>> 17

英作文の場合と同様、スピーチの内容が組み立てられたら、今度は正しい英語のセンテンスを作るトレーニングに移ります。最初は下記の日本語文と右ページの英文と見比べて POINT で文法・語法上のヒントを確認するところから始めて結構です。次の段階では、日本語文を見ながら滑らかにスピーチを再現できるレベルを目標に、音声を何度も聞いて真似しましょう。

意見

1 質が確保できず、価格も管理できないという理由で公共サービスの民営化によく反対する人達がいます。

2 しかし、民営化は市民全般に多くの恩恵をもたらします。

理由 1

1 第 1 に民営化政策を進めると、市民の選択肢の範囲が広がります。

2 行政組織などの公共サービスが非民間組織によって提供されると、選択肢はごく少数、あるいは、一つだけのことも多いです。

3 民主主義の今の時代において、これは時代錯誤であり現代のライフスタイルにそぐいません。

1 Some people are often against the privatization of public services because they claim you can't keep the quality secure nor the prices controlled.

POINT　**keep O C「O を C に保つ」、not A nor B「A も B もない」**

2 However, privatization brings many benefits to the general public.

POINT　**bring A to B「A を B にもたらす」、benefit「恩恵」**

1 First, when a policy of privatization is pursued, the public can have a wider range of choices.

POINT　**pursue「追求する、推進する」**

2 When public services are offered by non-private institutions, for example an administrative organization, you enjoy a few or often only one service.

POINT　**a few or often only one「少数かしばしば 1 つだけの～」**

3 In this age of democracy, it is anachronistic and does not fit with our modern lifestyle.

POINT　**fit「適合する」、it は前文の内容を指す**

理由 2

1 第 2 に、消費者はつねにより安い製品とサービスを求めるので、競争原理が働いて、民間組織はますます安価なサービスを提供するようになります。

2 例えば、旅行する時、特に遠くに出かける時には、たいてい最も安価な交通手段を選択します。

3 そのため、民営化によって多くの人がより多くの公共サービスを選択できるようになり、結果として利用者の経済状況によらないサービス利用の機会平等が実現します。

理由 3

1 第 3 に、例えば水や電気の供給など、たいていの公共サービスは日々の生活に不可欠なものなので、こうしたサービスの質もまた重要です。

2 より多くの顧客を獲得しようと、供給側はサービスの安定した質の水準の高さと、定期的な改善を確保しようとします。

3 市民はつねにいくつかの選択肢の中から、最も高品質なサービスを選ぶことが可能になります。

まとめ

1 つまり、今日のライフスタイルの傾向という視点から見て、また、価格と質を考慮すると、政府は公共サービスの民営化を促進すべきです。

1 Second, since consumers always prefer products or services that are cheaper, the principle of competition will encourage private organizations to offer the services at increasingly lower prices.

POINT **encourage O to V「O が V するように助長する」**

2 For instance, when you travel, especially to somewhere far away, you usually choose the most inexpensive means of transportation.

POINT **travel「移動する」、means of transportation「輸送手段」**

3 Thus, privatization will allow wider availability of public services to more people, resulting in the equality of opportunity to use the services regardless of their economic situation.

POINT **result in ~「~という結果になる」**

1 Third, because most public services are essential to people's everyday lives, for example, water or electricity supply, the quality of these services is also significant.

POINT **be essential to ~「~に不可欠だ」、most「たいていの」**

2 To gain more customers, suppliers will try to ensure that their services are consistently of a high standard and regularly improved.

POINT **ensure that S V「確実に S が V するようにする」**

3 The public can always choose the services of the highest quality among several alternatives.

POINT **among ~「(3 つ以上のもの) の中で」は最上級 the highest と呼応**

1 To summarize, in terms of today's lifestyle trends and in consideration of price and quality, governments should promote the privatization of public services.

POINT **in terms of ~「~の観点から」、in consideration of ~「~を考慮して」**

指示文とトピックの訳

1分間で5つのトピックの中から1つを選んでスピーチの準備をしなさい。スピーチをする時間は2分間です。

トピックカード

1. 公共サービスの民営化は一般市民にとって有益か。
2. 今日の若者の価値観は旧世代の価値観と異なっているか。
3. 民主主義国は他の国に民主主義を広めるためにより大きな努力をすべきか。
4. 抗生物質耐性の問題に十分な対策が取られているか。
5. 国際情勢において日本はより大きな役割を果たすべきか。

解答例訳 (Topic 1)

質が確保できず、価格も管理できないという理由で公共サービスの民営化によく反対する人達がいます。しかし、民営化は市民全般に多くの恩恵をもたらします。

第1に民営化政策を進めると、市民の選択肢の範囲が広がります。行政組織などの公共サービスが非民間組織によって提供されると、選択肢はごく少数、あるいは、一つだけのことも多いです。民主主義の今の時代において、これは時代錯誤であり現代のライフスタイルにそぐいません。

第2に、消費者はつねにより安い製品とサービスを求めるので、競争原理が働いて、民間組織はますます安価なサービスを提供するようになります。例えば、旅行する時、特に遠くに出かける時には、たいてい最も安価な交通手段を選択します。そのため、民営化によって多くの人がより多くの公共サービスを選択できるようになり、結果として利用者の経済状況によらないサービス利用の機会平等が実現します。

第3に、例えば水や電気の供給など、たいていの公共サービスは日々の生活に不可欠なものなので、こうしたサービスの質もまた重要です。より多くの顧客を獲得しようと、供給側はサービスの安定した質の水準の高さと、定期的な改善を確保しようとします。市民はつねにいくつかの選択肢の中から、最も高品質なサービスを選ぶことが可能になります。

つまり、今日のライフスタイルの傾向という視点から見て、また、価格と質を考慮すると、政府は公共サービスの民営化を促進すべきです。

DAY 1

ミニ模試

筆記試験・リスニングテスト

今日の課題

筆記試験 1 短文の語句空所補充 ……………… 10 問
筆記試験 2 長文の語句空所補充 ……………… 3 問
筆記試験 3 長文の内容一致選択 ……………… 3 問
リスニングテスト Part 1 会話の内容一致選択 ……………… 4 問
リスニングテスト Part 2 文の内容一致選択 ……………… 2 問
リスニングテスト Part 3 Real-Life 形式の内容一致選択 …… 1 問
リスニングテスト Part 4 インタビューの内容一致選択 ……… 2 問

[目標解答時間：25 分＋リスニング]

筆記試験

目標解答時間 > 25 分

1 *To complete each item, choose the best word or phrase from among the four choices.*

(1) The oil company was accused of (　　　) a campaign against clean energy, even going so far as to pay journalists to write negative articles about solar and wind power.

1 orchestrating **2** wincing **3** ransacking **4** taunting

(2) People should be suspicious of (　　　) e-mails claiming to come from official sources. Many are sent by criminals trying to gain access to people's bank accounts.

1 prescient **2** ambivalent **3** fluorescent **4** fraudulent

(3) When the health minister was accused of wasting money, she (　　　) that she had actually cut costs in the health system by 12 percent.

1 retorted **2** faltered **3** lingered **4** colluded

(4) The book describes some of the (　　　) performed by famous mountain climbers, beginning with Sir Edmund Hillary and Tenzing Norgay's climb to the summit of Mount Everest.

1 embargoes **2** spurts **3** wrenches **4** feats

(5) Daniel thinks his homeroom teacher does not like him. Even when many students in the class are misbehaving, he is the only student she (　　　).

1 inaugurates **2** relents **3** conciliates **4** reprimands

(6) Because Owen was the project leader, he took the ( ) of the president's anger when his team missed the deadline.

1 stench 2 brunt 3 dent 4 finesse

(7) During the election campaign, the press ( ) the mayor with accusations about his private life. It soon became clear he would never get reelected.

1 ratified 2 bewitched 3 amassed 4 assailed

(8) Conditions at the mining site were ( ). Workers were being exposed to dangerous waste materials, and serious accidents occurred often.

1 deplorable 2 gregarious 3 sparse 4 fervent

(9) A: How have your headaches been since you started medical treatment?
B: Much better, thanks. They still occur ( ), but I don't have them on a regular basis like I used to.

1 ruefully 2 daintily
3 exponentially 4 sporadically

(10) A: Hey, Vinnie, have you decided what you're going to do during the summer vacation?
B: No, not yet. I'm still ( ) a few ideas, but whatever I do, I think I'll stay local.

1 kicking around 2 palming off
3 clouding up 4 passing for

2 ***Read each passage and choose the best word or phrase from among the four choices for each blank.***

Jury Nullification

When American citizens serve on juries, they are generally instructed by the judge to consider only the facts of the case when determining the guilt or innocence of the individual accused of a crime. Juries have occasionally been known, however, to engage in what is known as "jury nullification." In such cases, they choose not to convict the defendant even though they believe the person did indeed commit the crime.

Defenders of jury nullification argue it is appropriate when jurors (11). In the 1850s, for example, the United States was divided over the issue of slavery; the practice was legal in Southern states but illegal in the North. Legislation known as the Fugitive Slave Act, however, permitted Southern slave owners to recapture escaped slaves, and imposed harsh penalties on anyone who aided them, even in Northern states. Jury nullification was widely employed by Northern jurors whose consciences made them believe they had a moral obligation to defy the Fugitive Slave Act.

Nullification supporters say that since prosecution lawyers often refrain from filing criminal charges if circumstances make it impractical or unethical to prosecute someone, juries should have the power to set guilty individuals free too. Critics of jury nullification, however, say there is an important difference between prosecutors and juries: prosecutors (12). If the defendant is to receive a fair trial, the jury must be impartial. Therefore, details such as the accused person's prior criminal record are not disclosed at trial. But prosecutors must take the deterrence of future crimes into account when deciding whether or not to charge someone, so they must be aware of all aspects of the case.

A common complaint about nullification is that it violates the principle that laws should (13). If jurors take issue with a law, opponents say, they should seek to change it, not violate it. Inherent in the right of nullification is the possibility one defendant could be convicted while another being tried for the same crime could be allowed to go free, depending on whether the jury exercised the right. Critics argue this could undermine citizens' faith in the judicial process and threaten a cornerstone of democracy.

(11) **1** doubt the facts of a case
2 think the judge has made an error
3 believe a law is unjust
4 have not been treated equally

(12) **1** cannot be replaced
2 have access to more information
3 are involved in jury selection
4 rarely exercise this right

(13) **1** not directly harm citizens
2 not be too complex to understand
3 be protected from public criticism
4 be applied consistently

3 *Read each passage and choose the best answer from among the four choices for each question.*

The Gunpowder Plot

After King Henry VIII renounced the Roman Catholic religion in the 1530s and established the Protestant Church of England to replace it, England became a hotbed of intrigue. Catholic and Protestant factions attempted to influence the policies of reigning monarchs and even tried to manipulate which heir would take the throne. Depending on the political situation, Catholics could be subject to substantial fines, incarceration, and even execution. However, when King James I, a Protestant, gave assurances prior to taking the throne that he would put a stop to oppression of Catholics, they believed their situation might be mitigated. When James eventually went back on his word, Catholics felt betrayed, and a man named Robert Catesby, along with a small group of fellow Catholics, became so radicalized they hatched what is now known as the Gunpowder Plot.

Catesby and his collaborators conspired to assassinate James and start a revolution by igniting a huge cache of gunpowder smuggled into the Palace of Westminster, where the opening of Parliament was scheduled for November 5, 1605. However, the plot was exposed when the king's adviser Robert Cecil came into possession of an anonymous letter sent to a Catholic member of the House of Lords warning him to stay away on November 5, which led to a search of the Parliament buildings and the gunpowder's discovery. Various theories exist about which conspirator betrayed the plot, and some historians even suggest Cecil actually drafted the letter himself. Even mainstream authorities such as author Antonia Fraser suggest that, though not the letter's author, Cecil was aware of the plot before the letter was received. Cecil did not inform James of the letter for six days after receiving it, leading Fraser to conclude that "there was certainly no sense of impending danger in his conduct." It seems, therefore, that Cecil manipulated the situation to amplify the impact of the conspiracy's unmasking. Fraser asserts that the anti-Catholic Cecil used the timing of the plot's exposure to heighten the public's impression of Catholics as treacherous revolutionaries, thereby swaying public sentiment toward acceptance of even harsher persecution.

The exposure of the Gunpowder Plot is often seen as a decisive moment in British history. Had the gunpowder been ignited, Westminster would have been destroyed, and not only the nation's monarch but also a large percentage of the political and religious leadership would likely have perished. After the plot was revealed, however, Catesby and other conspirators attempted to launch another insurrection in an area far from London, announcing that James was dead. Few, however, joined them, and even if they had, Catholics constituted just a tiny fraction of England's population. The conspirators were soon hunted down and either captured or executed by Protestant vigilantes. This has led historians to speculate that even had Westminster been destroyed, the conspirators' lack of popular support would have doomed their rebellion. In fact, according to this argument, Westminster's successful destruction could have caused such a backlash that it might have led to an absolute monarchy which would have oppressed Catholics even more harshly than the regime they were fighting against.

(14) Robert Catesby launched the Gunpowder Plot after

1 the failure of his plan to prevent King James I from taking the throne convinced him a revolution was necessary to put Catholics back in power.
2 he was persuaded by fellow Catholics that the methods of violence they had already employed against James's supporters would no longer be effective.
3 the Church of England convinced James to pass new laws against Protestants that were even harsher than those that had existed previously.
4 it became clear that James was not going to fulfill his promise to end the religious persecution of Catholics.

(15) What does Antonia Fraser believe about Robert Cecil?

1 After failing to convince Robert Catesby not to carry out the plot, he felt obligated to reveal the conspirators' identities.
2 Although his plan to expose the plot through an anonymous letter failed, he succeeded in convincing James of the threat.
3 He made the exposure of the plot seem particularly dramatic for the purpose of furthering his own goals.
4 His hatred of Catholics caused him to perceive the plot as being far more serious than it actually was.

(16) What do historians think might have happened if the gunpowder had exploded?

1 Without Catesby's leadership, the Catholics would have ended up fighting among themselves, causing the rebellion to fail.

2 Catholics would eventually have found themselves in an even worse position than they had been in before the explosion occurred.

3 Since James would not have been at Westminster, the destruction of other elements of the government would have made him even more powerful.

4 Although the government would not have fallen immediately, it would have been so badly weakened that Catholics could eventually have taken power.

リスニングテスト

There are four parts to this listening test.

Part 1	Dialogues:	1 question each	Multiple-choice
Part 2	Passages:	2 questions each	Multiple-choice
Part 3	Real-Life:	1 question each	Multiple-choice
Part 4	Interview:	2 questions	Multiple-choice

Part 1

◀18 >>> 21

No. 1

1 Consult more academic journals.
2 Submit her paper as soon as possible.
3 Find evidence from more reliable sources.
4 Give a complete list of her sources.

No. 2

1 The inventor's complaint is not justified.
2 The inventor has already received too much money.
3 Companies should take better care of able employees.
4 The man's invention is of little value.

No. 3

1 Start swimming at the pool.
2 Join the new sports club.
3 Jog in the neighborhood.
4 Try to change her diet.

No. 4

1 Ellen should reconsider her relationship.
2 Richard should be given one more chance.
3 Ellen is partly to blame for her problems.
4 Richard should try a different counselor.

Part 2

◀22

No. 5

1 Past laws reduced the scale of it.
2 Preventing it from happening is impossible.
3 It is less harmful than most people believe.
4 It has made some events less popular with fans.

No. 6

1 By establishing a system to profit from scalping.
2 By using the Internet to get scalpers arrested.
3 By buying tickets directly from scalpers.
4 By banning people with scalped tickets from games.

Part 3

◀23

No. 7

Situation: A travel agent is telling you about nature-cruise packages. You want to see bears and visit Gladwyn Bay. You can only take one week off work.

Question: Which cruise should you choose?

1 The cruise to Ice Strait in May.
2 The cruise to Hampton in June.
3 The cruise to Greenville in August.
4 The cruise to Waterford Glacier in September.

Part 4

24

No. 8

1 Small and medium-sized companies were good investments in the past, but now only large ones are profitable.
2 Privately owned companies have more flexibility to deal with market changes than publicly owned companies do.
3 Some of them are not profitable, so they rely on outside investments to survive.
4 Most are able to keep making profits even when there are changes in the market.

No. 9

1 Although companies do not always want a website, their clients expect them to have one.
2 The tendency of companies to create their own websites is having a negative impact on the industry.
3 Web designers have raised their standards to survive in an increasingly competitive market.
4 Automated tools are now popular, but they do not have the personal touch that web designers can bring.

正解一覧

筆記試験

1

(1)	(2)	(3)	(4)	(5)
1	4	1	4	4

(6)	(7)	(8)	(9)	(10)
2	4	1	4	1

2

(11)	(12)	(13)
3	2	4

3

(14)	(15)	(16)
4	3	2

リスニングテスト

1

No. 1	No. 2	No. 3	No. 4
4	1	1	1

2

No. 5	No. 6
2	1

3

No. 7
2

4

No. 8	No. 9
3	2

訳と解説

筆記 1 短文の語句空所補充

(1) 正解 1

訳 その石油会社は、ジャーナリストに金を払って太陽光と風力について否定的な記事を書かせることまでして、クリーンエネルギーに反対するキャンペーンを組織したとして非難された。

1 組織した　2 ひるんだ　3 荒らした　4 冷やかした

解説 石油会社がなぜ非難されたのかを考える。文の後半でジャーナリストにnegative articles about solar and wind power（太陽光と風力についての否定的な記事）を書かせたとあるので、反クリーンエネルギー・キャンペーンへの積極的な関与を表す 1 が正解。

(2) 正解 4

訳 人々は、公的な機関からのものだと主張する詐欺のEメールに疑いを持つべきだ。その多くは、他人の銀行口座にアクセスしようとする犯罪者によって送られたものだ。

1 先見的な　2 両面的な　3 蛍光性の　4 詐欺の

解説 多くのEメールについて、sent by criminals trying to gain access to people's bank accounts（他人の銀行口座にアクセスしようとする犯罪者によって送られている）とあるので、そのようなEメールを言い表す単語として4が選べる。

(3) 正解 1

訳 保健相がお金を無駄にしていると非難されたとき、彼女は実際には医療制度の経費を12%削減したと切り返した。

1 切り返した　2 よろめいた　3 居残った　4 共謀した

解説 金銭的な無駄を指摘された大臣が、she had actually cut costs in the health system（彼女は実際には医療制度の経費を削減した）と述べたということは、つまり反論したということだ。同様の意味の1が正解で、同義語として動詞のcounterも覚えておきたい。

(4) 正解 4

訳 その本は有名な登山家によって成し遂げられた偉業の一部を説明していて、エドモンド・ヒラリー卿とテンジン・ノルゲイのエベレスト登頂を最初に扱っている。

1 通商停止　2 噴出　3 レンチ　4 偉業

解説 具体例としてSir Edmund Hillary and Tenzing Norgay's climb to the summit of Mount Everest（エドモンド・ヒラリー卿とテンジン・ノルゲイのエベレスト登頂）が挙げられていることに注目する。これをより一般的な意味の語に言い換えるなら4が最も適切だ。

(5) 正解 4

訳 ダニエルは担任教師が自分のことを好きではないと考えている。クラスの多くの生徒の行儀が悪いときでも、彼女は彼しか叱責しないのだ。

1 就任させる　2 譲歩する　3 調停する　4 叱責する

解説 ダニエルが教師に嫌われていると考えてしまうような状況を考える。他の生徒も misbehaving（行儀が悪い）という中で一人だけ怒られるということなら文意が通る。正解の reprimand よりも一般的な表現として「叱る」の意味の scold や tell off がある。

(6) 正解 2

訳 オーウェンがプロジェクトリーダーだったので、彼のチームが締め切りに間に合わなかったとき、社長の怒りの矢面に立った。

1 悪臭　2 矢面　3 へこみ　4 手腕

解説 オーウェンについて his team missed the deadline（彼のチームが締め切りに間に合わなかった）と書かれているが、彼が the project leader（プロジェクトリーダー）だったことを考えれば the president's anger（社長の怒り）を一番まともに受けたはずだ。take the brunt of ～で「～の矢面に立つ」の意味の熟語。

(7) 正解 4

訳 選挙運動の期間に報道陣は市長の私生活について告発して彼を攻撃した。彼が決して再選されることはないとすぐに明らかになった。

1 批准した　2 魅了する　3 蓄積する　4 攻撃した

解説 accusations（告発）という単語との相性を考えると、報道陣が市長に対して行う動作として 4 が最も適切だろう。動詞 assail は、単に言葉で批判する場合にも暴力的な手段で物理的に攻撃する場合にも使われる。

(8) 正解 1

訳 採掘現場の状況は悲惨だった。労働者は危険な廃棄物にさらされていて、重大な事故が多発していた。

1 悲惨な　2 社交的な　3 まばらな　4 熱烈な

解説 労働者についてexposed to dangerous waste materials（危険な廃棄物にさらされた）とあり、serious accidents（重大な事故）も頻発しているとあるので、採掘現場の労働環境を形容する表現として否定的な意味の1が正解。

(9) 正解 4

訳 A：治療を始めてから頭痛はどうなりましたか。
B：おかげさまでずっと良くなりました。まだ散発的に起こりますが、以前のように定期的ではありません。

1 悲しげに　2 上品に　3 指数関数的に　4 散発的に

解説 頭痛の状況を聞かれて、話し手BがI don't have them on a regular basis like I used to（以前のように定期的ではありません）と答えている。痛みを感じることはあるが頻繁にではないということなので、「時々」に近い意味の4が選べる。

(10) 正解 1

訳 A：ねえ、ヴィニー、夏休みに何するか決めた？
B：いいや、まだだよ。いくつか考えがあってまだあれこれ考えているんだけど、何をすることになっても地元に留まると思うね。

1 ～についてあれこれ考えて　2 ～をだまして
3 曇って　4 ～で通用して

解説 夏休みの予定をもう決めたかどうかを聞かれた話し手BがNo, not yet（いいや、まだだよ）と答えている。空所の直後にa few ideas（いくつかの考え）とあることから、複数の選択肢を吟味している段階なのだと考えられる。

筆記2 長文の語句空所補充

陪審による法の無視

アメリカの市民が陪審員を務めるとき、彼らは一般的に、犯罪で告発された個人が有罪か無罪かを決定するときに事件の事実だけを考慮するように裁判官から指示を受ける。しかし、陪審員は時として「陪審による法の無視」というものを行うことが知られている。そのような場合、たとえその人物が実際に犯罪を犯したと信じていても彼らは被告を有罪としないことを選ぶ。

法の無視を擁護する人たちは、法律が不公平であると陪審員が信じる場合はそれが適切であると主張する。例えば、1850年代にアメリカは奴隷制度の問題で国が分裂した。南部諸州ではこの慣習は合法だったが、北部では違法だった。しかしながら、逃亡奴隷法として知られる法律は、南部の奴隷所有者が逃亡した奴隷を取り戻すことを許可し、北部の州であっても彼らを援助した者に厳しい罰則を課した。法の無視という措置は広く北部の陪審員によって取り入れられたが、それは良心から彼らが逃亡奴隷法に反抗するという道徳的義務を負っていると信じていたからだ。

法の無視の支持者たちは、検察官が状況によっては起訴することが非現実的であるか非倫理的である場合に公訴を控えることが多いので、陪審員は有罪の人物を解放する権限も有するべきだと主張する。しかし、法の無視の批判者たちは、検察官と陪審員の間には重要な違いがあると主張する。検察官だとより多くの情報を閲覧することができるからだ。被告が公正な裁判を受けるとすると、陪審員は先入観を持ってはならない。したがって、被告人の以前の犯罪歴などの詳細は裁判で明らかにされない。しかし、検察官が人を起訴するか否かを決定する際に将来の犯罪の抑止力を考慮に入れなければならないので、事件のあらゆる側面を認識していなければならない。

法の無視に対する一般的な不満は、法が一貫して適用されるべきとの原則に違反しているというものだ。陪審員がある法律に異議を唱える場合、それに背くのではなく変更しようと努めるべきであると反対者は言う。法の無視の権利には、陪審がこの権利を行使したかどうかによって、ある被告が有罪判決を受けて同じ罪状で裁かれた他の被告が自由の身になる可能性が内在している。法の無視に批判的な人たちは、これが司法手続きに対する市民の信用を弱め、民主主義の基礎を脅かす可能性があると主張している。

(11) 正解 3

選択肢の訳 1 事件の事実を疑う
2 裁判官が誤りを犯したと思う
3 法律が不公平であると信じる
4 平等に扱われていない

解説 陪審員が何をした場合に jury nullification（陪審による法の無視）が正当化されるのかが問われている。第 2 パラグラフ最終文から、陪審員が jury nullification という手段に出たのは、彼らが the Fugitive Slave Act（逃亡奴隷法）に逆らうことが a moral obligation（道徳的義務）と考えたためだったと分かるので、3 が内容的に一致する。

(12) 正解 2

選択肢の訳 1 後任をすえることはできない
2 より多くの情報を閲覧することができる
3 陪審員の選択に関わる
4 滅多にこの権利を行使しない

解説 prosecutors（検察官）に当てはまる記述を選ぶ問題だ。空所の前には prosecutors と juries（陪審員）に大きな違いがあると書かれている。その後の内容も確認すると、裁判で juries には詳細な情報が開示されないが、prosecutors は all aspects of the case（事件のあらゆる側面）を考慮する必要があるということなので、参照できる情報量に言及した 2 が正解。

(13) 正解 4

選択肢の訳 1 市民に直接害を与えない
2 複雑すぎて理解できないことはない
3 世論の批判から保護される
4 一貫して適用される

解説 法の無視がどのような the principle（原則）に反するのかを考える。第 4 パラグラフ第 3 文で、同じ罪で裁かれていてもある被告は could be convicted（有罪判決を受ける可能性がある）のに対して、別な被告は could be allowed to go free（自由の身になる可能性がある）と書かれているので、法律が 4 の状態でないことが分かる。

筆記3 長文の内容一致選択

火薬陰謀事件

ヘンリー8世王が1530年代にローマカトリックと絶縁してかわりにイングランド国教会を設立すると、イングランドは陰謀の温床となった。カトリックとプロテスタントの両勢力は当時在位中の君主の政策に影響を及ぼそうとして、どの世継ぎが王位に就くかを操作しようとまでした。政治状況によって、カトリック教徒は相当の罰金、投獄、さらには処刑という処分まで受けることがあった。しかし、プロテスタントのジェームズ1世王が王位に就く前にカトリック教徒の抑圧を停止すると確約すると、彼らは自分たちを取り巻く状況が緩和されるだろうと信じた。ジェームズが最終的に前言を撤回するとカトリック教徒は裏切られたと感じ、ロバート・ケイツビーという男が仲間のカトリック教徒の小集団と共にとても急進的になり、現在火薬陰謀事件として知られる騒動を計画した。

ケイツビーと共謀者たちは、1605年11月5日に議会の開会が予定されていたウェストミンスター宮殿内の秘密裏に運び込まれた火薬の巨大な貯蔵庫に火をつけて、ジェームズを暗殺し革命を起こそうと企てた。しかし、11月5日に出席しないようにと警告するカトリックの貴族院メンバーに送られた匿名の手紙を王の相談役だったロバート・セシルが入手したことで、この陰謀が発覚した。そして、国会議事堂の捜索と火薬の発見につながった。どの共謀者が陰謀を密告したのかについてはさまざまな説が存在し、実際はセシルが自分で手紙の草稿を書いたと唱える歴史家もいる。作家のアントニア・フレイザーなどの主流派の専門家でさえ、セシルは手紙の書き手ではないが手紙を受け取る前に陰謀を知っていたと唱えている。セシルは手紙を受け取ってから6日間ジェームズにその旨を知らせなかったので、フレイザーは「彼の行動には確かに差し迫った危機感がなかった」と結論づけた。したがって、セシルは陰謀発覚の衝撃を増幅させるために状況を操作したようである。反カトリックのセシルは、大衆が抱いているカトリック教徒は危険な革命者であるという印象を高めるために陰謀の暴露のタイミングを利用し、それによって国民の感情をさらに厳しい迫害の受け入れに傾かせたのだとフレイザーは主張している。

火薬陰謀事件の発覚はイギリスの歴史の中でも決定的な瞬間だったと見なされることが多い。火薬に点火されていたらウェストミンスター宮殿は破壊され、国の君主だけでなく大部分の政治的宗教的指導者も死亡しただろう。しかし、陰謀事件が明るみになっても、ケイツビーと共謀者たちはジェームズが死んだと発表して、ロンドンから遠く離れた地域で別の反乱を起こそうとした。しかし、彼らに加わった者はわずかだった。仮にカトリック教徒が加わっていたとしても、彼らはイングランドの人口のほんのわずかな割合しか占めていなかった。共謀者たちはすぐに追跡され、プロテスタント自警団によって捕らえられるか処刑された。このことから、仮にウェストミンスター宮殿が破壊されていたとしても、民衆の支持の欠如によって彼らの反乱は失敗する運命だったと歴史家は推測している。実際、この議論によれば、ウェストミンスターの破壊が成功していたとしても絶対君主制へとつながる大きな反動を引き起こし、その体制は実際にカトリック教徒が戦っていた政権以上に厳しく彼らを抑圧していただろう。

(14) 正解 4

訳 ロバート・ケイツビーは、…後で火薬陰謀事件に着手した。

1 ジェームズ1世が王位に就くのを阻止するという彼の計画の失敗によって、カトリック教徒が政権に復帰するためには革命が必要であると確信するようになった
2 仲間のカトリック教徒によって彼らがジェームズの支持者に対してすでにとっていた暴力的な手段はもはや有効ではなくなるだろうと説得された
3 それまで存在していたもの以上にさらに厳しいプロテスタント処罰法を新たに可決させるようにイングランド国教会がジェームズを説得した
4 ジェームズがカトリック教徒の宗教的迫害を終わらせるという約束を果たさないことが明らかになった

解説 第1パラグラフ最終文によると、ケイツビーが火薬陰謀事件を計画したのは When James ... went back on his word（ジェームズが前言を撤回したとき）だ。ジェームズの前言とは前文の he would put a stop to oppression of Catholics（カトリック教徒の抑圧を停止する）ということなので、4が内容的に一致する。

(15) 正解 3

訳 アントニア・フレイザーはロバート・セシルについてどのように考えているか。

1 陰謀事件を実行しないようにロバート・ケイツビーを説得できなかった後で、陰謀者の身元を明らかにしなければいけないと感じた。
2 匿名の手紙を通して陰謀事件を暴露するという彼の計画は失敗したが、ジェームズに脅威があることを納得させることに成功した。
3 自分の目標を推し進めるために陰謀事件の発覚が特に劇的に見えるようにした。
4 カトリック教徒に対する憎悪によって、彼は陰謀事件が実際よりもはるかに深刻なものだと認識した。

解説 フレイザーの考えは第2パラグラフ後半に提示されていて、セシルについては、第4文から第5文で早い段階で陰謀を察知していたことが指摘されている。また、続く第6文で to amplify the impact of the conspiracy's unmasking（陰謀発覚の衝撃を増幅させる）という目的で状況を操作したようだとあるので、この内容を言い換えた3が正解。

(16) 正解 2

訳 歴史家は火薬が爆発していたらどうなったと考えているか。

1 ケイツビーの指導力がなければ、カトリック教徒は自分たち同士で戦うことになり、反乱は失敗していただろう。
2 カトリック教徒は爆発が起きる以前よりもさらに悪い状況に立たされただろう。
3 ジェームズはウェストミンスターにいなかっただろうから、政府の他の分子が破壊されることで彼はさらに強力になっただろう。
4 政府はすぐには打倒されなかっただろうがひどく弱体化していたので、カトリック教徒が最終的に権力を握ることができただろう。

解説 第3パラグラフ第2文で宮殿が破壊されて君主や政治家が多数犠牲になっていただろうとあるが、最終文では an absolute monarchy which would have oppressed Catholics even more harshly（カトリック教徒をさらに厳しく抑圧したであろう絶対君主制）の誕生につながるという首謀者が意図していなかった好ましくない結末が示唆されている。

リスニング Part 1 会話の内容一致選択

No. 1

◀18

スクリプト

M: I've gone over your paper, Michaela. Very solid work.
W: Thank you, Professor Simpson.
M: Just one comment, though. I know you want to submit this to an academic journal, so you'll need to provide more sources than are in your bibliography.
W: Well, I actually used more. Should I list them all?
M: Your chances of getting this accepted increase if you show evidence you've reviewed all the relevant literature. Your bibliography's too thin right now.
W: All right, I'll make the changes.
Question: What does the professor suggest Michaela do?

訳 **男性：** ミケーラ、あなたの論文を読み終えました。とてもしっかり書けていますよ。
女性： シンプソン教授、ありがとうございます。
男性： でも、1つだけ言わないといけないことがあります。これを学術誌に投稿したいと思っているようですが、それなら参考文献の目録にもっと多くの情報源を提示する必要があります。
女性： ええと、実際にはもっと文献を使いました。全部リストしないといけないんでしょうか？
男性： 関連のある文献を全てしっかり確認したという証拠を示せば、学術誌に掲載される可能性が高くなりますよ。あなたの参考文献の目録は今のままでは薄すぎます。
女性： 分かりました、修正してみます。
質問： 教授はミケーラに何をするように提案しているか？

正解 4

選択肢の訳
1 より多くの学術雑誌を調べる。
2 できるだけすぐに論文を提出する。
3 より信頼できる情報源から証拠を見つける。
4 情報源の完全なリストを載せる。

解説　教授の直接の指摘は you'll need to provide more sources（もっと多くの情報源を提示する必要がある）だ。具体的には参考文献の目録が薄いので、show evidence you've reviewed all the relevant literature（関連のある文献を全てしっかり確認したという証拠を示す）ように促している。

No. 2

◀19

スクリプト

M: Did you hear about that inventor who is suing his company?
W: No, why's he doing that?
M: He created a new electrical component, and his company made millions on it. He didn't get his fair share.
W: Didn't they give him a decent bonus?
M: They say they did, but he says it's not enough because his gadget made them a fortune.
W: But he didn't do it all by himself surely? He must have used company facilities and staff.
M: But he still had to come up with the idea.
W: It sounds to me like he's being a bit selfish. Nothing these days is a one-man show.
Question: What does the woman think?

訳　男性：自分の会社を訴えている発明者の話、聞いたかい？
女性：いいえ、彼はなぜ訴えているの？
男性：新しい電子部品を作製して、会社がそれで何百万ドルも儲けたんけど、彼は公平な分け前をもらえなかったんだ。
女性：会社は彼に相応なボーナスをあげなかったのかしら？
男性：会社はそうしたと言ってるけど、彼は自分の装置で会社が一財産築いたんだから十分じゃないと主張してるんだ。
女性：でも彼が一人でやったわけじゃないのは確かなんでしょう？　会社の設備や従業員だって使ったに違いないわ。
男性：それでも、彼がアイデアを思い付いたはずだよ。
女性：私にはちょっとわがままな感じがするわ。今時一人芝居なんてものはないんだから。
質問：女性はどう考えているか。

正解　1

選択肢の訳
1 発明者の苦情は正当化されない。
2 発明者はすでにお金を多く受け取りすぎている。
3 企業は有能な従業員に対する待遇を改善すべきだ。
4 男性の発明はほとんど価値がない。

解説　発明者が正当な取り分を取っていないと会社を告訴していることに対する女性の意見は It sounds to me like ...（私には…な感じがするわ）以降で明確になる。he's being a bit selfish（彼はちょっとわがままだ）と述べているので、発明者の主張を認めていないことになる。

No. 3

20

スクリプト

W: I've been thinking, honey. Summer's coming, and I really need to lose some weight.
M: Well, your diet's pretty healthy. How about jogging?
W: Are you kidding? You know I've always hated that.
M: OK. You could swim in the municipal pool, or try the sports club that just opened up.
W: I thought about the pool, but it's a long way even by car. The sports club has nice facilities . . . if only the fees weren't so pricey.
M: Well, I'm out of ideas.
W: I suppose I'll just have to drive the extra distance, then.
Question: What will the woman probably do?

訳
女性：ねえ、もうすぐ夏だから少し体重を減らす必要があるって考えてるんだけど。
男性：うーん、かなり健康的な食事をとってるよね。ジョギングはどうかなあ？
女性：冗談でしょう？ 前からそれはずっと嫌だって知ってるはずなのに。
男性：わかったよ。じゃあ市営プールで泳いだり、開店したばかりのスポーツクラブに行ってみてもいいかもね。
女性：プールも考えたんだけど、車でも遠いのよね。スポーツクラブなら施設も立派だけど、料金があんなに高くなければいいのに。
男性：うーん、僕はもうアイデアがないね。
女性：そうしたら、余計にドライブするしかないわね。
質問：女性はおそらく何をするか。

正解　1

選択肢の訳　1 プールで泳ぎ始める。
2 新しいスポーツクラブに入会する。
3 近所でジョギングする。
4 食事を変えようとする。

解説　女性の意思は最後の発言で示される。I'll just have to drive the extra distance（余計にドライブするしかない）と述べているが、その前に市営プールについて it's a long way even by car（車でも遠いのよね）と発言していることから行き先が特定される。

No. 4

21

スクリプト

M: So, Ellen, Mom told me that you and Richard have been fighting.
W: Yeah, Dad, for about a year now.
M: What about?
W: Well, mainly about politics and religion.
M: That's not unusual, is it? Mom and I often disagree about such things.
W: Yes, but it's more than just disagreeing. He keeps pushing for my view on things, then gets upset when I don't agree with him. He's even shouted at me several times.
M: I don't like how that sounds. In any relationship, you've got to be tolerant about differences.
W: Exactly. Honestly, it's getting to the point where I'm having second thoughts about our relationship.
M: Have you thought about counseling?
W: I haven't told you this, Dad, but we've already tried that. Five sessions, to be exact. The counselor recommended to Richard that he consider anger management training.
M: How did he react?
W: He not only refused, he got mad at the counselor and stopped our sessions. For me, that was just about the last straw.
M: Well, maybe it's time to part ways.
W: Yeah, maybe. I'm at a loss as to what else to do.
M: The final decision is yours, honey, but at least you're not married and don't have any kids yet.
Question: What does Ellen's father think?

訳　男性：ねえ、エレン、君とリチャードが喧嘩してるってママが言ってたけど。
女性：そうよ、お父さん、もう1年くらいになるわね。
男性：何が原因なんだい？
女性：うーんと、主に政治と宗教ね。
男性：それは珍しいことではないね。ママと僕もそういうことで意見が合わないことが多いから。
女性：ええ、でも単に意見が違うだけじゃないのよ。彼はしつこくいろんなことについて私の意見を求めてきて、私が彼の考えに同意しないと機嫌が悪くなるの。何度か私に怒鳴ったりしたことまであるのよ。
男性：それは嫌だね。どんな関係であっても、違った考えに寛容でなくちゃいけないのに。
女性：その通りよ。正直なところ、私たちの関係について考え直すところまで来てるわ。
男性：カウンセリングを受けることは考えた？
女性：お父さん、まだ言ってなかったけど、もうそれは試してみたわ。正確には5回もなんだけど。カウンセラーは、アンガーマネージメントの訓練を受けてみたらってリチャードに勧めたんだけどね。
男性：彼の反応はどうだったんだい？
女性：彼はそれを拒否しただけじゃなくて、カウンセラーに腹を立ててカウンセリングを中断したのよ。私にとっては、最後の望みの綱みたいなものだったんだけど。
男性：うーん、もしかすると別れるタイミングなのかもね。
女性：ええ、多分ね。他に何をするべきか途方に暮れちゃって。
男性：最終的には自分で決めるにせよ、結婚してるわけでももう子供がいるわけでもないんだからね。
質問：エレンの父親はどう考えているか。

正解　1

選択肢の訳
1 エレンは交友関係を見直すべきだ。
2 リチャードにはもう1回チャンスを与えるべきだ。
3 エレンも部分的に問題に対して責任がある。
4 リチャードは別のカウンセラーを試すべきだ。

解説　父親は最終的にはエレン本人が自分で決めるものだと言ってはいるが、maybe it's time to part ways（もしかすると別れるタイミングなのかもしれない）と述べているので、リチャードとの関係を見直すことを示唆している。

No. 5 ~ No. 6

◀22

スクリプト

Tackling Scalping

Scalping—the reselling of tickets for sports events and concerts for a profit—is a common moneymaking practice in many countries. Scalping is all about supply and demand. Fans are willing to pay extra to get sought-after tickets for popular events. Various laws have been passed over the years to try to prevent scalping, but market forces make it simply inevitable. Scalping is big business, worth more than $4.5 billion a year in the US.

Sports teams are aware that they cannot stop scalping outright, so some of them have introduced systems of ticket selling that they have more control over. One professional hockey team, the Los Angeles Kings, has an online system in which buyers of multiple tickets for one game are charged more per ticket than fans who buy a single ticket. Moreover, if buyers want to resell their tickets, they can only do so electronically through an official LA Kings website. This means the LA Kings also take a cut of the proceeds from the resold tickets. Critics of such measures, however, argue that buying a ticket should mean the buyer has the right to do whatever he or she wants with it.

Questions

No. 5 What is one point the speaker makes about scalping?

No. 6 How have the Los Angeles Kings dealt with scalping?

訳

転売への取り組み

転売とは、利益を出すためにスポーツイベントやコンサートのチケットを再販売することで、多くの国で一般的な金儲けの手段だ。転売は需要と供給の関係があって成り立つ。ファンは人気イベントの需要が高いチケットを手に入れるために余分に金を払っても構わないと思っている。転売を防止しようと長年にわたってさまざまな法律が可決されてきたが、市場の原理によって単純に避けられないものになっている。転売は大きなビジネスで、アメリカでは年間45億ドル以上相当の売り上げになる。

スポーツチームは転売を完全に止めることはできないと認識していて、その一部は自分でもっと管理できるチケット販売システムを導入している。プロホッケーチームのロサンゼルス・キングスの場合、1回の試合で複数のチケットを購入した人が1枚だけ購入したファンよりも1枚あたり多く請求されるオンラインシステムがある。さらに、購入者が自分のチケットを転売したい場合は、ロサンゼルス・キングスの公式のウェブサイトを通して電子的にしか行うことができない。こうして、ロサンゼルス・

キングスも転売券の売り上げの一部を受け取ることになる。しかし、そのような措置に批判的な人々は、チケットを購入したら購入者にはチケットを使って何でもしたいことをする権利があるはずだと主張する。

No. 5

正解 2

質問の訳 話し手は転売についてどのような点を指摘しているか。

選択肢の訳
1 過去の法律はその規模を縮小した。
2 それが発生することを防ぐのは不可能だ。
3 ほとんどの人が信じているほど害はない。
4 そのおかげでファンに人気がなくなったイベントがある。

解説 Scalping（転売）について market forces make it simply inevitable（市場の原理によって単純に避けられないものになっている）と述べているので2が内容的に一致する。法規制には言及されているが、1のように規模が縮小したとは述べられていない。

No. 6

正解 1

質問の訳 ロサンゼルス・キングスは転売に対してどのように対処したか。

選択肢の訳
1 転売から利益を得るシステムを確立する。
2 転売者が逮捕されるようにインターネットを利用する。
3 転売者から直接チケットを購入する。
4 転売されたチケットを持った人たちを試合会場から締め出す。

解説 ロサンゼルス・キングスのオンラインシステムの特徴の1つとして、チケットの転売がチームの公式サイトを通じてしか行うことができないようになっていて、チームが take a cut of the proceeds from the resold tickets（転売券の売り上げの一部を受け取る）と述べられていることから、1が正解。

No. 7

◀23

スクリプト

You have 10 seconds to read the situation and Question No. 7.

First, let me tell you about the wildlife you can see to help you make your decision. In May, thousands of migrating birds return, as do many marine mammals. June is when the salmon start running, so that's also the time the bears start getting out and about. The whales come through in July and August. Now to the tours. From May through August, there's a great 10-night trip to Greenville that includes both Gladwyn Bay and the Ice Strait. Over the same period, there's a five-night cruise that ends up in Hampton after Gladwyn Bay. Finally, there is a nice option in September, which we've had wonderful reviews for. It's an eight-night round-trip cruise, which goes to Waterford Glacier, and is mainly aimed at bird watchers. Remember that July and August are the peak season as most people want to see the whales, so the prices are high.

Now answer the question.

訳 10秒で状況と質問 No. 7 を読んでください。

まず、お客様にお決めいただけるように、見ることができる野生動物についてお話ししましょう。5月には何千羽もの渡り鳥が戻って来て、多くの海洋哺乳類も同様です。6月は鮭が遡上し始める時で、クマが外に出歩くようになる時期でもあります。クジラは7月と8月にやって来ます。それでは、ツアーについてお話ししましょう。5月から8月にかけて、グリーンビル行きの素晴らしい10泊のツアーがあり、グラッドウィン湾とアイス海峡の両方にも立ち寄ります。同じ期間に、グラッドウィン湾経由のハンプトンまでの5泊のクルーズがあります。最後に、9月には素晴らしいオプションツアーもあり、大変ご好評いただいております。ウォーターフォード氷河を巡る8泊の往復クルーズで、主にバードウォッチャーを対象としています。ほとんどの方がクジラを見ることを希望しますので、7月と8月がピーク時期となり価格が上がりますので、ご注意ください。

それでは解答してください。

正解　2

状況の訳　旅行代理店がネイチャー・クルーズのパッケージについて話している。あなたはクマを見てグラッドウィン湾を訪れたいと思っている。あなたは1週間だけ仕事を休むことができる。

質問の訳　どのクルーズを選ぶべきか？

選択肢の訳　**1**　5月のアイス海峡へのクルーズ。
2　6月のハンプトンへのクルーズ。
3　8月のグリーンビルへのクルーズ。
4　9月のウォーターフォード氷河へのクルーズ。

解説　条件は①クマを見る、②グラッドウィン湾を訪れる、③1週間しか休めないの3つだ。6月について the time the bears start getting out and about（クマが外に出歩くようになる時期）と述べられていることから時期が限定され、その時期にグラッドウィン湾に立ち寄るハンプトン行きの a five-night cruise（5泊のクルーズ）があるので、これを選択する。

No. 8 ~ No. 9

24

スクリプト

Now, let's listen to the interview: This is an interview with Peter Malone, who used to work as a web designer.

Interviewer (I): Hello, and welcome to Shop Talk on WBYX AM Radio. I'm your host, Caroline Davies. My guest is Peter Malone, a former web designer. Welcome, Peter.

Peter Malone (PM): It's great to be here. Thanks.

I: So, could you tell us a little bit about what you did?

PM: Well, I started making websites in the late '90s with a friend of mine. We marketed our web design services to small and medium-sized companies located around the city where I was then living. This was a time when the Internet was really just starting to come into the public consciousness. And more and more people began connecting to the Internet, businesses started wanting their own websites—whether they needed them or not. Keep in mind that people then were still not very computer savvy, and many mistakenly thought that having a website would magically increase their business's revenue overnight.

I: Hmm, interesting.

PM: Yeah. And it wasn't like today where everyone has high-speed Internet and a variety of devices with which to access it. In those days, almost everyone was using the Internet at extremely slow speeds.

I: We all remember when the Internet bubble burst back in the late '90s. I've heard some analysts say that another bubble is forming in the tech sector. Do you have any thoughts on that?

PM: I'd say that there could be some truth to that. There are still Internet companies out there that have been around for years, have huge numbers of users, but can't seem to figure out a way to monetize their products. Yet investors are still throwing money at them. Those companies will be in trouble if that funding dries up. Also, these days, more and more tech firms are privately owned. So, if there is another fluctuation in the market, those companies won't be able to sell public stock in order to raise capital, which puts the private individuals investing in these companies on the hook for the loss.

I: How has the web design industry changed over the last decade or so?

PM: A lot of people go so far to say it's a dead—or at least dying—profession.

I: Could you elaborate a little more?

PM: Well, for one, a lot of companies have realized that they don't really need their own dedicated website. For many of them, it's enough to have a presence on sites like Facebook, for example. If a company decides that they do need their own site, there are so many automated tools available these days—easy-to-use templates, etc.—it's not hard for them to create a website themselves. And these sites actually look professional. The technology's come a really long way from the horrible build-your-own website software that used to be out there. And while that's not a good thing for web designers, it is, ultimately, a good thing for Internet users. It means that most sites function in similar ways.

I: Well, that's all we have time for, I'm afraid. Thank you so much, Peter.

PM: It was a pleasure. Thanks for inviting me.

Questions

No. 8 What is one thing that Peter believes about Internet companies today?

No. 9 What is one thing that Peter says about how the web design industry has changed?

訳 それでは、インタビューを聞いてみましょう。これは、以前ウェブデザイナーとして働いていたピーター・マローンとのインタビューです。

インタビュアー (I)：こんにちは。そして WBYX AM ラジオの Shop Talk へようこそ。私キャロライン・デイヴィースが進行を務めます。ゲストは元ウェブデザイナーのピーター・マローンさんです。ピーターさん、ようこそ。

ピーター・マローン (PM)：お招きいただきありがとうございます。

I：では、あなたの前のお仕事について少しお話しいただけますか。

PM：ええと、私は友人と 90 年代後半からウェブサイトを作り始めました。私たちが住んでいた街の周辺の中小規模の企業に自分たちのウェブデザインのサービスを売り込みました。これはちょうどインターネットがみなさんの関心を集め始めたばかりの頃でした。インターネットに接続し始める人が徐々に増え、本当に必要であってもそうでなくても、企業が自社のウェブサイトを欲しがるようになりました。当時の人たちはまだコンピュータに精通しておらず、多くの人がウェブサイトを持っていると一夜にして自分の企業の収益が魔法のように増えるだろうと勘違いしていたことを心に留めておいてください。

I：うーん、おもしろいですね。

PM：ええ。そして、今日のように誰もが高速インターネットとそれにアクセスするためのさまざまなデバイスを持っているわけではありませんでした。当時、ほとんどの人が非常に速度の遅いインターネットを利用していました。

I： 私たちは全員がインターネットのバブルが90年代後半に弾けたことを覚えています。一部のアナリストが、ハイテク部門で別のバブルが作られていると言っているのを聞いたことがあります。あなたはこのことについて何かお考えはありますか？

PM： それは一理あるかもしれませんね。何年も前から存在していて膨大な数のユーザーを抱えているインターネット会社がまだありますが、商品を収益化する方法を見つけ出せていないようです。しかし、投資家はまだ彼らに投資しています。こうした資金が枯渇したら、それらの企業は苦境に陥ることになるでしょう。また、最近では個人所有のハイテク企業が増えています。そのため、市場に別の変動が起きたらこれらの企業は資本を調達するために公開株を売却することができず、そのためその損失によってこれらの企業に投資している個人が窮地に陥ります。

I： ウェブデザイン業界は過去10年間でどのように変わりましたか？

PM： 多くの人が死んだ、あるいは少なくとも死にかけの職業だとまで言っています。

I： もう少し詳しく説明していただけますか。

PM： そうですね、1つの理由として、多くの企業が実際には自分たち専用のウェブサイトは必要ないことに気付いています。そうした企業の大多数は、Facebookのようなサイトに存在感を示すことで十分です。会社が自社のサイトが必要だと判断しても、最近では使いやすいテンプレートなどのたくさんの自動化ツールが使用できます。自分でウェブサイトを作成するのが難しくないのです。そして、実際にこれらのサイトはプロっぽく見えます。この技術は、かつてあった酷いホームページビルダーのようなソフトから格段に進歩しました。これはウェブデザイナーにとっては良いことではありませんが、最終的にはインターネットユーザーにとって良いことなのです。ほとんどのサイトが同じように機能しているということでもあります。

I： さて、残念ながら時間となりました。ピーターさん、ありがとうございました。

PM： 楽しかったです。お招きいただきありがとうございました。

No. 8

正解　3

質問の訳　今日のインターネット企業について、ピーターが信じていることは何か。

選択肢の訳
1 中小企業は過去には良い投資対象だったが、今では大企業だけが収益を上げている。
2 個人所有の企業は、公営企業よりも市場の変化に柔軟に対応できる。
3 そのうちの一部は利益が少ないので、彼らは生き残るために外部からの投資に頼っている。
4 ほとんどは市場に変化があっても利益を上げ続けることができる。

解説　ピーターは4回目の発言で最近のインターネット会社についてcan't seem to figure out a way to monetize their products（商品を収益化する方法を見つけ出せていないようです）と述べている。しかし、investors are still throwing money at them（投資家はまだ彼らに投資している）とも述べていることから、それにより何とか持ちこたえている状況だと分かる。

No. 9

正解　2

質問の訳　ピーターはウェブデザイン業界の変遷について何と語っているか。

選択肢の訳
1 企業は必ずしもウェブサイトを必要としているわけではないが、顧客が会社なら自社のウェブサイトを持っているものだと考える。
2 企業が自らウェブサイトを作成する傾向によって業界に悪影響を与えている。
3 競争が激化する市場で生き残るためにウェブデザイナーはレベルアップした。
4 自動化されたツールが今では普及しているが、ウェブデザイナーなら作り出せる個性的な趣はない。

解説　ピーターは6回目の発言で、ウェブデザイン業界の変遷について、技術の進歩に伴い企業が自らウェブサイトを作成する傾向になり、that's not a good thing for web designers（ウェブデザイナーにとっては良いことではない）と述べていることから、業界全体が苦しいことがうかがえる。

DAY 2
ミニ模試

筆記試験・リスニングテスト

今日の課題

筆記試験 1 短文の語句空所補充 …… 10 問
筆記試験 2 長文の語句空所補充 …… 3 問
筆記試験 3 長文の内容一致選択 …… 4 問
リスニングテスト Part 1 会話の内容一致選択 …… 5 問
リスニングテスト Part 2 文の内容一致選択 …… 2 問
リスニングテスト Part 3 Real-Life 形式の内容一致選択 …… 1 問

[目標解答時間：30 分＋リスニング]

筆記試験

目標解答時間 30分

1 *To complete each item, choose the best word or phrase from among the four choices.*

(1) With a tremendous ( ), the workmen managed to lift the huge rock and carry it to the side of the road.

1 heave **2** clump **3** stalk **4** purge

(2) Due to concerns about the chemicals in its bug spray, the company is trying to develop products that use natural substances to ( ) insects.

1 waver **2** abduct **3** repel **4** adjoin

(3) A: Ms. Tanaka, do you have any suggestions for improving my vocabulary ( )?
B: I recommend you use flashcards. They can really help you remember new words.

1 retention **2** insanity **3** ovation **4** bigotry

(4) The investigation results showed that the pilot was not ( ) for the plane crash. It had been caused by mechanical failure.

1 immutable **2** somber **3** culpable **4** venomous

(5) Security guards caught a young man trying to ( ) a video camera into the venue so he could illegally film the concert.

1 crumple **2** topple **3** smuggle **4** tumble

(6) Andy's sister is suffering from a nasty ( ) of the flu. Andy hopes he does not get it too.

1 void **2** cinch **3** bout **4** glint

(7) For a while, the congressman (   ) the prospect of running for a third term, but the idea of facing the stress of another election campaign convinced him to retire.

1 pestered　　2 pondered　　3 cowered　　4 encumbered

(8) In business, the most successful teams are (   ) ones, so managers must promote teamwork and unity of purpose among employees.

1 callous　　2 cohesive　　3 obliterated　　4 abominable

(9) A: What was your impression of the last job applicant?
B: He doesn't seem very responsible. He (   ) 10 minutes late for his interview, and he didn't even apologize.

1 squared up　　2 panned out
3 rolled in　　4 carried on

(10) A: Did the office party finish late last night, Don?
B: No, it started to (   ) around eight o'clock, and most people had gone home by nine.

1 clam up　　2 wind down
3 stack up　　4 storm out

2 *Read each passage and choose the best word or phrase from among the four choices for each blank.*

The Bidun

The 50th anniversary of Kuwait's independence in 2011 highlighted a sad irony for the Bidun, who comprise approximately 10 percent of the country's population. When Kuwait gained independence from Britain in 1961, the Bidun were a nomadic tribal people for whom the concepts of statehood and nationality had little meaning; they were largely uneducated, isolated, and constantly on the move. According to Minority Rights Group International, the very idea of citizenship "diverged from traditional tribal understandings of belonging which were defined by allegiance to a leader in a context." As a result, the Bidun (11) the chance to claim citizenship in the new nation.

Today, the Bidun face widespread discrimination and are denied equal access to healthcare and education. It was the Iran-Iraq War in 1980, however, that (12). In spite of being undocumented, the Bidun faced relatively few problems in Kuwaiti society prior to the war, receiving the same economic and social benefits as other Kuwaitis. After the fighting began, large numbers of Iraqis fled to neighboring Kuwait and purposely destroyed their identification documents to avoid deportation. In response, the Kuwaiti government declared anyone living in the country without proper documentation an illegal resident, and the Bidun were joined in statelessness by the Iraqi refugees. Popular attitudes toward stateless people shifted to mistrust and suspicion, and they became completely marginalized.

Kuwait has conceived a novel solution to the problem. In 2014, it announced negotiations with Comoros, a poor island nation thousands of kilometers away, off the coast of East Africa. In exchange for hundreds of millions of dollars in development money, Comoros would provide passports to the Bidun, who would then receive residence visas from the Kuwaiti government. Critics, however, accuse Kuwait of (13). For the Bidun, a Comorian passport might be appealing because it would theoretically provide the documentation required to apply for Kuwaiti citizenship. Critics note, however, that international law prohibits countries from deporting stateless individuals, so if the Bidun became citizens of Comoros, the Kuwaiti government could then expel them if they protested or broke the law. As negotiations continue, it remains to be seen whether the Comoros plan will play out favorably for the Bidun.

(11) **1** grew jealous of those who had
2 neglected to take advantage of
3 gave up everything for
4 were among the first groups to be offered

(12) **1** led the government to acknowledge its errors
2 resulted in greater equality for the Bidun
3 laid the groundwork for the current situation
4 finally forced the Bidun to leave Kuwait

(13) **1** having a hidden motive
2 lying about giving aid to Comoros
3 violating Comorian law
4 giving in to pressure from outside

3 *Read each passage and choose the best answer from among the four choices for each question.*

Operation Gladio

In 1990, evidence emerged of a secret army in Italy known as Operation Gladio. Gladio operated under the authority of the North Atlantic Treaty Organization (NATO), a military alliance formed by Western European and North American nations to counter the threat of an invasion by the numerically superior forces of the Soviet Union. Trained and equipped with hidden arms stockpiles, Gladio members were a "stay-behind" army intended to form the nucleus of an armed resistance in the event of a Soviet attack.

Soon after Gladio became public knowledge, it was revealed that similar networks existed in other NATO countries, and even in supposedly neutral countries such as Switzerland. These networks were established by European military intelligence services in conjunction with the Central Intelligence Agency (CIA). They were covert, unaccountable to national legislatures, and, according to a resolution by the European Parliament, operated "completely outside the law." Unsurprisingly, this caused a great deal of controversy when it came to light. However, Europe's political leadership largely sidestepped the scandal and remained silent. Despite widespread calls for a full investigation, only Italy, Belgium, and Switzerland launched independent parliamentary inquiries into the stay-behind armies. US president George H. W. Bush refused to comment.

When Gladio's existence was exposed in 1990, it came about as a result of Italian judge Felice Casson's investigation into acts of domestic terrorism in Italy during the 1970s. Casson revisited an unsolved car bombing that had killed three police officers in the village of Peteano in 1972 and had originally been blamed on a left-wing terror organization known as the Red Brigades. Crucial to the original investigation had been the report of a police explosives expert, who asserted the bomb had been homemade. Casson, however, revealed the attack to have been the work of a neofascist group known as Ordine Nuovo. Vincenzo Vinciguerra, a former Ordine Nuovo member, confessed to the crime, and it was further revealed that the police explosives expert had not only deliberately misled authorities about the explosives' origin but had himself belonged to Ordine Nuovo.

By gaining access to confidential government archives, Casson was able to establish that the explosives used by Vinciguerra had been issued by NATO and acquired from a Gladio arms stockpile near the city of Verona. Italian prime minister Giulio Andreotti had, on more than one occasion, denied allegations about Gladio's existence, but the Verona stockpile was a smoking gun that contradicted his previous assertions and forced him to admit what he had been aware of for decades.

Casson became convinced the Peteano bombing was part of what has been called a "strategy of tension" meant to weaken the influence of left-leaning political parties and organizations in Europe. These were seen as a destabilizer of democracy as strikes, student protests, violent demonstrations, and left-wing political victories rocked Italy. Casson claimed many Gladio members had been recruited from neofascist organizations, and when the Soviet invasion that Gladio had been created to combat failed to occur, they turned instead to combating the perceived threat of the growing left-wing influence in their country. Gladio members began carrying out false-flag operations — terrorist attacks with the intent of causing the blame to fall on the shoulders of left-wing organizations such as the Red Brigades. Casson alleged they were seeking to incite unrest in order to create a backlash against lef-wing groups and parties, causing a rightward political shift and making the populace more accepting of authoritarian government measures.

According to historian Daniele Ganser, director of the Swiss Institute for Peace and Energy Research, the CIA was complicit in false-flag attacks on innocent civilians carried out by members of Gladio. Ganser cites not only extensive circumstantial evidence but also highly placed sources in the Italian intelligence community such as General Gianadelio Maletti, who served as the head of military counterintelligence, and the Peteano bomber himself, all of whom have testified that Gladio committed terrorist acts with the involvement of the CIA.

Ganser's claims, however, have drawn criticism. Fellow academic

Peer Henrik Hansen accused Ganser of producing "a journalistic book with a big spoonful of conspiracy theories" that fails to substantiate its accusations. Philip Davies, a professor of intelligence studies at Brunel University London, echoed this by accusing Ganser of inadequate research and failing to place Gladio's formation in "the appropriate historical context." Central to criticism of Ganser is the fact that he based his findings on "U.S. Army Field Manual 30-31B," which has been exposed as a hoax document created by Soviet intelligence services. The United States Department of State itself commented on this, stating that "Ganser treats the forgery as if it was a genuine document." While it is true Ganser's primary source lacks credibility, the damning testimony, the CIA's history of using false-flag operations elsewhere in the world, and the fact that government archives on Gladio remain sealed make it nearly as hard to dismiss the idea of CIA involvement in Gladio's actions as it is to prove it.

(14) The uncovering of Operation Gladio led to a major political scandal because

1 after holding parliamentary inquiries, several countries accused NATO of violating their neutrality and ordered the withdrawal of Gladio forces.
2 it was revealed that the United States had pressured European politicians not to discuss Gladio for fear it would cause disputes among NATO countries.
3 the existence of Gladio showed that the public had been misled regarding the probability of a Soviet attack.
4 even though it was a capable military force, Gladio did not operate under the authority of national governments.

(15) What did Felice Casson's investigation into the 1972 Peteano bombing reveal?

1 Italian prime minister Giulio Andreotti had not been telling the truth in his previous statements about Gladio.
2 Some members of right-wing organizations such as Ordine Nuovo had actually been agents who belonged to left-wing terror organizations.
3 Although Gladio had at first been focused on domestic military defense, its activities had shifted to intelligence-gathering in the Soviet Union.
4 Italian police had been collaborating not only with Ordine Nuovo agents but also with members of left-wing groups.

(16) Which of the following statements best describes the "strategy of tension" mentioned in the passage?

1 An effort to oppose the spread of left-leaning political groups by manipulating public opinion in favor of right-wing parties and organizations.

2 A way to weaken the ties that had formed between less extreme left-wing groups and various terror organizations.

3 An attempt to magnify the conflict between lef- and right-wing organizations in order to undo the compromises they had reached.

4 A system of placing neofascists into left-wing terrorist groups so they could work to divide them and reduce their effectiveness from the inside.

(17) What conclusion does the author of the passage draw about Daniele Ganser's theory?

1 Ganser's failure to convince his peers of the validity of his thesis has more to do with political bias among academics than with a lack of solid evidence.

2 Even though Ganser offers an unreliable source as the basis for his claims, other factors indicate that they should not be disregarded.

3 Ganser is likely correct about the origin of the source that he uses as the basis of his claims, but it is unlikely he will be able to prove this.

4 In spite of the CIA's acknowledgement of Ganser's claims, his faulty analysis makes it harder to believe his theory as a whole.

リスニングテスト

There are three parts to this listening test.

Part 1	Dialogues:	1 question each	Multiple-choice
Part 2	Passages:	2 questions each	Multiple-choice
Part 3	Real-Life:	1 question each	Multiple-choice

Part 1

◀ 25 >>> 29

No. 1

1 To recruit a sales director.
2 To resolve a legal issue.
3 To negotiate with a client.
4 To hire a new attorney.

No. 2

1 He will succeed in saving the wetlands.
2 He uses his position to do favors for certain people.
3 He works hard to protect the environment.
4 He is popular with his ordinary constituents.

No. 3

1 He needs to keep searching for work.
2 He needs to study harder to graduate.
3 She will let him stay at home.
4 She will help him find a job.

No. 4

1 Ask the new clinic about its prices.
2 Ask their vet about payment options.
3 Put off their cat's injections.
4 Take their cat to the new clinic.

No. 5

1 Elliot needs to improve his organizational skills.
2 Elliot should start the paperwork earlier this year.
3 Elliot has already been assigned too many duties.
4 Elliot will be able to make effective presentations.

Part 2

◀30

No. 6

1 They are unwilling to share their work skills.
2 They want work that is going to be rewarding.
3 They think their work ethic is like that of their elders.
4 They want to be their own boss.

No. 7

1 They are not interested in current world issues.
2 They are not able to adapt to new environments.
3 They have been working longer hours recently.
4 They use technology to solve problems quickly.

Part 3

◀31

No. 8

Situation: You have just started your own IT business in Silicon Valley. You hope to join a sponsorship program. The program's administrator gives you some advice.

Question: What should you do first?

1 Apply for the $30,000 grant.
2 Submit the E-Win application form.
3 Determine what makes your start-up unique.
4 Sign up for a coaching session.

正解一覧

筆記試験

1

(1)	(2)	(3)	(4)	(5)
1	3	1	3	3

(6)	(7)	(8)	(9)	(10)
3	2	2	3	2

2

(11)	(12)	(13)
2	3	1

3

(14)	(15)	(16)	(17)
4	1	1	2

リスニングテスト

1

No. 1	No. 2	No. 3	No. 4	No. 5
2	2	1	2	4

2

No. 6	No. 7
2	4

3

No. 8
3

訳と解説

筆記 1 短文の語句空所補充

(1) 正解 1

訳 途方もない力で引き上げると、作業員たちは何とか巨大な岩を持ち上げて道路の脇に運んだ。

1 持ち上げ　2 茂み　3 茎　4 追放

解説 the huge rock（巨大な岩）を持ち上げて運ぶには何が必要なのか考えて、意味的に「力強さ」に関連のある単語を選ぶ。正解の heave は動詞だと「（重いもの）を持ち上げる」の意味だが、ここでは名詞で「持ち上げる動作」を意味する。

(2) 正解 3

訳 虫よけスプレーに含まれる化学物質に対する懸念により、その会社は昆虫を追い払うために天然物質を使用した製品の開発を試みている。

1 揺らぐ　2 拉致する　3 追い払う　4 隣接する

解説 bug sprayとは何のことなのかを考えると、bugが小さなinsect（昆虫）を指すので「虫よけスプレー」なのだと推測できる。空所には「撃退する」に近い意味の単語を入れれば良い。正解のrepelの関連語として「追い出す、追放する」の意味のexpelも覚えておきたい。

(3) 正解 1

訳 A：田中先生、私の語彙の記憶力を向上させるのに何か提案はありますか。
B：フラッシュカードを使うことをお勧めします。新しい単語を思い出すのに本当に役立ちます。

1 記憶力　2 狂気　3 拍手喝采　4 偏屈

解説 話し手Bがフラッシュカードについて They can really help you remember new words（新しい単語を思い出すのに本当に役立ちます）と述べているので、「記憶」に関連した意味の1 retentionが正解。「保持する」の意味の動詞retainの名詞形だ。

(4) 正解 3

訳 調査結果によると、パイロットにはその飛行機墜落事故の過失はなかった。それは機械の故障が原因だった。

1 不変の　2 陰うつな　3 過失がある　4 有毒な

解説 飛行機事故について調べたところcaused by mechanical failure（機械の故障が原因）だったとある。つまり、パイロットに非はなかったはずなので、「責任がある」という意味のresponsibleに近い3が正解。

(5) 正解 3

訳 警備員はコンサートを違法に撮影できるようにビデオカメラを会場にこっそり持ち込もうとしていた若者を捕まえた。

1 しわくちゃにする　　2 ぐらつく
3 こっそり持ち込む　　4 転ぶ

解説 Security guards caught a young man（警備員は若者を捕まえた）とあるので、その理由を考える。illegally film the concert（コンサートを違法に撮影）しようとしていたので、カメラを持ち込もうとしていたとすれば文意が通る。正解の動詞 smuggle には「密輸する」の意味もある。

(6) 正解 3

訳 アンディの妹は不快なインフルエンザを発症して苦しんでいる。アンディは、自分もそれにかかりたくないと願っている。

1 虚空　　2 朝飯前　　3 発症期間　　4 閃光

解説 直後が of the flu（インフルエンザの）なので、意味的に「症状」と関連のある 3 bout が正解。期間が短い場合は「発作」の意味の attack が使われる。

(7) 正解 2

訳 しばらくの間、その下院議員は 3 期目を目指して立候補する可能性について思案したが、さらなる選挙運動のストレスに直面すると考えて彼は引退することにした。

1 悩ました　　2 思案した　　3 すくんだ　　4 妨害した

解説 文の後半が but（しかし）で始まり結論として引退することにしたとあるので、前半は仕事を続けるつもりだったという趣旨なのだと考えられる。the prospect of running for a third term（3 期目を目指して立候補する可能性）が目的語となるように「検討する」に近い意味の単語を選ぶ。

(8) 正解 2

訳 ビジネスにおいて最も成功するチームは団結力のあるチームであるため、経営者は従業員間のチームワークと意思の統一を促進する必要がある。

1 無神経な　　2 団結力のある
3 抹消された　　4 不愉快な

解説 ビジネスで成功するチームになるようにteamwork and unity of purpose（従業員間のチームワークと意思の統一）を図る必要があるので、unityと意味的に関連した2 cohesiveが正解。

(9) 正解 3

訳 A：最後の求職者の印象はどうでしたか？
B：彼はあまり責任感があるようには思えません。面接に平然と10分遅れでやって来て、謝罪もしませんでした。

1 清算した　　2 うまくいった
3 平然とやって来た　　4 進み続けた

解説 求職者について話し手Bがresponsible（責任感がある）とは思えないと言っていることから、どのような行動を取ったのか推測する。10 minutes late for his interview（面接に10分遅れで）という副詞句との組み合わせで、「現れた」に近い意味の表現が入るのだと考えられる。

(10) 正解 2

訳 A：会社のパーティーは昨晩の遅い時間に終ったの、ドン？
B：ううん、8時ごろから収束し始めて、9時にはほとんどの人が帰宅していたんだ。

1 黙り込む　　2 収束する　　3 積み重ねる　　4 飛び出す

解説 話し手Bは最後にmost people had gone home by nine（9時にはほとんどの人が帰宅していた）と述べているので、8時ごろには人が帰り始めた状況だったと考えられる。正解の2 wind downは「（人が活動をやめて）くつろぐ」の意味でも使われる。

ビドゥーン

2011年のクウェート独立50周年は、同国の人口の約10パーセントを占めるビドゥーンにとって悲しい皮肉を浮き彫りにするものだった。1961年にクウェートがイギリスから独立したとき、ビドゥーンは遊牧民の部族の人たちで、彼らにとって国家や国籍の概念はほとんど意味を持たなかった。彼らは大多数が教育を受けておらず、孤立していて、常に移動していた。国際少数民族の権利保護団体によれば、市民権という考え自体が「特定の状況下での指導者への忠誠によって定義される伝統的な部族の帰属認識とは異なるものだ」。その結果として、ビドゥーンは新しい国で市民権を主張する機会を活かすことを怠った。

今日ビドゥーンは広範囲に渡って差別に直面し、医療と教育を平等に受ける機会を拒否されている。しかし、現状の土台となったのは1980年のイラン・イラク戦争だった。文書化されていないが、ビドゥーンは戦前のクウェート社会ではあまり多くの問題に直面せず、他のクウェート人と同様の経済的、社会的恩恵を受けていた。戦闘が始まると、多数のイラク人が近隣のクウェートに逃げ込み、強制送還を避けるために故意に身分確認資料を破棄した。これに応じて、クウェート政府は適切な書類を持たずにこの国に住んでいる人は違法居住者であると宣言し、無国籍状態のビドゥーンにイラク難民が加わることになった。無国籍の人たちに対する一般的な態度は不信と疑念へと変わり、彼らは完全に排除されるようになった。

クウェートはこの問題に対する新しい解決策を考案した。2014年には、東アフリカ沿岸沖の何千キロも離れた貧しい島国のコモロとの交渉を発表した。何億ドルもの開発資金と引き換えにコモロはビドゥーンにパスポートを提供し、その後ビドゥーンはクウェート政府から滞在ビザを受けるというものだ。しかしながら、これに批判的な人たちは隠れた動機があるとしてクウェートを非難している。ビドゥーンにとって、理論上はコモロのパスポートはクウェートの市民権の申請に必要な書類を提供するので魅力的かもしれない。しかし批判的な立場の人たちは、国際法が無国籍者を国外に追放することを禁じているが、ビドゥーンがコモロの市民になったら彼らが法律に抗議したり違反したりした場合にクウェート政府が彼らを追放できると指摘している。交渉が続いているが、コモロ国籍取得計画がビドゥーンにとって有利に実施されるかどうかはこれからわかるだろう。

(11) 正解 2

選択肢の訳 1 ～を持っている人を嫉妬するようになった
2 ～を活かさなかった
3 ～を得るために全てを放棄した
4 ～を最初に提供されたグループの1つだった

解説 空所を含む文がAs a result（その結果として）で始まっていることに注目する。第1パラグラフの空所を含む文までで、ビドゥーンが国籍の概念を持たない遊牧民で、市民権が彼らの帰属意識とは異なるものだったと説明されているので、claim citizenship（市民権を主張する）という行為には及ばなかっただろうと考えられる。

(12) 正解 3

選択肢の訳 1 政府が誤りを認めるようにした
2 ビドゥーンにとって平等が高まることになった
3 現状の土台となった
4 ついにビドゥーンをクウェートから退去させた

解説 空所の前の文ではビドゥーンが現在厳しい状況に直面しているとあるが、空所の後の文ではイラン・イラク戦争前のクウェートで the Bidun faced relatively few problems（ビドゥーンはあまり多くの問題に直面していなかった）と書かれている。イラン・イラク戦争を境に状況が変わったと推測できるので、3が正解。

(13) 正解 1

選択肢の訳 1 隠れた動機がある
2 コモロに援助を与えると嘘をついている
3 コモロの法律に違反している
4 外部からの圧力に屈している

解説 第3パラグラフ前半で、クウェート政府がビドゥーンにパスポートを発行するよう他国に働きかけていると説明されている。パラグラフ後半では、ビドゥーンが他国の国籍を取得するのは魅力的な話だが場合によっては the Kuwaiti government could then expel them（クウェート政府が彼らを追放できる）とあるので、批判の内容として1が適合する。

グラディオ作戦

1990年、グラディオ作戦として知られるイタリアの秘密の軍組織について証言が出てきた。グラディオは、ソビエト連邦の数的に優位な軍隊による侵略の脅威に対抗するため、西ヨーロッパ諸国と北アメリカ諸国によって結成された軍事同盟である北大西洋条約機構（NATO）の権限の下で活動した。グラディオのメンバーは訓練を受けて秘密の武器を備蓄していたが、ソビエトによる攻撃の際には武装抵抗の中核になることを目的とした「残留軍」だった。

グラディオが一般に知られるようになると、他のNATO諸国とスイスのような中立国とみなされる国にまで同様のネットワークが存在することが明らかになった。これらのネットワークは、アメリカ中央情報局（CIA）と共同でヨーロッパの軍事情報機関によって設立された。これらは秘密の存在で国会に説明義務がなく、欧州議会の決議によれば「完全に法の範囲外」で運営されていた。当然のことながら、このことが明らかになると論争が巻き起こった。しかし、ヨーロッパの政治的指導者たちは概してスキャンダルを避けて沈黙を守った。徹底的な調査を求める声が広まる中で、イタリア、ベルギー、スイスだけが、残留軍に対する独自の議会調査を開始した。ブッシュ米大統領はコメントを拒否した。

グラディオの存在が1990年に露呈したのは、1970年代にイタリアの裁判官フェリーチェ・カッソンによるイタリア国内テロ行為に関する調査の結果として起こったことだった。カッソンは、1972年にペテアノという村で3人の警察官が死亡し、もともと赤旅団として知られる左翼系テロ組織の犯行とされていた未解決の自動車爆破事件を再検討した。当初の調査で重要だったのは、爆弾が手製のものだったと主張した警察の爆発物の専門家の報告だった。しかし、カッソンはその攻撃が新秩序として知られているネオファシストグループの仕業であることを明らかにした。元新秩序のメンバーであるヴィンチェンゾ・ヴィンチゲラは犯行を認めたが、警察の爆発物の専門家が爆発物の出所について意図的に当局に誤解を与えただけでなく、彼本人が新秩序に所属していたことまで明らかになった。

政府の機密の公文書を閲覧することによって、カッソンはヴィンチゲラによって使用された爆発物がNATOによって支給され、ヴェローナ市近くのグラディオの武器保管庫から取得されたものであると証明することができた。イタリアのジュリオ・アンドレオッティ首相はグラディオの存在についての主張を複数回否定したが、ヴェローナの保管庫は動かぬ証拠で彼の以前の主張と矛盾していたため、何十年もの間知っていた事実を認めざるを得なかった。

カッソンは、ペテアノの爆破がヨーロッパで左翼の政党や組織の影響を弱めることを意図した「緊張戦略」と呼ばれてきたものの一環であると確信するようになった。ストライキ、学生の抗議行動、暴力的なデモ、左翼政党の勝利がイタリアを揺るがしていたため、こうした組織は民主主義の不安定化の要因と見なされていた。多くのグラディオのメンバーがネオファシスト組織から募集され、グラディオはソビエトの侵略に対抗するために組織させたが、ソビエトの侵略が起こらなかったとき、彼らは代わりに自国で成長する左翼勢力の脅威と認識されるものと戦うことに転じたのだとカッソンは主張した。グラディオのメンバーは偽旗作戦を実行するようになった。これは赤い旅団のような左翼組織に責任を負わせることを意図したテロ攻撃のことだ。カッソンは、グラディオが左翼の団体や政党に対する反発を引き起こすために不安を煽り、右寄りの政治的な転換を引き起こして大衆が権威主義的な政府の措置をより受け入れやすくしようとしていたと主張した。

スイス平和エネルギー研究所の所長で歴史家のダニエル・ガンサーによると、CIAはグラディオのメンバーによって実行された無実の民間人に対する偽旗攻撃に加担していた。ガンサーは、広範囲にわたる状況証拠だけでなく、軍の対敵諜報活動の長官を務めたジャナデリオ・マレッティ将軍やペテアノの爆破犯など、イタリアの諜報組織の高官の情報源も挙げている。彼らは全員グラディオがテロ行為を犯してCIAも関与していたと証言している。

しかし、ガンサーの主張は批判を呼んだ。同僚の学者であるペール・ヘンリク・ハンセンは、ガンサーが「たっぷり陰謀論を盛り込んだジャーナリズムの本」を作り出して、書籍の中で非難の裏付けができていないと非難した。ブルネル大学ロンドンの諜報活動研究の教授であるフィリップ・デイヴィースはこの主張に共鳴し、調査が不十分でグラディオの結成を「適切な歴史的背景」から捉えられていないとガンサーを非難した。ガンサーに対する批判の核となる事実が、彼が自分の発見したことを「米軍現場マニュアル 30-31B」をもとに論じていることで、これはソビエトの諜報機関によって作成された捏造文書だということが暴露されている。アメリカ国務省自体もこれについてコメントし、「ガンサーは偽造文書を本物の文書であるかのように扱っている」と述べている。ガンサーの主要な資料は信頼性に欠ける一方で、非常に不利な証言、世界中の他の場所で偽旗工作をしたCIAの過去、そしてグラディオに関する政府機関の公文書が封印されたままであるという事実によって、グラディオの活動へのCIAの関与は証明することと同じくらい却下することも難しい。

(14) 正解 4

訳 グラディオ作戦が明らかになって、重大な政治的スキャンダルとなった。なぜなら、

1 議会による調査の後、中立を破ってグラディオ部隊の撤退を命じたとしていくつかの国がNATOを非難したからだ。

2 NATO諸国の間で論争を引き起こさないように、グラディオについて議論しないようにアメリカがヨーロッパの政治家に圧力をかけたことが明らかになったからだ。

3 グラディオの存在は大衆がソビエトによる攻撃の可能性に関して誤解させられていたことを示したからだ。

4 有能な部隊だったが、グラディオは国の政府の権限の下では活動しなかったからだ。

解説 第1パラグラフでグラディオが訓練を受けた軍組織であり、そのネットワークについて第2パラグラフ第3文でcovert, unaccountable to national legislatures（秘密の存在で国会に説明義務がない）と書かれている。そして、続く第4文でthis caused a great deal of controversy（このことが明らかになると論争が巻き起こった）とある。

(15) 正解 1

訳 1972年のペテアノ爆破事件に関するフェリーチェ・カッソンの調査で何が明らかになったか。

1 イタリアのジュリオ・アンドレオッティ首相は、グラディオに関する以前の声明の中で真実を語っていなかった。
2 新秩序のような右翼組織の何人かのメンバーは実際には左翼のテロ組織に属していた工作員だった。
3 グラディオは当初国内の軍事防衛に重点を置いていたが、その活動はソビエト連邦での情報収集に移った。
4 イタリアの警察は新秩序の工作員だけでなく、左翼グループのメンバーとも協力していた。

解説 第4パラグラフ第2文で、イタリアのアンドレオッティ首相が何度かグラディオの存在について否定したが、爆破事件で使われた爆弾の出所であるグラディオの武器保管庫の存在が決め手になってadmit what he had been aware of for decades（何十年もの間知っていた事実を認める）に至ったと書かれている。

(16) 正解 1

訳 次のうち、本文で述べられている「緊張の戦略」を最もよく説明しているのはどれか。

1 右翼の政党や組織を支持して世論を操作することによって左翼政治団体の拡大に反抗する取り組み。
2 あまり急進的でない左翼団体とさまざまなテロ組織との間に生まれた結びつきを弱める方法。
3 到達した妥協点を元に戻すために、左翼組織と右翼組織の間の対立を拡大させようとする試み。
4 ネオファシストを左翼のテロリストグループに入れて、彼らを分裂させて内側から効力を弱めることができるようにするシステム。

解説　第5パラグラフ第1文で「緊張の戦略」についてmeant to weaken the influence of left-leaning political parties and organizations（左翼の政治政党や組織の影響を弱めることを意図していた）とある。具体的には、パラグラフ後半でグラディオが左翼組織を装ってテロを起こしa rightward political shift（右寄りの政治的な転換）を図ったと説明されている。

(17) 正解 2

訳　本文の筆者はダニエル・ガンサーの説についてどのような結論を導き出しているか。

1 ガンサーが仲間に自分の論文の妥当性を納得させることができないのは、確固たる証拠がないことよりも学者たちの間の政治的偏見に関わることだ。
2 ガンサーは彼の主張の根拠として信頼できない情報源を提供しているが、他の要因は無視されるべきではないことを示している。
3 主張の根拠として使用している情報源の出所についてガンサーは正しいと思われるが、これを証明できそうにない。
4 CIAがガンサーの主張を認めているにもかかわらず、彼の誤った分析によって彼の説を一まとめに信じるのは難しい。

解説　第6パラグラフによると、ガンサーはグラディオ作戦へのCIAの関与を主張している。筆者は、最終パラグラフ最終文でGanser's primary source lacks credibility（ガンサーの主要な資料は信頼性に欠ける）と認めつつも、CIAの関与についてhard to dismiss（却下することは難しい）と書いているので、2が内容的に一致する。

リスニング Part 1 会話の内容一致選択

No. 1

◀25

スクリプト

W: Lamar, I need you to go to our new Shanghai office next week.
M: To recruit a sales team?
W: We're not that far along yet. We'll hire a sales director first, but that'll be next month. There's a more immediate concern.
M: You mean the negotiation with Lotus International?
W: No, that's done. As I'm sure you've heard, our factory is in violation of government regulations. I need you to meet with our attorney there about bringing everything into compliance. We'll discuss it in detail at today's meeting.
M: Fine. See you at 2.
Question: Why is the man being sent to Shanghai?

訳 女性：ラマー、あなたには来週私たちの新しい上海の事務所に行ってもらうことになったわ。
男性：営業チームを募集するためですか？
女性：まだそこまでの段階じゃないわ。まず部長を雇うことになるけど、それも来月になるわね。もっと差し迫った懸念事項があるわ。
男性：ロータスインターナショナルとの交渉のことですか？
女性：いいえ、それはもう終わったわ。もう知っているでしょうけど、私たちの工場は政府の規制に違反しています。だからあなたにはすべてコンプライアンスを徹底することについて専属の弁護士と会って話し合ってもらう必要があるのです。詳しくは、今日の会議で議論します。
男性：分かりました。それでは 2 時に会いましょう。
質問：男はなぜ上海に派遣されるのか？

正解 2

選択肢の訳
1 営業部長を採用するため。
2 法的問題を解決するため。
3 クライアントと交渉するため。
4 新しい弁護士を雇うため。

解説 上海行きの目的について男性の予想が 2 回とも外れているが、女性上司が I need you to meet with our attorney（専属の弁護士と会って話し合ってもらう必要がある）と述べているので、法的問題の処理のためだと分かる。

No. 2

◀26

スクリプト

M: Patricia, I heard you sent a letter to Congressman Taylor. What's he up to this time?

W: He's pushing this stupid industrial development near the Fairfield Wetlands.

M: Unbelievable!

W: Some friends and I are campaigning to get protected status for the wetlands. It's just like when he tried to turn the old Weller Farmstead into a golf course.

M: I'm sure you'll get a lot of support. It's about time Taylor started helping his ordinary constituents, not just his rich friends in business.

Question: What does the man imply about Congressman Taylor?

訳

男性： パトリシア、君がテイラー議員に手紙を送ったと聞いたんだけど。今回彼は何を企んでいるの？

女性： フェアフィールド湿地帯の近くで馬鹿げた産業開発を推進してるのよ。

男性： 信じられない！

女性： 何人かの友人と私で、湿地帯が保護区の指定を得るように運動してるの。彼が古くなったウェラー農場をゴルフコースに変えようとしたときと同じようにね。

男性： きっとたくさんの支持が得られるだろうね。テイラーが業界の裕福な友人だけじゃなくて普通の選挙区の人たちを支援し始めてもいい頃だね。

質問： 男性はテイラー議員について何を示唆しているか。

正解　2

選択肢の訳

1 湿地を救うことに成功するだろう。

2 自分の立場を利用して特定の人たちの便宜を図っている。

3 環境を守るために一生懸命努力している。

4 普通の選挙区の人たちに人気がある。

解説　テイラー議員に対して、男性は会話の最後で his ordinary constituents, not his rich friends（裕福な友人だけじゃなくて普通の選挙区の人たち）を支援すべきだと述べているので、議員が特定の層の利益を優先しているという否定的な見解が伺える。

No. 3

◀27

スクリプト

W: How's the job hunting going, Greg?
M: I've decided to put it off for a bit, Mom.
W: Opportunities don't just show up at the door, you know. You've got to go looking for them.
M: I know, but I need a rest from all that.
W: Well, graduation isn't far off, so you'll have to leave the dormitory soon. And don't forget your father is using your old room as a study.
M: You mean I can't . . .
W: I wouldn't count on it. I'd seriously reconsider taking a break right now.
Question: What does Greg's mother tell him?

訳 **女性：**就職活動はどう、グレッグ？
男性：少し延期することにしたよ、お母さん。
女性：チャンスは向こうからやってくるわけじゃないのよ。自分で探しに行かないと。
男性：それは分かっているけど、そういったことから休憩が必要なんだ。
女性：まあ、卒業もそう遠くないから、しばらくして寮を出ないといけなくなるでしょ。あなたが使ってた部屋をお父さんが書斎にしているのを忘れないでね。
男性：それじゃあ、もう家には…
女性：私ならそれはあてにしないわ。今すぐ一休みするのを真剣に考え直すわ。
質問：グレッグの母親は彼に何と言ったか。

正解 1

選択肢の訳
1 仕事を探し続ける必要がある。
2 卒業するために一生懸命勉強する必要がある。
3 彼女が彼を家に泊めてあげる。
4 彼女が彼の仕事が見つかるように手伝ってあげる。

解説 the job hunting（就職活動）に積極的でない息子と母親との会話だ。会話の最後で、母親はI'd seriously reconsider taking a break（私なら今すぐ一休みするのを真剣に考え直すわ）と述べていることから、息子に仕事を探し続けるように言い聞かせているのだと分かる。

No. 4

28

スクリプト

W: Honey, it's time we took the cat for his annual shots.

M: Can't it wait a month? Things are a little tight at the moment.

W: Well, doing it now means we might avoid more expensive problems down the road.

M: Our regular vet charges a lot. How about we try a new clinic?

W: I'd rather not—Doug's been our vet for years. I could ask about a payment plan, though.

M: You should do that. It would really help if we could sort it out in installments.

Question: What do these people decide to do?

訳 **女性：** ねえあなた、年に1度の予防接種にネコを連れて行く頃よ。

男性： 1ヶ月待てないかなあ。今はちょっと余裕がないんだよね。

女性： あら、今やれば、将来的にもっと高くつく問題が避けられるかもしれないのよ。

男性： かかりつけの獣医はかなり高いんだよね。新しい診療所を試すのはどうかなあ？

女性： できればそうしたくないわ。ダグは長年私たちの獣医だったじゃない。ただ、支払い方法について聞いてみてもいいけど。

男性： そうすべきだね。分割払いで解決できれば本当に助かるから。

質問： これらの人たちは何をすることにしたか。

正解 2

選択肢の訳
1 新しい診療所に値段について尋ねる。
2 支払い方法について獣医に尋ねる。
3 ネコの注射を延期する。
4 ネコを新しい診療所に連れて行く。

解説 男性がThings are a little tight at the moment（今はちょっと余裕がないんだよね）と言ってネコを予防接種に連れて行くのに難色を示している。女性はあくまでかかりつけの獣医に見てもらうことを主張してI could ask about a payment plan（支払い方法について聞いてみることもできる）と述べると、男性もその考えに賛成している。

No. 5

◀29

スクリプト

W: OK, guys. I've been asked to take on some of the vice president's tasks while he's on leave in March. The thing is, I'm scheduled to work our booth and make presentations at the trade expo during that time, so I'll need someone to cover for me at the expo.

M1: Elliot could work the booth. He's assisted you before, so he's used to setting up the product displays and doing all the paperwork.

W: Elliot, what do you think?

M2: I'm sure I can handle the booth on my own, Chelsea. Making presentations is a different story, though. Public speaking definitely isn't my strong point.

W: Elliot, you're selling yourself short. I think you'd be fine, and I could work with you on ways to hold the audience's interest.

M2: Thanks for the vote of confidence. But isn't there a better choice? Why can't you do it, Mike? You enjoy the spotlight.

M1: But the presentations are in March, right? I've got my hands full with data reports then. I'm afraid you're it, Elliot. Chelsea and I will do our best to prepare you.

W: And look at it this way. You'll have a valuable new skill when it comes time to negotiate your next raise.

M2: OK, I'll give it a try. I guess I can expect a few sleepless nights in March!

Question: What is the woman's view?

訳

女性： ねえ、みんな。副社長が3月に休暇を取っている間、彼の仕事の一部を引き受けてくれないかって頼まれたの。問題なのは、私はその時期に貿易展示会でブースを出してプレゼンをする予定になってることね。その展示会で私の代理をしてくれる人が必要になるんだけど。

男性1： エリオットならブースを担当できるでしょう。以前あなたの手伝いをしたので、彼なら製品展示の設営とすべての事務処理に慣れています。

女性： エリオット、どう思いますか？

男性2： チェルシーさん、自分でブースを設置することはできるでしょう。しかし、プレゼンテーションをするとなると話は別です。人前で話すのは全く得意ではないんです。

女性： エリオット、あなたは自分を過小評価しているわ。あなたなら大丈夫だと思うし、観客の興味をつかむ方法について私も協力できるでしょう。

男性2： 信頼してくださって、ありがとうございます。しかし、もっと良い選択があるんじゃないでしょうか？ マイク、君はどうしてだめなんだい？ 人の注目を浴びるのが好きじゃないか。

男性1： プレゼンテーションは3月でしょう？ その時期、データ報告で手一杯なんだ。エリオット、残念ながら君の仕事だよ。チェルシーさんと僕もできるだけ準備に協力するから。

女性： それから、こうも考えられるわよね。次に昇給の交渉をする時になったら、価値ある新しいスキルを身につけていることになるって。

男性2： 分かりました、やってみます。3月には何日か徹夜することになるでしょうけれど。

質問： 女性の見解は何か？

正解 4

選択肢の訳
1 エリオットは組織をまとめる技術を向上させる必要がある。
2 エリオットは今年初めに事務処理を開始する必要がある。
3 エリオットに割り当てられている任務がすでに多すぎる。
4 エリオットは効果的なプレゼンをすることができる。

解説 エリオットのPublic speaking definitely isn't my strong point（人前で話すのは全く得意ではない）という発言から、彼がプレゼンテーションをすることに乗り気でないことを聞き取る。それに対して女性はI think you'd be fine（あなたなら大丈夫だと思う）と述べているので、彼にはプレゼンテーションをするのに十分な能力があると考えていることが分かる。

No. 6 ~ No. 7

30

スクリプト

Millennials in the Workforce

People born between 1980 and 2000, often known as millennials, are quickly becoming a significant part of the workforce. By 2020, they will account for 50 percent of the world's workers. This generation, which grew up during the digital age, is often seen by its elders as lazy and self-centered. However, this view is too simplistic. It is natural that the work ethic of millennials is markedly different from that of previous generations, who often enjoyed the security of lifetime employment.

Many millennials have become discontented with a system that does not necessarily recognize loyalty. They argue that since the system will not give them security, they should try to find work that provides a sense of fulfillment. As a result, it is hardly surprising that nearly 60 percent of millennials have already switched careers at least once.

This is not to say, however, that millennials lack ability. In fact, observers suggest that this demographic, armed with extensive digital know-how, is actually more productive than previous generations. When faced with obstacles, millennials simply utilize time-efficient, tech-based solutions over the old-fashioned method of putting in long hours for the company.

Questions

No. 6 How can millennials' attitude to work best be described?

No. 7 What is one thing observers say about millennials?

訳

労働人口におけるミレニアル世代

1980年から2000年の間に生まれた人々は、しばしばミレニアル世代として知られ、急速に労働力の重要な部分になってきている。2020年までに彼らは世界の労働者の50%を占めるだろう。この世代はデジタル時代に育ち、年配者には怠惰で自己中心的だと見られることが多い。しかし、この見方はあまりにも短絡的なものだ。ミレニアル世代の労働倫理が、終身雇用の保証を享受することの多かった前世代の労働倫理と著しく異なるのは当然なことだ。

多くのミレニアル世代は忠誠心を必ずしも評価するわけではない制度に不満を持つようになっている。彼らは、制度が彼らに保証を与えないので、充実感のある仕事を見つけようとすべきだと主張する。その結果、60パーセント近くのミレニアル世代がすでに少なくとも1回は転職したことがあるのはそれほど意外なことでもない。

しかし、ミレニアル世代に能力がないということではない。実際、この層は幅広いデジタルノウハウを備えていて、実際には前の世代よりも生産的であると観測筋は示唆している。障害に直面すると、ミレニアル世代は会社のために長い時間を費やすという時代遅れの方法よりも時間効率の良い技術ベースの解決策をすぐに使う。

No. 6

正解　2

質問の訳　ミレニアル世代の仕事に対する態度の説明として最も良いのはどれか。

選択肢の訳
1 仕事のスキルを共有しようとしない。
2 やりがいのある仕事を望んでいる。
3 自分の労働倫理が年長者の労働倫理と似ていると思う。
4 自分で自分自身の上司になりたいと思う。

解説　ミレニアル世代の仕事観について、彼らが a system that does not necessarily recognize loyalty（忠誠心を必ずしも評価するわけではない制度）に不満を持ち、they should try to find work that provides a sense of fulfillment（充実感のある仕事を見つけようとすべきだ）と主張していると述べられている。この内容を言い換えた 2 が正解。

No. 7

正解　4

質問の訳　ミレニアル世代について観察筋は何と言っているか。

選択肢の訳
1 現在の世界の問題に興味がない。
2 新しい環境に適応することができない。
3 最近労働時間が長くなっている。
4 問題を迅速に解決するために技術を使用する。

解説　observers（観察筋）の意見として、ミレニアル世代は more productive than previous generations（前の世代よりも生産的である）だと述べられている。さらに、彼らは問題に対して time-efficient, tech-based solutions（時間効率の良い技術ベースの解決策）を採用すると補足説明されている。

No. 8

◀31

スクリプト

You have 10 seconds to read the situation and Question No. 8.

Our sponsorship program, E-Win, helps start-ups progress to the next level and develop a fully viable business model through in-depth coaching sessions and support. Participants not only get access to our vast network of venture capitalists and mentors, but also receive a $30,000 grant. You'll need to fill out the application on the E-Win website. It asks about your start-up's focus, your current stage of product development, and your fundraising to date. E-Win spots are highly competitive, so you'll have to explain what differentiates your start-up from others. If that's not clear to the selection committee, you won't get picked, so you've got to work that out before starting the application. Also, I know you have ambitions to expand into the world of finance IT, but since your start-up relates to the security sector, it'd be best to just focus on that sector when applying.

Now answer the question.

訳 10秒で状況と質問 No. 8を読んでください。

弊社の公的支援プログラムであるE-Winは、綿密なコーチングセッションとサポートを通じて、新規事業が次のレベルに進み、十分に実行可能なビジネスモデルを発展させるお手伝いをいたします。参加企業は私たちの巨大な投資家やアドバイザーのネットワークにアクセスできるだけでなく、3万ドルの助成金が受け取れます。御社はE-Winウェブサイトで申請フォームに必要事項を入力する必要がございます。御社の新規事業の重点分野、製品開発の現在の段階、そして現在までの資金調達についてお尋ねします。 E-Winへの参加は非常に競争が激しいので、御社の新規事業が他社とどのように違うのかをご説明いただく必要があります。そこが選考委員会に明確でないと選ばれないでしょう。ですから、申請を始める前にこの点を解決いただかなくてはいけません。また、ファイナンスITの世界に進出するという野心がおありだとは存じておりますが、御社の新規事業はセキュリティー部門に関連していますので、申請するときはその部門に焦点を当てるのが最善でしょう。

それでは解答してください。

正解　3

状況の訳　あなたはシリコンバレーでIT企業を立ち上げたばかりだ。あなたは公的支援プログラムに参入したいと思っている。プログラムの運営者からアドバイスをもらっている。

質問の訳　あなたは最初に何をすべきか。

選択肢の訳
1　3万ドルの助成金を申請する。
2　E-Winの申請フォームを提出する。
3　どうすれば新規事業をユニークなものにできるのか特定する。
4　コーチングセッションに申し込む。

解説　プログラムの参入には申請フォームに必要事項を入力する必要があるが、what differentiates your start-up from others（御社の新規事業が他社とどのように違うのか）を説明することが求められていて、しかもbefore starting the application（申請を始める前）にこの点を明確にしておくように忠告されている。以上の内容を言い換えた3が正解。

DAY 3
ミニ模試

英作文

今日の課題

■ 英作文問題　1問

■ 解答例・英作文上達トレーニング

▶トレーニング 1

▶トレーニング 2

[目標解答時間：25 分]

英作文

目標解答時間 ＞25 分

- Write an essay on the given TOPIC.
- Give THREE reasons to support your answer.
- Structure: introduction, main body, and conclusion
- Suggested length: 200-240 words

TOPIC

Is a worldwide ban on weapons of mass destruction an attainable goal?

まずは自分なりの答案を作成し、信頼できる英語の先生に添削をしてもらいましょう。英作文の上達には添削指導を受けることが有益ですが、それだけで力がつくわけではありません。普段の自学自習の質と量がものをいいます。次のコーナー「英作文上達トレーニング」への取り組みを通して、自分の答案作成力を検証してみてください。

MEMO

トレーニング 1

英文ライティング上達の第一歩は、模範となる英文を何度も読み込むことです。以下は英検協会が公開している解答例です。そして、このような英文を書くために必要となるのが、右ページのような「メモ」を書き、それを元に下書きとしての「アウトライン」を作成することです。「メモ」と「アウトライン」から英文を完成させる流れを意識しながら読み込みましょう。

Weapons of mass destruction such as nuclear warheads and lethal biological pathogens are a major threat to human survival. Unfortunately, military strategies and the current political climate make a ban unlikely to take hold in every country around the world.

Of all weapons of mass destruction, nuclear weapons may have the greatest potential for devastation. Unfortunately, the Cold War era view of nuclear weapons as a deterrent against large-scale attacks is still prevalent today. Although countries that possess these weapons may not intend to use them, they believe giving them up would compromise their national security.

While treaties prohibiting biological and chemical weapons exist, there will always be nations that do not participate. This is largely because some countries continue to possess nuclear weapons. While nuclear weapons are too expensive for many countries to develop, biological and chemical weapons are more accessible. These countries therefore stockpile them to counter nuclear threats.

Finally, there is the current nationalistic stance of certain countries. The United States and Russia, which possess thousands of nuclear weapons and are extremely influential globally, have indicated they will augment their nuclear arsenals. As powerful nations such as these fixate on protecting their own interests at any cost, nuclear weapons will become more prominent.

Sadly, weapons of mass destruction seem to have as large a role as ever on the world stage. As long as the nations that possess them view them in the current light, an effective worldwide ban is unlikely.

(245 語)

メモ

全面禁止…可能性低い
　核抑止力の見方
　条約あっても参加しない国あり
　自国の利益を優先
核に頼る国多い → 禁止はやっぱり無理だろう

アウトライン

Introduction
　Weapons of mass destruction e.g. nuclear weapons = major threat
　Unfortunately, military strategies and the current political climate
　→ a ban unlikely in every country
Body
Reason 1
　nuclear weapons = greatest potential for devastation
　unfortunately, the prevalent view: n. weapons = a deterrent
　maybe no intention to use them, but giving them up
　→ national security in danger
Reason 2
　treaties prohibiting biological and chemical weapons
　but not all nations participate
　nuclear weapons too expensive, but b. c. weapons more accessible
　→ stockpiling b. c. weapons to counter nuclear threats
Reason 3
　nationalistic stance of certain countries
　e.g. the US & Russia　nuclear arsenals
　powerful nations protecting their own interests
　→ nuclear weapons more prominent
Conclusion
　weapons of mass destruction … still an important role
　effective worldwide ban … unlikely

トレーニング 2

前コーナーでは、「メモ」から英文を完成させる流れを意識しながら解答例の英文を読み込みました。このコーナーでは、日本語訳を手掛かりとして英文を再現する練習をします。英文の構成や文法・語法などに注意を払いながら、また、POINT を参考に、すらすらと書けるようになるまで自分のものとしてください。

第 1 パラグラフ

1 核弾頭や致死性の生物学的病原体などの大量破壊兵器は人間の生存にとって大きな脅威だ。

2 残念ながら、軍事戦略と現在の政治情勢によって禁止が世界中の全ての国で根付く可能性は低い。

第 2 パラグラフ

1 全ての大量破壊兵器のうち、核兵器は潜在的な破壊力が最も大きいだろう。

2 残念ながら、核兵器が大規模な攻撃に対する抑止力であるという冷戦時代の見解は今日でも依然として一般的だ。

3 これらの兵器を保有する国々は使用する意図がないのかもしれないが、それらを放棄したら自分たちの国の安全が危ぶまれると信じている。

■1 Weapons of mass destruction such as nuclear warheads and lethal biological pathogens are a major threat to human survival.

POINT **such as で Weapons of mass destruction の具体例を示す**

■2 Unfortunately, military strategies and the current political climate make a ban unlikely to take hold in every country around the world.

POINT **make O C の構文、unlikely to V「V しそうもない」**

■1 Of all weapons of mass destruction, nuclear weapons may have the greatest potential for devastation.

POINT **Of ～は最上級 the greatest と呼応していて「～の中で」の意味**

■2 Unfortunately, the Cold War era view of nuclear weapons as a deterrent against large-scale attacks is still prevalent today.

POINT **the Cold ... attacks の長い名詞句で多くの内容を簡潔に表現**

■3 Although countries that possess these weapons may not intend to use them, they believe giving them up would compromise their national security.

POINT **would は仮定法で用いられていて主部の giving ... が条件を表す**

第3パラグラフ

1 生物･化学兵器を禁止する条約は存在するが、必ず参加しない国が存在するものだ。

2 これは主に一部の国が核兵器を保有し続けているからだ。

3 核兵器は費用がかかるため多くの国で開発できないのに対して、生物・化学兵器はより入手しやすい。

4 したがって、これらの国々は核の脅威に対抗するためにそれらを備蓄しているのだ。

第4パラグラフ

1 最後に、特定の国々の現在の国家主義的なスタンスがある。

2 アメリカとロシアは、数千の核兵器を保有していて世界的に非常に影響力を持っているが、核兵器の備蓄を増強することを示唆している。

3 こうした国々が何としてでも自国の利益を守ることに固執しているため、核兵器はより顕著になるだろう。

第5パラグラフ

1 悲しいことに、大量破壊兵器は国際舞台で相変わらず大きな役割を果たしているようだ。

2 保有国がそれらの兵器に対して現在のような見方をしている限り、効果的な全世界での禁止は実現しそうにない。

1 While treaties prohibiting biological and chemical weapons exist, there will always be nations that do not participate.

POINT **While ～は「～の一方で、～だけれど」という意味の譲歩節**

2 This is largely because some countries continue to possess nuclear weapons.

POINT **largely が because ～を修飾して「主に～だからだ」の意味**

3 While nuclear weapons are too expensive for many countries to develop, biological and chemical weapons are more accessible.

POINT **too ~ for A to V「とても～なので A は V できない」**

4 These countries therefore stockpile them to counter nuclear threats.

POINT **接続副詞 therefore は前文までを受けて「したがって」の意味**

1 Finally, there is the current nationalistic stance of certain countries.

POINT **certain ＋名詞「ある～」「特定の～」**

2 The United States and Russia, which possess thousands of nuclear weapons and are extremely influential globally, have indicated they will augment their nuclear arsenals.

POINT **先行詞が国名などの固有名詞の場合、関係詞は継続用法で用いる**

3 As powerful nations such as these fixate on protecting their own interests at any cost, nuclear weapons will become more prominent.

POINT **at any cost「いかなる犠牲を払っても、何としてでも」**

1 Sadly, weapons of mass destruction seem to have as large a role as ever on the world stage.

POINT **as ～ as ever「相変わらず～」、as ＋形容詞＋ a ＋名詞の語順に注意**

2 As long as the nations that possess them view them in the current light, an effective worldwide ban is unlikely.

POINT **接続詞 as long as は「～する限り」の意味**

指示文とトピックの訳

- 与えられたトピックでエッセイを書きなさい。
- 回答の根拠となる理由を３つ挙げなさい。
- 構成：導入、本論、まとめ
- 目安となる長さ：200 ～ 240 語

トピック
大量破壊兵器の全世界での禁止は達成可能な目標か。

解答例訳

核弾頭や致死性の生物学的病原体などの大量破壊兵器は人間の生存にとって大きな脅威だ。残念ながら、軍事戦略と現在の政治情勢によって禁止が世界中の全ての国で根付く可能性は低い。

すべての大量破壊兵器のうち、核兵器は潜在的な破壊力が最も大きいだろう。残念ながら、核兵器が大規模な攻撃に対する抑止力であるという冷戦時代の見解は今日でも依然として一般的だ。これらの兵器を保有する国々は使用する意図がないのかもしれないが、それらを放棄したら自分たちの国の安全が危ぶまれると信じている。

生物・化学兵器を禁止する条約は存在するが、必ず参加しない国が存在するものだ。これは主に一部の国が核兵器を保有し続けているからだ。核兵器は費用がかかるため多くの国で開発できないのに対して、生物・化学兵器はより入手しやすい。したがって、これらの国々は核の脅威に対抗するためにそれらを備蓄しているのだ。

最後に、特定の国々の現在の国家主義的なスタンスがある。アメリカとロシアは、数千の核兵器を保有していて世界的に非常に影響力を持っているが、核兵器の備蓄を増強することを示唆している。こうした国々が何としてでも自国の利益を守ることに固執しているため、核兵器はより顕著になるだろう。

悲しいことに、大量破壊兵器は国際舞台で相変わらず大きな役割を果たしているようだ。保有国がそれらの兵器に対して現在のような見方をしている限り、効果的な全世界での禁止は実現しそうにない。

DAY 4
ミニ模試

筆記試験・リスニングテスト

今日の課題

筆記試験 1 短文の語句空所補充 …… 10問
筆記試験 2 長文の語句空所補充 …… 3問
筆記試験 3 長文の内容一致選択 …… 3問
リスニングテスト Part 1 会話の内容一致選択 …… 4問
リスニングテスト Part 2 文の内容一致選択 …… 2問
リスニングテスト Part 3 Real-Life 形式の内容一致選択 …… 1問
リスニングテスト Part 4 インタビューの内容一致選択 …… 2問

[目標解答時間：25分＋リスニング]

筆記試験

目標解答時間 > 25 分

1 ***To complete each item, choose the best word or phrase from among the four choices.***

(1) When archaeologists uncovered the ancient king's tomb, they found little inside. It seemed that it had been ( ) by graverobbers over the years.

1 slaughtered
2 plundered
3 bolstered
4 entangled

(2) Zara demonstrated her athletic ( ) by becoming the youngest player ever to win a national tennis tournament.

1 prowess
2 relapse
3 aversion
4 detriment

(3) A: Sara got upset when I joked about her forgetting her speech at tomorrow's contest, but I was only being ( ).
B: I know, but she's really nervous, so you need to be more careful with what you say.

1 facetious
2 luminous
3 carnivorous
4 nebulous

(4) After the crime boss was shot and killed by police, members of his organization ( ) by attacking police officers throughout the city.

1 ingratiated
2 retaliated
3 procrastinated
4 hibernated

(5) The company president has no ( ) about firing his employees. It is common for him to fire people for making simple, harmless mistakes.

1 compunction
2 labyrinth
3 accolade
4 deluge

(6) Although he had been traveling at 150 kilometers per hour at the time of the crash, the driver somehow managed to exit the vehicle ( ).

1 incensed
2 unscathed
3 inverted
4 unfounded

(7) Ever since childhood, the man had had a ( ) for telling stories, so it was no surprise that he eventually became a novelist.

1 multitude
2 bane
3 penchant
4 duct

(8) DNA testing finally ( ) the man of all charges, and he was set free after having spent five years in prison.

1 groveled
2 regressed
3 instigated
4 exonerated

(9) The Great Chicago Fire of 1871 destroyed the city's business district. Such a huge ( ) would be unlikely in the city today because there are far fewer wooden buildings.

1 concoction
2 condemnation
3 conglomeration
4 conflagration

(10) Anna originally ( ) France, but she has been living in the United States for more than 30 years and considers it her home.

1 hails from
2 whisks away
3 blots out
4 tears into

2 ***Read each passage and choose the best word or phrase from among the four choices for each blank.***

Stockholm Syndrome

The term "Stockholm syndrome" refers to a phenomenon in which hostages held captive for extended periods of time form emotional bonds with their captors, sometimes even aiding them or passing up escape opportunities. A likely explanation is that hostage situations (11). According to psychologists, hostages facing the possibility of death feel as dependent on their captor as an infant is on its mother. Their captor can thus appear less as a ruthless oppressor and more as a generous savior. In the Swedish hostage-taking incident that gave the syndrome its name, one of the captors threatened police by saying he was going to shoot a hostage in the leg. The hostage reported feeling immense gratitude to the captor for choosing to wound rather than murder him.

Although Stockholm syndrome appears to be rare and is regarded by medical authorities as merely a subcategory of other psychological disorders, it has entered general usage as a description for a situation in which someone shows unexpected—and seemingly irrational—sympathy for an oppressor. When, for example, it was revealed that well-known Austrian abductee Natascha Kampusch had wept and mourned upon learning the man who had held her captive in a basement and tortured her for years was dead, public concern for her well-being evaporated and she began receiving large amounts of hate mail. Psychologists, however, tend to interpret getting on friendly terms with one's captor as an effective survival strategy that could have an evolutionary basis, since abducting mates is believed to have been common in primitive societies. Even so, Kampusch's case demonstrates that, to the general public, sympathizing with one's captor (12).

Law enforcement officials are keenly aware that Stockholm syndrome (13). This aspect in particular has the potential to greatly impact the outcome of a hostage crisis. In crisis negotiation courses, law enforcement personnel learn that the sympathy captives feel for their captors is frequently reciprocated. Skilled negotiators therefore employ manipulation strategies such as asking captors to report to them on hostages' health condition in order to induce compassion for the victims.

If victims' mind-set and behavior further encourage such feelings, it is even less likely their captor will harm them.

(11) **1** are difficult for victims to discuss
2 have changed in recent years
3 require an aggressive police response
4 can alter people's perceptions

(12) **1** is an unacceptable response
2 can be a way to guarantee survival
3 is nothing out of the ordinary
4 represents a rebellion against authority

(13) **1** is only a temporary phenomenon
2 can work both ways
3 occurs among themselves as well
4 affects only certain people

3 *Read each passage and choose the best answer from among the four choices for each question.*

A Matter of Taste

The French sociologist Pierre Bourdieu's 1979 book *Distinction: A Social Critique of the Judgement of Taste* was a milestone in social science research. Based on surveys of people from a wide range of socioeconomic backgrounds regarding their taste in things like music, fashion, and books, Bourdieu confirmed the stereotype that there is a significant correlation between social class and cultural preferences. What made his analysis groundbreaking, however, was his research into people's justifications for their preferences. While members of the working class tended to give pragmatic explanations for their tastes—citing, for example, utility or entertainment value—responses from the middle and upper classes were more elaborate and revealing. They not only had great confidence in the superiority of their preferences but also felt their tastes reflected core attributes that formed the essence of their identity. Rejecting the traditional notion that cultural preferences are based on disinterested aesthetic judgements, Bourdieu concluded that taste is a primary means by which people differentiate themselves from others, thereby perpetuating class disparity. According to music critic Carl Wilson, Bourdieu's ideas "press the point that aesthetics are social all the way down," reinforcing social class's "system of inequality and competition."

Borrowing from the discipline of economics, Bourdieu theorized that, just as humans derive much of their social status from acquiring financial capital, they may also improve their positions by amassing "cultural capital." Extending the analogy, he argued that, as with financial capital, the value of cultural capital is dependent on scarcity. For example, tuition fees and academic competition can make higher education a rare commodity. University professors, therefore, may possess significant cultural capital, even though their financial capital may pale in comparison to that of business executives. On the other hand, cultural and financial capital are sometimes interrelated: obtaining an education can lead to career advancement and financial gain. Competition to obtain capital—whether economic or cultural—influences factors that affect an individual's ability to survive in modern society, such as the capacity to attract a mate or provide for one's offspring. As an indication of such capital, then, personal taste is highly significant in a competitive capitalist society.

While Bourdieu was a frequently cited and influential sociologist in the twentieth century, the growing phenomenon of wealthy, well-educated individuals with extremely broad tastes—so-called cultural omnivores—has somewhat undermined his theory's dominance because it appears to contradict the idea that elites define themselves through the rejection of low culture. If elites seem to discriminate less with regard to the music and books they enjoy, then how, critics ask, can we say they are setting themselves off by virtue of their tastes? However, in a paper titled "'Anything But Heavy Metal': Symbolic Exclusion and Musical Dislikes," sociologist Bethany Bryson concludes that, although some elites pride themselves on being open to a wider range of musical genres than other classes, their dislikes still tend to focus on a few specific genres which are generally favored by less educated individuals. Omnivores, it seems, are simply elites who have found a novel way to show off their cultural capital as they cultivate an attitude of apparent inclusivity.

(14) Pierre Bourdieu argued that cultural tastes

1 lead to negative stereotypes which cause people from the lower class to feel their preferences are inferior.
2 tend to be based on a combination of practical and theoretical considerations that are unrelated to social class.
3 are the best way for people from disadvantaged socioeconomic backgrounds to gain acceptance into social circles of the middle and upper classes.
4 are an important factor that contributes to the maintenance of established distinctions between social classes.

(15) What did Bourdieu believe is true of financial and cultural capital?

1 Since the value of both types of capital depends on the degree to which they are available, they both affect one's ability to prosper in society.
2 Since people tend to pursue either one type of capital or the other, there are relatively few individuals with a high degree of both.
3 Although scarcity has an influence on both types of capital, it affects financial capital more strongly than it does cultural capital.
4 The relatively small amount of effort required to gain cultural capital makes it significantly less valuable overall than financial capital.

(16) What does the study by Bethany Bryson suggest about the cultural omnivore phenomenon?

1 It is more a reflection of changes in the preferences of people from the lower and middle classes than anything else.

2 Since it is basically a new way for elites to differentiate themselves from the lower class, it actually supports Bourdieu's theory.

3 The fact that members of the lower class like more types of music than members of the upper class shows that the term is mostly irrelevant.

4 The rapidly changing preferences of society mean Bourdieu's theory must be revised often if it is to remain relevant.

リスニングテスト

There are four parts to this listening test.

Part 1	Dialogues:	1 question each	Multiple-choice
Part 2	Passages:	2 questions each	Multiple-choice
Part 3	Real-Life:	1 question each	Multiple-choice
Part 4	Interview:	2 questions	Multiple-choice

Part 1

32 >>> 35

No. 1

1 To take a break from paid employment.
2 To start his own software business.
3 To transfer to his company's US office.
4 To work for his wife's marketing company.

No. 2

1 He is not happy with his salary.
2 He does not get along with his boss.
3 He is having family problems.
4 He wants a job with less pressure.

No. 3

1 Invest in real estate.
2 Become real estate agents.
3 Live part time in both California and Utah.
4 Find more profitable employment.

No. 4

1 Ask Yolanda to rewrite the report.
2 Move Yolanda to classes that are less demanding.
3 Refer Yolanda to the program director.
4 Discuss their concerns directly with Yolanda.

Part 2

36

No. 5

1 New words are formed through repeated errors.
2 Verbs are rarely used to communicate.
3 The sentences quickly become complex.
4 The word order in the sentences is random.

No. 6

1 It is a sign of a physical health problem.
2 It can harm normal language development.
3 It sometimes reappears in adults.
4 It lasts longer if parents also use it.

Part 3

◀37

No. 7

Situation: As the marketing manager of a new company, you have scheduled three promotional events a month for the next several months. You receive the following voice mail from your boss.

Question: What should you do first?

1 Reduce the number of events.
2 Hire a full-time manager.
3 Purchase the new software.
4 Get help from an outside specialist.

Part 4

◀38

No. 8

1 Most of his clients are interested in long-term investments in Japan.
2 It is less affected by changes in the exchange rate than it used to be.
3 He has made efforts to attract investors from Hong Kong and Singapore.
4 Economic conditions have led some clients to move out of Japan.

No. 9

1 It is difficult for them to keep up with changes in the investment world.
2 It can be difficult for them to convince people that they can be trusted.
3 Many of them have had to lower their commissions to attract customers.
4 They need to find more profitable niche sectors for their clients.

正解一覧

筆記試験

1

(1)	(2)	(3)	(4)	(5)
2	1	1	2	1

(6)	(7)	(8)	(9)	(10)
2	3	4	4	1

2

(11)	(12)	(13)
4	1	2

3

(14)	(15)	(16)
4	1	2

リスニングテスト

1

No. 1	No. 2	No. 3	No. 4
1	4	1	4

2

No. 5	No. 6
1	2

3

No. 7
4

4

No. 8	No. 9
4	2

訳と解説

筆記 1 短文の語句空所補充

(1) 正解 2

訳 考古学者が古代の王の墓を発見したとき、その内部ではほとんど何も見つからなかった。長年にわたって墓荒らしに略奪されてきたようだった。

1 虐殺されて　**2** 略奪されて
3 強化されて　**4** 巻き込まれて

解説 空所に入るのはgraverobbers（墓荒らし）の動作で、墓の中にほとんど何もなかったとのことなので、「中身を持ち出す、取っていく」に近い表現を選ぶ。

（2） 正解 1

訳 ザラは全国のテニス大会で優勝したそれまでで最年少の選手となり、自らの運動能力を示した。

1 腕前　2 再発　3 嫌悪　4 損害

解説 ザラについて the youngest player ever to win a national tennis tournament（全国のテニス大会で優勝したそれまでで最年少の選手）になったとあるので、選手としての素質があったのだと考えられる。「能力」や「技術」に近い意味の 1 が正解。prowess はスポーツや武芸の他に学業や知的活動での「優れた能力」の意味でも使われる。

（3） 正解 1

訳 A：明日のコンテストでスピーチを忘れるかもよって冗談で言ったら、サラが取り乱したんだ。ただふざけてただけなんだけど。

B：そうだろうけど、彼女は本当に緊張してるから、発言には気をつける必要があるわ。

1 ふざけた　2 発光する　3 肉食性の　4 おぼろげな

解説 話し手 A が冗談を言ったらサラが取り乱したとあるので、空所には「からかう」に近い意味の表現が入るのだと考えられる。正解の facetious の類義語として「いたずら好きの」の意味の mischievous がある。

（4） 正解 2

訳 犯罪組織のボスが警察によって撃たれ殺されると、彼の組織のメンバーは市内の至るところで警察官を攻撃することによって報復した。

1 取り入った　2 報復した
3 先延ばしにした　4 冬眠した

解説 犯罪組織のボスが警察に殺され、その後に組織のメンバーが何をしたのかが問われている。具体的な動作として attacking police officers throughout the city（市内の至るところで警察官を攻撃する）が挙げられているので、「仕返しをした」という意味の表現が空所に適合する。正解の retaliate と同じ意味の表現として take revenge on ～も覚えておきたい。

(5) 正解 1

訳 その会社の社長は従業員を解雇することに何の罪悪感もない。単純で差し障りのない間違いをしたという理由でも彼が人を解雇することがよくあるのだ。

1 罪悪感　2 迷路　3 称賛　4 大洪水

解説 第 2 文で making simple, harmless mistakes（単純で差し障りのない間違いをした）というだけの理由で解雇するとあるので、社長には従業員を辞めさせることに迷いや抵抗がないことが分かる。否定的な心理状態を表す単語として 1 が正解。

(6) 正解 2

訳 衝突時に時速 150 キロメートルで走っていたが、運転手はどうにか無傷で車から脱出した。

1 激怒して　2 無傷で　3 反転されて　4 根拠なく

解説 文の前半で車が猛スピードで衝突したとあるが、接続詞 Although（～だが）があるので文の後半は予想外の内容になるはずだ。運転手が思いのほか軽傷で済んだか無傷だったという内容になれば文意が通るので、2 が正解。

(7) 正解 3

訳 子供の頃からずっとその人は物語を話すのが好きだったので、彼が最終的に小説家になったのは当然のことだった。

1 多数　2 苦痛の元　3 強い好み　4 導管

解説 文の後半で he eventually became a novelist（彼が最終的に小説家になった）ことが当然だったとあるので、子供の頃から telling stories（物語を話すこと）が得意だったか好きだったかのどちらかだと考えられる。正解の penchant の同意語として fondness も覚えておきたい。

（8） 正解 4

訳 DNA 検査はついにその男性のすべての容疑を晴らし、5 年間の服役の後に彼は解放された。

1 ひれ伏した　　2 逆行した
3 扇動した　　4 容疑を晴らした

解説 文の後半で最終的に he was set free（彼は解放された）とあるので、DNA 検査で無実が証明されたのだと分かる。動詞 clear にも正解の exonerate と同様に「（人の）疑いを晴らす」の意味がある。

（9） 正解 4

訳 1871 年のシカゴ大火によって市内のビジネス街は破壊された。そのような巨大な火事は、木造の建物がはるかに少ないので、現在の都市では起こりそうもない。

1 混成　　2 非難　　3 寄せ集め　　4 大火

解説 第 1 文が The Great Chicago Fire（シカゴ大火）についてのもので、第 2 文が Such a huge ...（そのような巨大な…）で始まっているので、fire（火事）に近い意味の単語が空所に適合する。

（10） 正解 1

訳 アンナはもともとフランス出身だが、彼女は 30 年以上にわたってアメリカに住んでいて、そこが彼女の故郷だと考えている。

1 ～の出身だ　　2 ～を連れ去る
3 ～を削除する　　4 ～に取り掛かる

解説 30 年以上生活したアメリカが自分の故郷だと考えているという内容の前に接続詞 but（しかし）があるので、生まれはフランスなのだと考えられる。come from ～と同様に「～出身だ」という意味の 1 が正解。

筆記2 長文の語句空所補充

ストックホルム症候群

「ストックホルム症候群」という用語は、長期間監禁された人質が犯人に対して感情的な結びつきを持ち、時として彼らを助けたり脱走の機会を逃したりする現象のことだ。おそらく、監禁状況が人の認識を変えることがあるからだと説明できるだろう。心理学者によると、死の可能性に直面している人質は、幼児がその母親に依存するように自分を監禁している犯人に依存していると感じる。そのため、犯人が冷酷な抑圧者というよりも寛大な救世主に見えてくる可能性がある。この症候群の名前の元となったスウェーデンの人質犯罪事件では、犯人の1人が人質の足を撃つぞと言って警察を威嚇した。人質は、自分を殺害するのではなくむしろ傷つけることを選択したことに対して犯人に多大な感謝の念を感じたと報告した。

ストックホルム症候群は珍しい現象のように思われ、医療当局からは他の心理的障害の単なる下位範疇としてみなされているが、抑圧者に対する予期せぬ、そして表面的に不合理な同情を示す状況の説明として一般的に使われるようになっている。例えば、有名なオーストリアの拉致被害者のナターシャ・カンプッシュが自分を何年も地下室に監禁して拷問していた男が死んだと知って泣いて悲しんだことが明らかになると、彼女の健康に対する世間の心配は消え、彼女は大量の抗議の手紙を受け取るようになった。心理学者は、しかしながら、犯人と仲良くなることは有効な生存戦略であり、進化論的な根拠もあり得ると解釈する傾向がある。それというのも、配偶者を拉致してくることは原始社会では一般的だったと信じられているからだ。それでも、カンプッシュの訴訟は、一般大衆にとっては犯人に同情することは受け入れられない反応だということを示している。

警察当局は、ストックホルム症候群が双方向に作用すると強く認識している。この側面は特に人質事件の結末に大きな影響を与える可能性がある。人質交渉の研修コースで、法執行官は人質が犯人に対して感じる同情がしばしば双方向的なものだと習う。そのため、熟練した交渉人は、被害者への同情を誘発するため犯人に人質の健康状態について報告するよう求めるといった操作戦略をとる。被害者の考え方や行動がそのような感情をさらに助長するのであれば、犯人が彼らを傷つける可能性はさらに低くなる。

(11) 正解 4

選択肢の訳
1 被害者にとって論じるのが難しい
2 近年変化した
3 警察の攻撃的な反応を必要とする
4 人の認識を変えることがある

解説 空所では人質が犯人にとって都合の良い行動をとる理由について問われている。その後の説明を読むと、人質が犯人に心理的に依存するようになり、Their captor can ... appear less as a ruthless oppressor and more as a generous savior（犯人が冷酷な抑圧者というよりも寛大な救世主に見えてくる可能性がある）と書かれているので、4 が内容的に一致する。

(12) 正解 1

選択肢の訳
1 受け入れられない反応だ
2 生存を保証する方法であり得る
3 ごく普通のことだ
4 権威に対する反乱を表す

解説 第 2 パラグラフ第 2 文で、長期間監禁されていたカンプッシュが犯人の死を悲しむと、彼女に対する世間の同情が薄れて彼女は large amounts of hate mail（大量の抗議の手紙）を受け取るようになったと書かれている。こうした内容から、一般的に犯人に同情することについて 1 が適合する。

(13) 正解 2

選択肢の訳
1 一時的な現象でしかない
2 双方向に作用する
3 自分たちにも起こる
4 特定の人だけに影響を与える

解説 第 3 パラグラフ第 3 文で the sympathy captives feel for their captors is frequently reciprocated（人質が犯人に対して感じる同情がしばしば双方向的なものだ）とあり、続く第 4 文では人質事件で compassion for the victims（被害者への同情）を感じるように犯人を誘導する交渉術にも言及されているので、人質と犯人の両方への影響を示唆する 2 が正解。

好みの問題

フランスの社会学者ピエール・ブルデューの1979年の著書『差異:好みの社会的判断力批判』は、社会科学の研究において画期的なものだった。幅広い社会経済的背景の人々を対象とした音楽やファッションや読書などの好みについての調査に基づいて、ブルデューは、社会階級と文化的嗜好の間には重大な相関関係があるという固定観念の裏付けを取った。しかし、彼の分析が画期的だったのは、人々の自分の好みに対する正当化について研究したからだった。労働者階級に属する人たちは自分たちの好みについて有用性や娯楽性の価値などを挙げて実利的な説明をする傾向があったのに対して、中流階級および上流階級からの回答はより緻密で示唆に富んでいた。彼らは自分たちの好みの優位性に大きな自信を持っていただけでなく、自分の好みがアイデンティティの本質を形成する中核的な特性を反映していると感じていた。文化的嗜好は客観的な審美的判断に基づいているという従来の考え方を拒絶し、好みとは人々が他人から自分自身を差別化する主要な手段であり、そのため階級間の格差が永続的になっているのだとブルデューは結論づけた。音楽評論家カール・ウィルソンによれば、ブルデューの考えは「美意識が隅から隅まで社会的なもので、社会階級の不平等と競争のシステムを強化しているという点を強調している」。

経済学の分野からヒントを得て、ブルデューは、社会的地位の大部分が金融資本の獲得から得られるように、人は「文化資本」を集めることによって自分の立場を向上させている可能性もあると理論づけた。この類似点をさらに押し広げ、金融資本と同様に文化資本の価値が希少性に左右されるのだと主張した。例えば、授業料や成績競争によって高等教育が希少な商品になることがある。したがって、大学の教授は、企業幹部と比較して金融資本が見劣りしても、かなりの文化的資本を持っていることになるだろう。その一方で、文化的資本と金融資本は時として相互に関連していて、例えば、教育を受けるとキャリアアップと経済的利益につながる。金融資本だろうと文化資本だろうと、資本を獲得するための競争が配偶者を引きつける能力や自分の子供を養う能力など、現代社会で生き残るための個人の能力を左右する要因に影響を与えているのだ。そのような資本の指標として、個人的な好みは競争的な資本主義社会において非常に重要なのである。

20世紀にブルデューは頻繁に引き合いに出される影響力のある社会学者だったが、いわゆる「文化的雑食者」という非常に幅広い好みを持つ裕福で教養のある個人が増加する現象によって、彼の理論の優位性がいくらか弱まっている。この現象はエリートが下位文化を拒絶して自らを定義するという考えに矛盾するように思われるためだ。エリートたちが自分の好きな音楽や本に関して分け隔てしなくなっていると考えられるのなら、どうやって彼らは好みによって自分たちを際立たせていると言えるだろうか、と批評家たちは問いかけている。しかし、社会学者ベサニー・ブライソンは、『「ヘビー・メタルなんてまっぴらだ」:象徴的な排除と音楽的な嫌悪』という題名の論文で、他の階級よりも幅広いジャンルの音楽を受容することを誇りにするエリートもいるが、依然として彼らが嫌うのは一般的に教育水準の低い人たちが好む特定のジャンルに集中する傾向があると結論づけている。雑食者たちは、見かけ上寛容な態度を養うことで自分の文化資本を見せびらかすための新しい方法を見つけた単なるエリートのようだ。

(14) 正解 4

訳 ピエール・ブルデューは、文化的趣味は…と論じた。

1 下層階級の人々に自分たちの好みが劣っていると感じさせる否定的な固定観念につながる
2 社会階級とは無関係な実践的かつ理論的な考察の組み合わせに基づく傾向がある
3 恵まれない社会経済的背景を持つ人たちが中流階級や上流階級の社会的集団に受け入れられるための最善の方法だ
4 社会的階級間の確立された差異の維持に寄与する重要な要素だ

解説 第1パラグラフでブルデューが social class（社会階級）と cultural preferences（文化的嗜好）の関係を研究したことが説明されているが、第6文で趣味が他者と自己を区別するための手段であり、そのため perpetuating class disparity（階級間の格差を永続させている）という結論に達したと書かれている。こうした内容のまとめとして4が選べる。

(15) 正解 1

訳 ブルデューはどれが金融資本や文化資本に当てはまると考えていたか。

1 両方のタイプの資本の価値はそれらが利用可能な程度に依存するので、両方とも社会で繁栄する能力に影響を与える。
2 人々はどちらか一方のタイプの資本を追求する傾向があるため、両方のレベルが高い個人は比較的少数だ。
3 希少性は両方の種類の資本に影響を及ぼすが、文化資本よりも金融資本に強く影響する。
4 文化資本を獲得するのに比較的少ない努力が必要とされるので、総じて金融資本よりも価値が低い。

解説 第2パラグラフ第2文で financial capital（金融資本）と同様に the value of cultural capital is dependent on scarcity（文化資本の価値が希少性に左右される）とあり、第6文で資本の獲得競争が an individual's ability to survive in modern society（現代社会で生き残るための個人の能力）に影響を与えていると書かれているので、1が内容的に一致する。

(16) 正解 2

訳 ベサニー・ブライソンによる研究は、文化的雑食現象について何を示唆しているか。

1 何よりも下層階級から中流階級の人々の好みの変化を反映している。

2 それは基本的にエリートが下層階級との差別化をはかるための新しい方法なので、実際にはブルデューの理論を支持する。

3 上流階級よりも下層階級の構成員がより多くの種類の音楽を好むという事実は、この用語がほとんど見当はずれなことを示している。

4 社会の好みが急速に変化していることは、ブルデューの理論が妥当性を維持するためには頻繁に修正されなければならないことを意味する。

解説 第 3 パラグラフ第 3 文で文化的雑食者のエリートには下位文化を拒否する傾向が残っているとブライソンが指摘したとあり、最終文で彼らは elites who have found a novel way to show off their cultural capital（自分の文化資本を見せびらかすための新しい方法を見つけたエリート）なのだと書かれている。ブルデューの理論とは矛盾しないので、2 が正解。

リスニング Part 1 会話の内容一致選択

No. 1

32

スクリプト

W: Craig! Glad I ran into you. Any truth in the rumor you're heading back to the States?

M: Next month. My wife got an offer she couldn't refuse: head of marketing at a major multinational.

W: Wow! I hope you've got something lined up, too. Maybe run your own software business?

M: Later maybe, but I'm looking forward to being a househusband for a while.

W: Cool.... Still, I imagine being back home will take some adjusting to. You've been in Japan over a decade, right?

M: Yeah, I'll miss this place, I guess.

Question: What are the man's immediate plans?

訳

女性：クレイグ！ 私はあなたに会えてうれしいわ。あなたがアメリカに戻るっていう噂は本当なの？

男性：来月にね。妻に大手多国籍企業のマーケティング担当責任者っていう仕事の申し出があって断れなかったんだ。

女性：まあ！ あなたにも何か仕事が用意されてればいいわね。自分でソフトウェア会社を経営してみてもいいんじゃないかしら。

男性：いずれそうするかもね。でも、しばらくの間主夫になることを楽しみにしてるよ。

女性：いいわね。でも、故郷に戻っても多少は適応し直す必要があるんじゃないかしら。あなたは日本に10年以上住んでたのよね？

男性：うん、ここが恋しくなるだろうね。

質問：男性の当面の計画は何か。

正解 1

選択肢の訳

1 有給の職から離れる。

2 自分のソフトウェア会社を始める。

3 会社のアメリカのオフィスへ転勤する。

4 妻のマーケティング会社に勤める。

解説 ソフトウェア会社を経営してはどうかという女性の提案に対して、将来的にはその可能性を否定していないが、I'm looking forward to being a househusband for a while（しばらくの間は主夫になるのを楽しみにしているよ）と答えている。会社勤めはしないということなので正解は1。

No. 2

◀33

スクリプト

W: So Jason, what were you talking to the boss about earlier?

M: Oh, he tried to convince me to stay on.

W: You're definitely leaving us, then?

M: Yeah, next month. I enjoy my work here, but the long hours and tight deadlines are just too much. The company needs some fresh blood, anyway.

W: Balancing work and family must be tough.

M: Actually, that's not the problem. It's just time to look after myself first for a change. Besides, I've already got a lead on something more suitable.

Question: Why is the man leaving his job?

訳 **女性：** それで、ジェイソン、さっき上司に何を話してたの？

男性： ああ、僕にとどまるように説得しようとしたよ。

女性： じゃあ、本当にここを辞めるのね？

男性： うん、来月にね。ここの仕事は楽しいけど、長い勤務時間と余裕のない締め切りが厳しすぎるからね。どちらにしても、会社には新しい人材が必要だし。

女性： 仕事と家庭のバランスをとるのはきっと難しいでしょうね。

男性： 実際は、それが問題なわけじゃないんだ。今、珍しく自分のことを優先する時なんだ。しかも、自分にもっと向いてる仕事の当てがあるんだよ。

質問： 男性はなぜ仕事を辞めるのか。

正解 4

選択肢の訳
1 給料に満足していない。
2 上司とうまくいっていない。
3 家族の問題を抱えている。
4 もっとプレッシャーの少ない仕事を望んでいる。

解説 来月に仕事を辞めると述べた後で、男性は the long hours and tight deadlines are just too much（長い勤務時間と余裕のない締め切りが厳しすぎる）と述べている。これが直接的な理由なので、4 が該当する。会社に新しい人材が必要なことや別な仕事に就く可能性は補足的な理由だ。

No. 3

◀34

スクリプト

W: You know, if we sold our house here in California, we could buy three in Utah.

M: Great, but do we need three houses?

W: We could rent out the other two. The monthly income would cover our mortgage, and we'd probably help build up a nice little nest egg.

M: Hmm. Interesting idea. I wonder if I could find a decent job out there. I suppose it's worth exploring.

Question: What is the woman suggesting they do?

訳 **女性：** カリフォルニアのこの家を売ったら、ユタ州だと3つ買えるのよね。

男性： それはすごいけど、家は3つも必要かなあ？

女性： 他の2つは賃貸に出すこともできるでしょう。毎月の収入で住宅ローンの支払いができて、きっと将来の蓄えも増やせるでしょう。

男性： うーん。面白い考えだね。そこでまともな仕事に就けるかなあ。検討する価値がありそうだね。

質問： 女性は何をするように提案しているか。

正解 1

選択肢の訳
1 不動産に投資する。
2 不動産業者になる。
3 カリフォルニア州とユタ州の両方で生活する。
4 もっと儲かる仕事を見つける。

解説 女性は最初の発言でユタ州で3軒の家を買うことに言及していて、次の発言でWe could rent out the other two（他の2つは賃貸に出すこともできるでしょう）と述べている。その儲けをローンの支払いや貯蓄に回せると説明しているので、1が内容的に一致する。

No. 4

◀35

スクリプト

M: Hey, Brenda, how're your writing class students doing?

W: Most of them are making progress, thanks, but a few are struggling.

M: Do you mind if I ask how Yolanda Smith's doing?

W: Funny you should ask. Remember how we both thought she would be a star student? Well, she's not doing so well. She turned in a report last week that was very poor—lots of fancy words and phrases, but the text lacked flow and coherence. Is there a problem in your class too?

M: Well, as you know, she's always been a good student in my public speaking class, but recently she seems to have a bit of an attitude problem. She seems really disinterested.

W: Now that you mention it, she was late with a report last month too. I wonder if she's OK. Maybe she's having personal problems.

M: Do you think we should take this to the program director and see what he thinks?

W: That's an idea, but we could have a word with Yolanda before that. We've always gotten along well with her, and I don't want to make a big deal about it if it's something we can help her with.

M: Fair enough. Let's see how that goes, then we can take it from there.

Question: What have these people decided to do first?

訳 男性：やあ、ブレンダ、君のライティングのクラスの学生はどう？

女性：おかげさまで上達している生徒がほとんどだけど、苦労してる生徒も何人かいるわ。

男性：差し支えなければ教えて欲しいんだけど、ヨランダ・スミスはどうしてるのかな？

女性：あなたがそんなことを聞くなんておかしいわね。私たち2人ともどうしたら彼女が優等生になるだろうって考えたのかしらね。うーん、彼女はあんまりいい成績じゃないわ。先週レポートを提出したんだけど、出来が悪かったのよ。凝った単語や表現が多いけど、文章に流れとかまとまりがなかったの。あなたのクラスでも問題があるの？

男性：知っての通り、彼女はいつも僕のスピーチのクラスでは優秀な生徒だったんだけど、最近は少し態度に問題があるみたいだね。本当にやる気がないみたいなんだ。

女性：そういえば、先月もレポートの提出が遅れてたわ。彼女は大丈夫なのかしら？もしかしたら、彼女は個人的な問題を抱えてるのかもね。

男性：この件をプログラムの責任者に相談して考えを聞いた方がいいと思う？

女性：それも1つの考えだけど、その前にヨランダと話すこともできるでしょう。私たちはずっと彼女とうまくやってきたんだし、それで彼女を助けられるんなら私は大ごとにしたくないわ。

男性：その通りだね。それでどうなるか様子を見てみよう。どうするかはそれからだね。

質問：この人たちは最初に何をすることにしたか。

正解　4

選択肢の訳　1　ヨランダにレポートの書き直しを依頼する。

2　ヨランダをそれほど大変でないクラスに切り替えさせる。

3　ヨランダのことをプログラムの責任者に任せる。

4　懸案事項についてヨランダと直接話し合う。

解説　成績が落ちてきているヨランダについて男性が the program director（プログラムの責任者）に相談することを提案しているが、女性が we could have a word with Yolanda before that（その前にヨランダと話すこともできるでしょう）と述べて、男性もそれに同意している。

No. 5 ~ No. 6

36

スクリプト

Twin Talk

In their early years, twins often spend more time communicating with each other than they do with their parents. As a result, they sometimes develop a private language intelligible only to themselves. This phenomenon is known as cryptophasia and occurs in about 40 percent of all twins. Interestingly, such private languages share certain common features regardless of the parents' native language. For instance, most words used in private languages are mutations. The twins repeat each other's mistakes, which gradually become new words, and they continue to use their own words instead of commonly used vocabulary around them. Other distinctive features of these languages are that verbs do not change form and the grammatical structures are extremely simple.

Cryptophasia usually disappears by the age of six and is often seen as a cute trait rather than a cause for concern. For this reason, speech therapists are rarely called in. However, research by psychologist Chisato Hayashi indicates that the longer children experience cryptophasia, the lower their scores on language tests later in life. Hayashi therefore advocates intensive speech therapy at an early stage.

Questions

No. 5 What is one common feature of private languages?

No. 6 What do Chisato Hayashi's findings indicate about cryptophasia?

訳

双子の話し合い

双子は幼い頃、両親とよりも2人でお互いにコミュニケーションを取り合う時間が長いことが多い。その結果、彼らは時として自分自身だけに理解可能な私的言語を発達させる。この現象は双子語として知られており、全ての双子の約40パーセントで発生する。興味深いことに、このような私的言語には両親の母国語に関係なく特定の共通の特徴がある。例えば、私的言語で使用されているほとんどの単語は変異体である。双子はお互いの言い間違いを繰り返し、それが徐々に新しい単語になり、彼らの周りで一般的に使われている語彙の代わりに自分自身の単語を使い続ける。こうした言語の他の際立った特徴には、動詞が形を変えないということと文法的構造が非常に単純であるということが含まれる。

双子語は通常6歳までに消滅し、不安の原因というよりもむしろかわいい特性として見られることが多い。このため、言語療法士が往診に呼ばれることはめったにない。しかし、心理学者の林知里の研究では、双子語を使う経験が長ければ長いほど、その後で子どもの言語テストの得点が低くなることが示されている。そこで、林は早い段階での集中的な言語療法を提唱している。

No. 5

正解 1

質問の訳 私的言語の一般的な特徴は何か。

選択肢の訳
1 言い間違いが繰り返されることで新しい単語が形成される。
2 動詞がコミュニケーションに使われることがめったにない。
3 文がすぐに複雑になる。
4 文中の語順がランダムだ。

解説 双子の私的言語についてcommon features（共通の特徴）があると述べられた後で、例として使われている単語がmutations（変異体）であるということが挙げられている。これは2人の間で言い間違いが繰り返されることで作られた新しい単語だと説明されているので、1が正解。

No. 6

正解 2

質問の訳 林知里の発見は、双子語について何を示しているか。

選択肢の訳
1 身体的な健康問題の兆候だ。
2 通常の言語発達を損なう可能性がある。
3 時として成人になってから再発する。
4 両親も使うとより長い期間存続する。

解説 林知里の研究結果として、子どもたちのcryptophasia（双子語）の使用が長引くとtheir scores on language tests（彼らの言語テストの得点）が低くなるという弊害が言及されているので、2が内容的に一致する。

No. 7

◀37

スクリプト

You have 10 seconds to read the situation and Question No. 7.

Well, the run-up was chaotic, but the event last week turned out very positively. I'm glad the event-planning software you requested was as useful as you hoped. However, as you know, I'll be overseas for the next few weeks and am concerned about your workload getting out of control. I'm not suggesting you cut back on the number of events or conferences, but I think trying to handle more than one a month under the current conditions is asking for trouble. If you're planning more, let's hire a freelance event planner so you can concentrate on the promotional aspects rather than on all the details of event setup and teardown. By early next year, we should be ready to bring on a full-time event manager. Meanwhile, keep up the good work, and let me know when the next event is.

Now answer the question.

訳 10 秒で状況と質問 No. 7 を読んでください。

えー、準備はめちゃくちゃだったけれども、先週のイベントは非常に前向きな結果が出ました。あなたから要望のあったイベント計画ソフトが期待通りに役立ったとのことで何よりです。しかし、ご存知のように、今後数週間私は海外にいることになるので、あなたの仕事量が制御できなくなるのではないかと心配しています。イベントや会議の数を減らすように提案しているわけではないですが、現在の状況下で月 2 回以上のイベントをこなそうとするのが困難のもとなのではないかと考えています。もっと計画するのであれば、あなたがイベントの設営や解体のすべての詳細ではなく販売促進の側面に集中できるように、フリーランスのイベントプランナーを雇いましょう。来年の早い時期には、専任のイベントマネージャーを引っ張ってくる準備ができるはずです。その間、良い仕事を続けて、次のイベントがいつなのか私に知らせてください。

それでは解答してください。

正解 4

状況の訳 新会社のマーケティングマネージャーとして、あなたは今後数ヶ月間毎月3つの販売促進イベントを予定しています。上司から次のようなボイスメールを受けます。

質問の訳 あなたは何を最初にすべきか。

選択肢の訳
1 イベント数を減らす。
2 専任のマネージャーを雇う。
3 新しいソフトウェアを購入する。
4 外部の専門家から援助を受ける。

解説 月に2回以上のイベントを運営するのは大変なのではないかと指摘した後で、If you're planning more, let's hire a freelance event planner（もっと計画するのであれば、フリーランスのイベントプランナーを雇いましょう）と提案しているので、4が正解。a full-time event manager（専任のイベントマネージャー）を雇うのは来年の話なので2は該当しない。

No. 8 ~ No. 9

◀38

スクリプト

Now, let's listen to the interview. This is an interview with Tony Collins, a financial adviser living and working in Japan.

Interviewer (I): Welcome, listeners, to Business Buzz, with me, Derek Howe. Today my guest is Tony Collins, a financial adviser. Welcome, Tony.

Tony Collins (TC): Thank you.

I: Could you briefly tell us what your job entails?

TC: Yes, I help clients with investment accounts and mortgages, and to a lesser extent, real-estate business.

I: What are some of the biggest hurdles you face when running a business in Japan?

TC: The majority of our income comes from investments which are denominated in US dollars and euros and sterling. But our expenses are always denominated in yen. So one of the challenges can be if you get a spike in the value of yen, then that makes all of your expenses quite expensive compared to the, the value of your income. So that's one big challenge. I think the other thing is economic factors, because those economic factors influence the value of clients' holdings. And also whether our clients are in Japan. Because we deal mainly with foreign customers, if the economy in Japan gets worse, then some clients will move and go to another country, like Hong Kong or Singapore. And that's been quite a strong trend that we've seen over the last three to four years.

I: Some people would like to make their own investments, invest for themselves. Would you advise people to do that?

TC: If people are investing themselves, then I just think that they need to be aware of a, a few fundamentals, one of them being diversification. Because it's very easy to, instead of investing, to start speculating, or start investing into niche sectors, which people individually have a feeling will come off. But the danger of doing that is that you concentrate your investments too highly. And if what you expect to happen doesn't happen, then it can really affect the value of your investments. So what an adviser can do, and I think should be doing, is to help you to make sure that you're making some objective decisions, and that you're not concentrating your investment portfolio into niche sectors, or avoiding some important areas where you really should invest.

I: And how would you consider the general population's image of financial advisers?

TC: I think that there is a reasonable amount of suspicion, especially initially, because people are rightly concerned about the adviser being less concerned about the advice, and more concerned about the commission, and self-interest, so I think many people will want to know that the adviser really is independent. And to be truly independent is very difficult to objectively prove. But I think that that is the concern that many people have.

I: Well, thank you for talking with us today, Tony.

TC: You're welcome.

Questions

No. 8 What is one thing Tony says about his business?

No. 9 What is one thing that Tony says about financial advisers?

訳 それでは、インタビューを聞いてみましょう。これは、日本で生活し働く財務アドバイザーのトニー・コリンズとのインタビューです。

インタビュアー（I）： リスナーのみなさん、Business Buzz へようこそ。進行役は私デレク・ハウです。今日のゲストは財務アドバイザーのトニー・コリンズさんです。トニーさん、ようこそ。

トニー・コリンズ（TC）： ありがとう。

I： あなたの仕事の内容を簡単に教えていただけますか。

TC： はい。私は投資勘定や住宅ローン、そしてそれよりも小規模にですが不動産事業でもクライアントの支援をしています。

I： 日本で事業を営む中で直面する最大の課題は何ですか？

TC： 私たちの収入の大部分は米ドルとユーロと英ポンド建ての投資によるものです。しかし、我が社の経費は常に円建てです。ですから、円の価値が急上昇すると、それが収入の価値と比較して費用が全てかさんでしまうというのが課題の1つでしょう。それが1つの大きな課題です。もう1つは経済的要因だと思います。こうした経済的要因はクライアントの保有物の価値に影響を与えるからです。それから、クライアントが日本にいるかどうかということもあります。私たちは主に外国のクライアントと取引しているので、日本の経済が悪化した場合一部のクライアントは香港やシンガポールなどの他の国に移り住みます。そして、ここ3・4年間でこの傾向が非常に強まっています。

I： 自分で投資したい、単独で投資したいという人もいます。そうするようにアドバイスしますか？

TC：自分で投資するのであれば、私はいくつか基本的なことに気をつける必要があると思います。その1つが投資の分散です。投資するのではなく投機し始める、つまりなんとなく個人的に上手くいきそうなニッチな部門に投資し始めたりしがちだからです。しかし、そうすることが危険なのは、投資を非常に集中させすぎてしまうことです。そして、起きると予想していたことが起こらないと、投資の価値にかなり影響が出るのです。ですから、アドバイザーができること、そしてやるべきことだと思うのは、確実に客観的な決断を下して、投資銘柄をニッチな部門に集中させたり投資すべき重要ないくつかの分野を避けたりしないようにすることです。

I：それでは、一般の人々の財務アドバイザーのイメージをどう思いますか？

TC：ある程度疑ってかかられていると思います。特に最初は、アドバイザーがアドバイスについてあまり気にしておらず、手数料や自己の利益についてもっと気にしているのではないかというもっともな心配をされるためです。みなさんはアドバイザーが本当に独立した存在だと知りたがるでしょう。そして本当に独立していることを客観的に証明するのは非常に困難です。しかし、それが多くの人々の関心事だと思います。

I：さて、トニーさん、今日はお話しいただきありがとうございました。

TC：どういたしまして。

No. 8

正解　4

質問の訳　トニーは自分の事業について何と言っているか。

選択肢の訳
1 彼のクライアントのほとんどは、日本への長期投資に興味を持っている。
2 為替レートの変動による影響は以前よりも少なくなっている。
3 彼は香港とシンガポールから投資家を呼び寄せる努力をした。
4 経済情勢により一部のクライアントが日本から出ていった。

解説　日本での事業の2つ目の課題として、トニーは economic factors（経済的要因）を挙げている。その説明の中で、顧客の多くが日本人ではないので日本の経済が悪化すると some clients will move and go to another country（一部のクライアントは他の国に移り住みます）と述べている。続けて、これがここ数年の傾向だと言っているので、4が正解。

No. 9

正解　2

質問の訳　トニーが財務アドバイザーについて言っていることは何か。

選択肢の訳
1 投資の世界の変化についていくのは難しい。
2 自分たちが信頼できると納得させるのが難しいことがある。
3 多くはクライアントを呼び寄せるために手数料を下げなければならなかった。
4 クライアントにとってより儲けの出るニッチな部門を見つける必要がある。

解説　financial advisers（財務アドバイザー）の一般的なイメージについて聞かれ、トニーは I think that there is a reasonable amount of suspicion（ある程度疑ってかかられていると思います）と述べている。具体的に the commission（手数料）と self-interest（自己の利益）を優先しているのではないかと疑われてしまうと説明しているので、2 が内容的に一致する。

DAY 5

ミニ模試

筆記試験・リスニングテスト

今日の課題

筆記試験 1 短文の語句空所補充 …… 10 問

筆記試験 2 長文の語句空所補充 …… 3 問

筆記試験 3 長文の内容一致選択 …… 4 問

リスニングテスト Part 1 会話の内容一致選択 …… 5 問

リスニングテスト Part 2 文の内容一致選択 …… 2 問

リスニングテスト Part 3 Real-Life 形式の内容一致選択 …… 1 問

[目標解答時間：30 分＋リスニング]

筆記試験

目標解答時間 〉30 分

1 ***To complete each item, choose the best word or phrase from among the four choices.***

(1) A: Lulu, did you remember to send flowers to your secretary as a gesture of ( ) for her mother's death?
B: I did, Vic, but thanks for the reminder.

1 paucity **2** condolence **3** tyranny **4** resurgence

(2) The coach reminded his players not to ( ) over their victory in front of the other team. He said they would have time to celebrate privately later.

1 swerve **2** trudge **3** whine **4** gloat

(3) The young men got tired of waiting to enter the nightclub, and they became increasingly ( ). Management decided to call the police in case a fight started.

1 unruly **2** malleable **3** unwitting **4** gullible

(4) Historians were excited to find an old book that had many handwritten ( ) on its pages. It is believed the comments were written by a thirteenth-century king.

1 sojourns **2** trajectories
3 annotations **4** expulsions

(5) Experienced interviewers can tell when people are ( ) the truth, so job interviewees should be careful not to exaggerate their abilities.

1 sauntering **2** embellishing
3 mustering **4** tormenting

(6) When plans for a new highway were announced at the town meeting, local residents protested angrily. It was difficult to hear the chairperson because of all the ( ).

1 tally **2** clamor **3** awe **4** stupor

(7) Adam ( ) his business partner for making a deal without consulting with him first. "How could you do that? I can't trust you anymore!" he shouted.

1 chastised **2** foraged
3 emulated **4** transgressed

(8) Winona had always found her financial adviser's judgment to be ( ), so she was shocked when he failed to predict the economic downturn.

1 inveterate **2** insufferable
3 indulgent **4** infallible

(9) When presenting Isabella with the Employee of the Year Award, the president said that she ( ) the company's values of hard work, honesty, and cooperation.

1 foreshadowed **2** epitomized
3 extricated **4** maimed

(10) When his parents started arguing, Ranulph left the room because he did not want to be ( ) the fight.

1 laced with **2** drawn into
3 written off **4** laid off

2 ***Read each passage and choose the best word or phrase from among the four choices for each blank.***

The Greenland Colonies

For years, archaeologists viewed the fate of the Viking colonies that existed in Greenland between the tenth and fifteenth centuries as a lesson in what happens when a society fails to (11). Their establishment coincided with the Medieval Warm Period, when rising global temperatures lessened the severity of the island's incredibly harsh climate. By 1450, however, the colonies had mysteriously vanished. According to the traditional archaeological narrative, the settlers attempted the wholesale transplantation of their Viking culture to Greenland, grazing cattle and sheep as was done in Norway and squandering scarce resources like timber on building churches. Rather than taking a lead from the native people, who consumed the abundant supplies of seal meat, they clung to European agricultural practices suited to the milder Norwegian climate. This rigid adherence to European ways led to calamity when dropping global temperatures marked the return of Greenland's frigid climate.

Recent archaeological discoveries, however, are causing this theory to fall out of favor. First, analysis of archaeological remains has revealed the prevalence of seals in the colonists' diet, indicating extensive consumption of this very non-European foodstuff. Second, some say (12). Discoveries of ivory, one of medieval Europe's most valuable trade items, indicate that hunting walruses to obtain their ivory tusks was the foundation of the economy. Supporters of the ivory theory ask why Vikings would attempt a perilous voyage over icy seas just to farm in Greenland's harsh climate.

Although archaeologists still disagree on the colonies' fate—whether the Vikings perished or simply packed up for elsewhere—the primary factor behind their decline is becoming clear. According to Jette Arneborg of the National Museum of Denmark, the colonies "couldn't survive (13)." Starting in the 1200s, climate change disrupted ivory shipments to the continent by increasing the amount of sea ice. Even worse, the market for walrus ivory collapsed as contact with Africa brought superior-quality elephant ivory to Western countries. Moreover, although it probably did not reach Greenland, a disease known as the

Black Death decimated populations in Europe, further reducing the walrus ivory market. Though no one of these obstacles alone would have been insurmountable, together they made the Vikings' way of life unsustainable.

(11) **1** adapt to changing circumstances
2 control its rate of expansion
3 learn from past mistakes
4 live peacefully alongside other cultures

(12) **1** farming cannot be ignored
2 the Vikings made a serious error
3 comparisons are impossible
4 the theory itself is illogical

(13) **1** the environmental damage they had done
2 without an alternative food source
3 the decline in walrus numbers
4 without trade with Europe

3 *Read each passage and choose the best answer from among the four choices for each question.*

The Rise and Fall of the Readjuster Party

Much has been written about the causes, battles, and outcome of the American Civil War, one of the most painful episodes in US history. The conflict, which began in 1861, pitted Confederate forces, representing the slave-owning Southern states, which wanted to secede from the United States, against Union troops from the industrialized North, who were fighting to keep the country together. Following the Union victory in 1865, the tumultuous period known as Reconstruction commenced. This involved reunifying the Confederate states with the rest of the nation, rebuilding the infrastructure that had been devastated by the war, and adapting to the societal changes caused by the passage of the Thirteenth Amendment to the Constitution, which outlawed slavery.

Complicating these tasks was the fact that the Southern states' economies, which had mainly depended on livestock and agricultural crops cultivated with slave labor, were in ruins. The war had destroyed the transportation infrastructure throughout the South, ravaged farms and plantations, and decimated livestock. Further, the reliance of plantation owners on unpaid manual labor rather than mechanized equipment left them without the ability to produce crops after slavery was abolished, especially since about a quarter of working-age Southern males had been killed during the war. In any case, with major cities, roads, and railways destroyed, there was no market or transport for whatever crops or livestock could be produced.

On top of all this, the passage of the Thirteenth Amendment caused landowners to lose huge investments overnight. So not only did the South need to devise a completely new economic system, but those who would be at the forefront of that system had little capital to hire laborers or purchase equipment for their businesses.

To fill this void, a flood of Northerners moved to the Southern states. Called "carpetbaggers"—a pejorative term referring to the type of travelers' luggage they often carried—these newcomers were perceived by many Southerners as enemies pursuing the spoils of war rather than as financiers of Reconstruction. According to historian Eric

Foner, the incentive of profitable business interests went hand in hand with the carpetbaggers' support of "measures aimed at democratizing and modernizing the South—civil rights legislation, aid to economic development, the establishment of public school systems." This combination of idealism and enterprise proved compelling, and in 10 Southern states, carpetbaggers formed successful political coalitions with African Americans who had been freed from slavery and Southern white supporters of Reconstruction to govern at the state level.

One such state was Virginia, in which the countless problems of Reconstruction played out in microcosm. Virginia had amassed enormous debt in the years before the war by investing in new railways, canals, and roads, but when the state seceded and joined the Confederacy, these assets were targeted for destruction by Union forces. When the war ended, the state was $46 million in debt with little to show for it. The terms of the debt, which was held mostly by banks and investors in the North, were crippling, requiring more than half the state's annual income to be allocated for payment of interest alone. When, with the war over, Virginia rejoined the United States, its wartime Confederate lawmakers were barred from office, opening the way for new leadership. Would-be legislators campaigned on the issue of the state's debt, falling into one of two factions: the Funders—mainly wealthy conservatives who favored repayment of the entire amount, plus interest, as a way of maintaining both the state's honor and a good standing with creditors—and the Readjusters, who wanted to renegotiate the debt so money could be allocated for public benefit.

Led by William Mahone, a former Confederate general, the interracial coalition of Readjusters won complete control of the Virginia legislature in 1879 by running on a platform that included the abolition of certain taxes and investment in public education, as well as debt readjustment. In its four years in power, the Readjuster Party ushered in a period of radical political change. African Americans were not only hired at all levels of the bureaucracy but were also elected to office. Public schools, colleges, and universities were built and staffed in part by black teachers. Taxes on small farms were lowered, and auditors set about collecting delinquent taxes from plantation owners. Within two years, the Virginia treasury had a surplus.

Though the party made significant advances, its promotion of equal rights for blacks proved too radical for the majority of voters to accept in the long term. Conservative elements in the state unified around the issue of race and used a combination of electoral fraud, intimidation, and outright violence to retake the state government and enact laws barring nonwhites from holding office. Segregation was legally enforced, and black citizens were effectively barred from voting. Despite the brief and by all accounts successful foray into integrated government by the Readjuster Party, Virginia did not move to restore racial equality for African Americans until the passage of the Civil Rights Act in 1964.

(14) What factor made Reconstruction particularly difficult for the Southern states?

1 The Southern states' refusal to honor the Thirteenth Amendment led the North to stop sending them agricultural aid.
2 They were unable to rely on the traditional drivers of their economy to help them recover from the losses they had suffered during the war.
3 Southerners who were opposed to reunifying with the North launched attacks on infrastructure in areas where support for reunification was strong.
4 Manual laborers hired after the war rebelled when it became clear that plantation owners were unable to pay the wages they were demanding.

(15) In Eric Foner's estimation, "carpetbaggers"

1 were motivated both by their desire for a more equitable society in the South and the possibility of generating income for themselves.
2 did little to make up for the damage they had done to Virginia's economy, but were partly responsible for the Union forces' favorable opinion of the state.
3 were misled by Virginia's economic transformation, causing them to form unrealistic ideas about the South's potential for rebuilding itself.
4 thought African Americans and whites should be separated if policies that had worked in the North were to be welcomed in the South.

(16) What was a deciding factor in the Readjuster Party's rise to power?

1 Its candidates pledged to prioritize spending for the direct benefit of citizens in Virginia over settling accounts with outside interests.

2 Voters lost trust in the Funders after witnessing how members of the group had been barred from running for political office.

3 The Readjusters were composed of a mix of conservatives and progressives, which resulted in their having broad appeal among various groups in Virginia.

4 The Readjusters ran on a platform that guaranteed wealthy citizens would not lose the economic and social status they had grown accustomed to.

(17) According to the author of the passage, what eventually happened to the Readjuster Party?

1 It was forced out of power after it came to light that Readjuster politicians had relied on fraud to win control of the state legislature.

2 It lost the support of African Americans, who came to see it as harmful to both the interests of the state's black population and race relations.

3 It fell out of favor because most voters were unable to accept the prospect of racial integration on a social and political level.

4 It transformed from a party that promoted civil rights to one that represented conservative values and supported racial segregation.

リスニングテスト

There are three parts to this listening test.

Part 1	Dialogues:	1 question each	Multiple-choice
Part 2	Passages:	2 questions each	Multiple-choice
Part 3	Real-Life:	1 question each	Multiple-choice

Part 1

39 >>> 43

No. 1

1 She failed to submit the necessary document.
2 The International Affairs Office is closed.
3 Her student visa has expired.
4 She has lost her I-20 permission form.

No. 2

1 Look for another job.
2 Apply for the director's job.
3 Work harder to meet the quota.
4 Talk to the sales manager.

No. 3

1 His wife did not consult him.
2 His wife changed their vacation plans.
3 Connie keeps asking favors.
4 Connie does not take good care of her cats.

No. 4

1 Its performance has been poor recently.
2 Projections show the interest rate will fall.
3 The interest rate is subject to change.
4 He wants to make a short-term investment.

No. 5

1 She thinks the salary should be more generous.
2 She is concerned about the starting date.
3 She is used to dealing with highly stressful work.
4 She needs more time off to raise her children.

Part 2

◀44

No. 6

1 It kills the parasite in mosquitoes.
2 It stops mosquitoes from breeding.
3 It is inherited by most mosquitoes' offspring.
4 It transmits a disease that kills mosquitoes.

No. 7

1 By shortening mosquitoes' life spans.
2 By stopping mosquitoes from biting humans.
3 By reducing malaria's symptoms in humans.
4 By keeping the parasite out of mosquitoes' mouths.

Part 3

◀45

No. 8

Situation: Your passport is at the Passport Office for renewal, but you need to take a business trip abroad a week from today. A Passport Office agent tells you the following.

Question: What should you do first to get a temporary passport?

1 Pay the $120 temporary passport fee.

2 Prepare some documents for your application.

3 Contact a passport application firm.

4 Wait for your approval notification.

正解一覧

筆記試験

1

(1)	(2)	(3)	(4)	(5)
2	4	1	3	2

(6)	(7)	(8)	(9)	(10)
2	1	4	2	2

2

(11)	(12)	(13)
1	4	4

3

(14)	(15)	(16)	(17)
2	1	1	3

リスニングテスト

1

No. 1	No. 2	No. 3	No. 4	No. 5
1	1	1	3	2

2

No. 6	No. 7
3	4

3

No. 8
2

訳と解説

筆記 1 短文の語句空所補充

(1) 正解 2

訳 A: ルル、亡くなった彼女のお母さんへのお悔やみの印として忘れずに秘書にはお花を送ったの?

B: ええ、したわ、ヴィック。でも、思い出させてくれてありがとう。

1 不足　2 お悔やみ　3 専制政治　4 復活

解説 秘書の話をしているが、her mother's death（彼女のお母さんの死）に対する何を示すために花を送るのかを考える。不幸の際に経験する感情を表す単語として 2 が選べる。Please accept my condolences で「ご愁傷様です」の意味になる。

（2） 正解 4

訳 コーチは選手たちに対戦チームの前で自分たちの勝利に得意げになったりしないようにと釘を刺した。彼は後で自分たちだけで祝う時間があるだろうと言った。

1 逸脱する　　2 とぼとぼ歩く
3 泣き言を言う　　4 得意げになる

解説 第2文で they would have time to celebrate privately later（後で自分たちだけで祝う時間があるだろう）と述べたとあるので、第1文でコーチが対戦チームの前でしないように忠告したことは「勝利を祝う」に類することのはずだ。喜びの表現に関連した4が正解。

（3） 正解 1

訳 若者はナイトクラブに入るのに待ちくたびれて、ますます言うことを聞かなくなった。経営陣は、けんかが始まった場合に備えて警察に電話することにした。

1 言うことを聞かない　　2 影響されやすい
3 気づかない　　4 騙されやすい

解説 The young men got tired of waiting to enter the nightclub（若者がナイトクラブに入るのに待ちくたびれた）という状況からどうなったのかを考える。警察を呼ぶ必要が出るような不穏な状態なので、1が適合する。

（4） 正解 3

訳 歴史家たちはページに多くの手書きの注釈がある古い本を見つけて興奮した。そのコメントは13世紀の王によって書かれたと考えられている。

1 滞在　　2 軌道　　3 注釈　　4 排除

解説 空所の直前に修飾語として handwritten（手書きの）があるので、組み合わせとして3が最も適切。第2文で the comments（そのコメント）として言い換えられていることからも裏付けがとれる。

(5) 正解 2

訳 経験豊富な面接担当者は人々が真実を粉飾しているかどうかが分かるので、面接を受ける求職者は自分の能力を誇張しないように注意すべきだ。

1 散歩している　　2 粉飾している
3 集めている　　4 苦しめている

解説 結論として job interviewees should be careful not to exaggerate their abilities（面接を受ける求職者は自分の能力を誇張しないように注意すべきだ）とあるので、空所には exaggerate（誇張する）に近い意味の単語が適合すると考えられる。正解の動詞 embellish は、decorate の同意語として単純に「装飾する」の意味でも使われる。

(6) 正解 2

訳 町の集会で新しい高速道路の計画が発表されたとき、地元住民は腹を立てて抗議した。叫び声のせいで議長の話は聞きづらかった。

1 勘定　　2 叫び声　　3 畏敬の念　　4 意識もうろう

解説 第1文で local residents protested angrily（地元住民は腹を立てて抗議した）とあり、第2文で It was difficult to hear the chairperson（議長の話は聞きづらかった）とあるので、大きな声を表す 2 clamor が正解。類義語として「感嘆詞」の意味の exclamation がある。

(7) 正解 1

訳 最初に彼に相談せずに取引をしたことでアダムはビジネスパートナーを非難した。「なぜそんなことができるんだ？ もう君は信用できない！」と彼は叫んだ。

1 非難した　　2 食べ物をあさった
3 真似した　　4 逸脱した

解説 ビジネスパートナーの making a deal without consulting with him（彼に相談せずに取引をした）という動作に対してアダムが何をしたのかを考える。How could you do that?（なぜそんなことができるんだ？）というセリフからも criticize（批判する）や blame（責める）に近い 1 が選べる。

(8) 正解 4

訳 ウィノナは自分の財務顧問の判断が絶対に正しいと常に思っていたので、彼が経済の悪化を予測できなかったときにショックを受けた。

1 常習的な
2 我慢できない
3 寛大な
4 絶対に正しい

解説 文の後半で財務顧問について he failed to predict the economic downturn（彼が経済の悪化を予測できなかった）という状況に彼女がショックを受けたとある。もともとは財務顧問の予想を信頼していたのだと推測できるので、4 が空所に適合する。

(9) 正解 2

訳 イザベラに年間最優秀社員賞を授与する際、社長は彼女が勤勉さ、誠実さ、そして協力という会社の価値観を典型的に示していると述べた。

1 前兆になった
2 典型的に示した
3 解放した
4 重傷を負わせた

解説 イザベラが the Employee of the Year Award（年間最優秀社員賞）を受賞するということは、彼女が the company's values of hard work, honesty, and cooperation（勤勉さ、誠実さ、そして協力という会社の価値観）を兼ね備えた人物だからだと考えられる。抽象的な属性を目的語に取ることができる動詞として 2 が選べる。

(10) 正解 2

訳 両親が口論し始めると、ラナルフはけんかに巻き込まれたくなかったので部屋を出た。

1 ～が織り交ぜられる
2 ～に巻き込まれる
3 泥酔している
4 解雇される

解説 両親がけんかを始めてからラナルフがその場を離れた理由について考えるが、逆にその場に留まっていたらどうなったのかを考えれば良い。彼もけんかに参加することになっただろうということが推測できるので、2 が正解。get involved in ～にも「（積極的に）～に関与する」以外に「～に巻き込まれる」の意味がある。

グリーンランドの植民地

長年考古学者たちは、10世紀から15世紀の間にグリーンランドに存在したバイキングの植民地の運命を、社会が変化する状況に適応するのに失敗したときに起こることの教訓として見てきた。植民地の建設は中世の温暖期と同時に起こり、地球の気温上昇によってグリーンランドの信じられないほど過酷な気候の厳しさが軽減した。しかし、1450年までに植民地は不思議なことに消滅してしまった。従来の考古学の説明によると、移住者はバイキングの文化をグリーンランドへ大規模に移植しようと試み、ノルウェーで行われていたように牛や羊を放牧して、教会の建設で木材のような乏しい資源を浪費した。豊富なアザラシの肉を消費していた先住民を手本とするのではなく、彼らはより温暖なノルウェーの気候に適したヨーロッパの農業的慣習に固執した。このようにヨーロッパの生活様式に頑固に固執したことが、地球の気温低下がグリーンランドの極寒の気候が戻ってきたことを示したときに災難につながったというのだ。

しかし、最近の考古学的発見により、この説は支持されなくなっている。第一に、考古学的遺跡を分析した結果、入植者がごく一般的にアザラシを食べていたことが明らかになり、この非ヨーロッパ的な食材が広範囲にわたって消費されていたことを示している。第二に、この説自体が非論理的だと言う人もいる。中世ヨーロッパで最も価値のある交易品の1つである象牙質の牙が見つかったことから、牙を手に入れるためにセイウチを狩猟することが経済の基盤であったことが分かる。牙説の支持者たちは、グリーンランドの過酷な気候で農業をするためだけに、どうしてバイキングが冷たい海を越えて危険な航海を試みたのだろうかと疑問を呈している。

バイキングが死に絶えたのか、それとも単に荷物をまとめて他の場所に移住したのか、植民地の運命について考古学者たちはまだ意見が一致していないのだが、その衰退の主な要因は明らかになりつつある。デンマーク国立博物館のイェッテ・アルネボルグによると、植民地は「ヨーロッパとの貿易なしでは生き延びることができなかった」。1200年代以降、気候変動により海氷の量が増えて、大陸への牙の出荷が中断した。さらに悪いことに、アフリカとの交流によって西洋諸国に優良な象牙がもたらされたため、セイウチの牙の市場は崩壊してしまった。さらに、おそらくグリーンランドには到達しなかったが、黒死病として知られる病気がヨーロッパの人口を減少させ、セイウチの牙の市場をさらに縮小させた。こうした障害も1つだけなら克服できないことはなかっただろうが、それらが重なることでバイキングの生活が持続不可能なものになった。

(11) 正解 1

選択肢の訳 1 変化する状況に適応する
2 膨張率を制御する
3 過去の過ちから学ぶ
4 他の文化と共に平和に暮らす

解説 第1パラグラフでバイキングがヨーロッパの農業をグリーンランドへ持ち込んで移住したことが説明されているが、最終文で気温が下がったときにThis rigid adherence to European ways led to calamity（このようにヨーロッパの生活様式に頑固に固執したことが災難につながった）とある。環境が変化しても生活の仕方を変えなかったということで1が正解。

(12) 正解 4

選択肢の訳 1 農業は無視できない
2 バイキングは重大な誤りを犯した
3 比較は不可能だ
4 この説自体が非論理的だ

解説 第2パラグラフでは、第1パラグラフで提示された説の反論が展開されている。空所の後の第4文と第5文で経済の基盤はhunting walruses to obtain their ivory tusks（牙を手に入れるためにセイウチを狩猟すること）で農業を行うことではなかったとあるので、第1パラグラフの説が疑問視されていることが分かる。

(13) 正解 4

選択肢の訳 1 彼らがもたらした環境への損害を
2 代替の食料源なしで
3 セイウチの数の減少を
4 ヨーロッパとの貿易なしで

解説 第3パラグラフ第3文以降で言及されている気候変動による海上輸送の中断、アフリカの象牙の流通、黒死病によるヨーロッパの人口減少は、全てreducing the walrus ivory market（セイウチの牙の市場を縮小させる）ことにつながった。こうして大陸との交易が減り、最終的に植民地の生活はunsustainable（持続不可能）になったのだ。

再編党の盛衰

アメリカ史上最も痛ましい出来事の1つであるアメリカ南北戦争の原因や戦い、そして結末について多くのことが書かれてきた。1861年に始まったこの紛争は、国の統一を維持するために戦っていた工業化された北部出身の北軍と、合衆国からの離脱を望んでいた南部の奴隷制を認めた州を代表する南軍との間の戦いだった。1865年に北軍が勝利した後、南部再建として知られる激動の時代が始まった。これには南部諸州を国の残りの州と再統一し、戦争によって荒廃したインフラを再建し、奴隷制を違法とする憲法修正第13条の成立によって引き起こされた社会的変化に適応することが含まれた。

これらの課題を困難にしていたのは、主に奴隷の労働力で耕作された農作物や家畜に依存していた南部の州の経済が荒廃していたことだった。戦争は南部の交通インフラを破壊し、農場や農園に大損害を与え、家畜を大量に殺していた。さらに、大農園の所有者が機械化された設備ではなく無給の肉体労働に頼っていたため、奴隷制が廃止されてから作物を生産することができなくなっていた。戦争中に働き盛りの南部の男性の約4分の1が命を落とした後ではなおさらだった。いずれにせよ、主要都市や道路や鉄道が破壊されたため、どんな作物や家畜が生産されてもそれらの市場も輸送手段もなかった。

さらに、修正第13条が可決されたことで、地主は一晩で巨額の投資を失った。そのため、南部は全く新しい経済システムを考え出す必要があっただけでなく、そのシステムの最前線にいる人々は自分の会社の経営に必要な労働者を雇ったり機器を購入したりするための資本をほとんど持っていなかった。

この空隙を埋めるために、北部の人々が南部の州に押し寄せた。北部の流れ者は「カーペットバッガーズ」と呼ばれ、これは彼らがよく持っていた旅行用の荷物を指す軽蔑的な用語だったのだが、彼らは多くの南部の人たちによって再建のための資金提供者ではなく戦利品をあさる敵と見なされた。歴史家のエリック・フォーナーによれば、儲けの出る事業の利権という動機は、カーペットバッガーズが「公民権法や経済発展への支援、公立学校制度の確立などの南部の民主化と近代化を目的とした措置」を支持したことと密接に関係していたという。こうした理想主義と事業の融合が魅力的だと分かり、カーペットバッガーは南部10州で奴隷制度から解放されたアフリカ系アメリカ人、そして国家レベルで運営される再建を支持する南部の白人との政治的連合の結成に成功した。

そのような州の1つがバージニア州で、そこでは再建のための無数の問題が小規模に起こった。バージニアは新しい鉄道、運河、そして道路に投資することで戦前に何年もの間莫大な負債を抱えていた。しかし、同州が合衆国を脱退して南軍に参加したとき、これらの資産は北軍による破壊の対象となった。戦争が終わったとき、同州はほとんど何の成果もなく4600万ドルの借金に陥った。北部の銀行や投資家が主に保有していた借金の条件は壊滅的なもので、利子の支払いのみに州の年間所得の半分以上を割り当てる必要があった。バージニア州が戦争を終えてアメリカ合衆国に再加盟したとき、戦時中の南軍の議員たちは解任され、新たな指導部への道が開かれた。州議会議員を志望する人たちは、州の債務問題について選挙運動を行い、2つの派閥のどちらかに分類された。1つは、州の名誉と債権者との良好な関係の両方を維持する方法として全額と利子の返済を支持する、主に裕福な保守派からなる資金党員だった。もう1つが、公共の利益のためにお金を割り当てることができるように借金を再交渉することを望んだ再編党員だった。

かつて南軍の少将だったウィリアム・マホーン率いる再編党員の異人種間連合は、借金の再調整だけでなく特定の税金の廃止と公教育への投資を含む政策を掲げて立候補して1879年にバージニア州議会を完全に掌握した。権力の座についた4年間で、再編党は抜本的な政治変革の時期の到来を告げた。アフリカ系アメリカ人は、官僚のあらゆるレベルで雇われただけでなく、官職にも選出された。公立学校や大学が建設され、部分的に黒人教師が配属された。小規模農場に課せられる税金が引き下げられ、会計検査官は農園の所有者からの滞納税金の徴収に着手した。2年以内にバージニア州の財政は黒字になった。

党は著しい躍進を遂げたが、黒人の平等な権利の推進は大多数の有権者にとってあまりにも急進的で、長期的には受け入れられないものだった。州内の保守的な分子が人種問題をめぐって団結し、州政府を取り戻すために選挙違反や脅迫やあからさまな暴力といった手段に訴えて、非白人が官職に就くことを禁止する法律を制定した。人種の分離が法的に実施され、黒人市民は事実上投票を禁じられた。再編党による統一政府への進出は短期間ながら誰に聞いても成功した事例だったのだが、バージニア州は1964年の公民権法の可決までアフリカ系アメリカ人に対して人種間の平等の回復に向けた行動を起こさなかった。

(14) 正解 2

訳 南部諸国にとって再建が特に困難になった要因は何だったか？

1 南部の州が修正第13条を尊重することを拒否したため、北部は農業援助の送付を中止した。
2 戦争中に被った損失からの回復を促進するような伝統的な経済の推進力に頼ることができなかった。
3 北部との再統一に反対した南部の人たちは、再統一への支持が強い地域でインフラへの攻撃を開始した。
4 要求していた賃金を大農園の所有者が支払うことができないと明らかになったとき、戦後に雇われた肉体労働者が反乱を起こした。

解説 第2パラグラフ第1文に南部再建を困難にしていたのは農業に依存していた経済が荒廃していたことだったと書かれている。具体的には、第2文で戦争によって transportation infrastructure（交通インフラ）と farms and plantations（農場や農園）と livestock（家畜）に大きな被害が出たと述べられていて、経済基盤が破壊されていたことが分かる。

(15) 正解 1

訳 エリック・フォーナーの推測によれば、カーペットバッガーズは

1 南部でより平等な社会を実現させたいという欲求と自分たちの収益を上げる可能性の両方が動機だった。
2 バージニア州の経済に与えた損害を埋め合わせるためにはほとんど何もしなかったが、北軍が同州に対して好意的な意見を持つようになる一端を担った。
3 バージニア州の経済的な変革によって誤解し、南部が再建する可能性について非現実的な考えを持つようになった。
4 北部で機能していた政策が南で歓迎されれば、アフリカ系アメリカ人と白人は分離されるべきであると考えた。

解説 フォーナーの考えは第 4 パラグラフ第 3 文で説明されている。カーペットバッガーズにとって profitable business interests（儲けの出る事業の利権）も動機の 1 つだったが、公民権法の制定などの measures aimed at democratizing and modernizing the South（南部の民主化と近代化を目的とした措置）も支持していたとあるので、内容的に 1 が一致する。

(16) 正解 1

訳 再編党が実権を握るようになった決定要因は何だったか？

1 候補者が、外部の業者との借金を清算することよりもバージニア州の市民が直接利益を得るため支出することを優先すると約束した。
2 資金党員がどのように政治的な役職に就くことを禁じられていたのかを目の当たりにした後、有権者は彼らを信頼できなくなった。
3 再編党は保守派と進歩派が入り混じって構成されていたため、バージニア州のさまざまな団体の間で幅広い支持を受けた。
4 再編党員は、裕福な市民が慣れ親しんだ経済的社会的地位を失わないことを保証する政策を掲げて立候補した。

解説 第 6 パラグラフ第 1 文に、再編党がバージニア州議会で多数派を占めたのは the abolition of certain taxes（特定の税金の廃止）と investment in public education（公教育への投資）などの政策を掲げたからだと書かれている。第 5 パラグラフ最終文にあるように資金党が借金返済を支持したのに対して、再編党は州内の公共の利益を重視したということだ。

(17) 正解 3

訳 本文の著者によると、最終的に再編党はどうなったか。

1 再編党の政治家たちが州議会の支配権を得るために詐欺に頼っていたことが明るみに出た後、政権の座を追われた。
2 州の黒人の利害と人種間の関係の両方に有害であると見なされるようになり、アフリカ系アメリカ人の支持を失った。
3 人種が統合される見通しをほとんどの有権者が社会的政治的レベルで受け入れることができなかったため、支持を失った。
4 公民権を促進する党から保守的な価値観を示し人種的分離を支持する党へと変貌した。

解説 最終パラグラフ第 1 文で再編党について its promotion of equal rights for blacks（黒人の平等な権利の推進）が多くの有権者に受け入れられなかったと書かれている。第 2 文以降では、同党の急進的な政策に対する反動から保守派によって人種差別的な法律が制定されたことが説明されている。

リスニング Part 1 会話の内容一致選択

No. 1

◀39

スクリプト

W: Thanks for lending me your suitcase for my trip home, Stefan.
M: No problem, Tomoko. Have you taken care of your visa?
W: My student visa's still valid.
M: Yeah, but unless the university signs your I-20 permission form, you won't be able to get back into the US. You're supposed to submit the form to the International Affairs Office two weeks before you travel.
W: But I leave in three days!
M: Maybe they can put a rush on the paperwork.
Question: What is the woman's problem?

訳　女性：ステファン、帰国するのにスーツケースを貸してくれてありがとう。
男性：いいんだよ、トモコ。もうビザの手配はしたの？
女性：私の学生ビザはまだ有効だけど。
男性：うん、でも大学が I-20 許可証に署名しない限りアメリカに戻ることができないんだよ。旅行の 2 週間前に国際事務局に用紙を提出することになってるよ。
女性：でも後 3 日で出発よ！
男性：もしかしたら事務処理を急いでくれるかもね。
質問：女性の問題は何か。

正解　1

選択肢の訳
1 必要な書類を提出しなかった。
2 国際事務局が閉まっている。
3 学生ビザが期限切れになっている。
4 I-20 許可証を紛失した。

解説　学校から I-20 permission form（I-20 許可証）に署名をもらう必要があり、旅行の 2 週間前の段階で You're supposed to submit the form（用紙を提出することになっている）と男性が説明すると、女性が慌てている。この手続きをしていなかったと分かるので、正解は 1。

No. 2

◀40

スクリプト

M: The sales manager is still giving me a hard time, even after I surpassed my quota for the third month in a row. It's impossible to please him.

W: Listen, Chad, this has been going on for over a year now. I think it's time for you to move on to greener pastures.

M: But it's not that easy to just walk out. The director brought me into the company, and he really counts on me. I owe him big time.

W: I think he'll understand if you talk to him about it.

M: I have talked to him about it, and he just tells me to hang in there. He told me the manager might be transferred someday.

Question: What does the woman imply Chad should do?

訳　**男性：** 3ヶ月連続でノルマを超えた後も、営業部長は僕に手間をかけさせるんだ。彼を喜ばせるのは不可能だね。

女性： ねえ、チャド、これって1年以上前から続いてることじゃない。もっといい環境に移るときなんじゃないかしら。

男性： でも、辞めるのもそう簡単じゃないんだ。役員が僕を会社に連れてきて、本当に僕を頼りにしてるんだ。大きな借りがあるんだよ。

女性： あなたが話せば彼は理解してくれると思うけど。

男性： 辞めたいって話したこともあるけど、ここで頑張れって言うだけなんだ。部長がそのうち転勤になるかもしれないって言ったんだ。

質問： 女性はチャドが何をすべきだと示唆しているか。

正解　1

選択肢の訳
1 別の仕事を探す。
2 役員の仕事に応募する。
3 ノルマを果たすためにもっと努力する。
4 営業部長に相談する。

解説　女性は、男性にとって難しい状況がずいぶん前から続いていることを指摘した後で、it's time for you to move on to greener pastures（もっといい環境に移るときだ）と助言している。この言い換えとして1が選択できる。

No. 3

◀41

スクリプト

W: That was Connie on the phone. She's dropping her cats off with us on Saturday.

M: When did we decide that?

W: I mentioned it to you last month, remember? She's going on vacation and needs us to look after them. They're no trouble, apparently.

M: Maybe not, but it's still a big responsibility. And mentioning something isn't the same as deciding.

W: Well, I thought you wouldn't mind.

M: Even so, you could've checked with me before giving Connie the go-ahead.

Question: Why is the man annoyed?

訳 **女性：** コニーからの電話だったわ。土曜日に彼女のネコをうちに預けに来るって。

男性： そんなこといつ決めたんだい？

女性： 先月あなたに話したけど、覚えてる？ 彼女は休暇に出るから私たちがネコの世話をする必要があるのよ。全然問題ないでしょう。

男性： 問題ないかもしれないけど、責任は大きいよ。それから、話に出すことと決めることは同じじゃないからね。

女性： まあ、てっきりあなたは気にしないと思ったから。

男性： そうだとしても、コニーに許可を出す前に僕に確認をとることもできたはずだ。

質問： 男はなぜいらいらしているのか。

正解 1

選択肢の訳
1 奥さんが彼に相談しなかった。
2 奥さんが休暇の計画を変更した。
3 コニーが何度も頼みごとをしてくる。
4 コニーが自分のネコの世話をきちんとしない。

解説 ネコの世話の件に関して、男性は女性がそのことを話題にするだけでは不十分で、you could've checked with me（僕に確認をとることもできたはずだ）と述べている。きちんと2人で話し合って男性が了解したわけではないことから、1が内容的に一致する。

No. 4

◀42

スクリプト

M: I'd like some information about your savings accounts.

W: Well, our InvestPlus account has averaged 5% interest over the last 4 years.

M: And what about this year?

W: The latest projections are positive, but rates are dependent on market performance.

M: Which means if the rate falls, I'll get next to nothing, right?

W: That's possible, but unlikely, sir.

M: I think I'd prefer an account with fixed rates.

W: Are you sure? Your potential return would be much smaller.

M: Yes, I'll pass on the InvestPlus account, thanks.

Question: Why does the man reject the InvestPlus account?

訳 **男性：** 普通預金口座に関する情報が欲しいのですが。

女性： そうですね、私どもの InvestPlus の口座ですと、過去 4 年間で平均 5%の利率です。

男性： 今年はどうなんですか？

女性： 最新の見通しは明るいですが、金利は市場実績に左右されます。

男性： ということは、金利が下がったらほとんど何も手に入らないということですよね？

女性： それもありえますが、可能性は低いでしょう。

男性： 固定金利の口座を希望したいと思います。

女性： よろしいですか？ そうなりますと、予想利益はずっと低くなるでしょう。

男性： はい、InvestPlus の口座は見送りますので結構です。

質問： 男性が InvestPlus の口座を拒否したのはなぜか。

正解 3

選択肢の訳
1 最近業績が悪い。
2 予測では金利が低下する。
3 金利が変更されることがある。
4 短期間の投資をしたいと考えている。

解説 女性が InvestPlus の金利は market performance（市場実績）によって決まるのだと説明すると、男性は if the rate falls, I'll get next to nothing（金利が下がったらほとんど何も手に入らない）と否定的に解釈している。金利が下がるリスクを排除したいという考えなので、3 が正解。

No. 5

◀43

スクリプト

W1: Well, Kirsten, we're coming to the end of the interview. You seem well qualified for the position. We'll need to meet you one more time before we can make an official offer, though I think that should just be a formality.

W2: I understand, but we still haven't discussed salary and other benefits.

M: Unfortunately, I can't give you precise details right now, but they'll be very similar to what you were getting at your former company.

W2: OK, well, that should be acceptable. I know the contract period begins from April, but is there any way to move that forward?

M: I'm afraid the position won't be available until April. I realize you're in-between jobs and are looking for something beginning sooner.

W2: That's right. I have two children to support.

M: Isn't there something you can find in the short term?

W2: I doubt it. To be honest, I may have to look for something more immediate, though I am still interested in this position.

W1: Thanks for your honesty, Kirsten. We do hope this works out, though. And let me confirm one more time, you're willing to work weekends on occasion and have no trouble traveling on business trips?

W2: That's fine. My husband can always look after the kids when that happens. Please let me know when you'd like to schedule the final interview.

Question: What is one thing we learn about Kirsten?

訳 **女性 1：** そうですね、キルステンさん、面接はこれで終わりです。あなたはこの役職に適任のようです。正式な申し出をする前にもう一度お会いする必要がありますが、これは形式的な手続きになるでしょう。

女性 2： 分かりました。しかし、給料やその他の手当てについてはまだ話し合っていません。

男性： 残念ながら、現時点で正確な詳細を提供することはできませんが、以前の会社で受け取っていたものとほぼ同じになるでしょう。

女性 2： なるほど、まあそれなら大丈夫でしょう。契約期間が 4 月から始まるとのことですが、早めることはできるんでしょうか？

男性： 残念ながら、この役職は4月まで欠員が出ません。今お仕事に就いていらっしゃらないので、もう少し早く始まる仕事を探していらっしゃるんですよね。

女性 2： その通りです。子供 2 人を養わないといけませんので。

男性： 短期間の仕事も見つけられるんじゃないでしょうか？

女性 2： そうは思いません。正直なところ、この役職にも依然として興味がありますが、もっとすぐにできる仕事を探す必要があるかもしれません。

女性 1： キルステンさん、率直にお話しいただきありがとうございます。こちらで働いていただけると良いのですが。もう一度確認させてください。時には週末にも働いたり出張したりするのも問題ないんですよね。

女性 2： 構いません。そうなれば必ず夫が子供の面倒を見れますから。最終面接の予定をお決めになる場合はご連絡ください。

質問： キルステンについて分かることは何か。

正解 2

選択肢の訳
1 給料がもっと高額であるべきだと考えている。
2 開始日を気にしている。
3 非常にストレスの多い仕事に対処することに慣れている。
4 子供を育てるためにもっと休む時間が必要だ。

解説 キルステンは the contract period（契約期間）について is there any way to move that forward?（早めることはできるんでしょうか？）と質問し、面接官から良い回答が得られないと something more immediate（もう少し早く始まる仕事）を探す必要があると述べていて、すぐにでも仕事を始めたいという強い希望が感じられる。

No. 6 ~ No. 7

◀44

スクリプト

The Fight Against Malaria

Malaria is a disease that kills hundreds of thousands of people every year. It is caused by the Plasmodium parasite, which is spread by mosquitoes. Finding a way to prevent malaria from being transmitted to humans has long been a goal of scientists.

Recently, such a dream has moved closer to reality. Researchers in the United States have used a new technique to genetically modify mosquitoes. The result is that 95 percent of the modified mosquitoes' offspring are born with a gene that blocks the transmission of the Plasmodium parasite. This means that genetically altering a small number of mosquitoes and releasing them into the wild could potentially lead to the spread of the gene throughout an entire population.

The new technique involves researchers accessing mosquito DNA and inserting the modified gene into target areas of the genome. The gene produces antibodies that attach themselves to the parasite. These antibodies prevent the parasite from navigating to the mosquito's mouth. Because of this, the parasite is unable to infect humans when mosquitoes bite. Researchers are optimistic this new technique will prove to be an important tool in the effort to eliminate malaria.

Questions

No. 6 What makes the modified gene promising?

No. 7 How does the modified gene work?

訳

マラリアとの闘い

マラリアは毎年何十万もの人々が命を落としている病気だ。マラリア原虫という寄生虫によって引き起こされ、蚊によって拡散される。マラリアが人間に伝染するのを防ぐ方法を見つけることが、長い間科学者の目標となっている。

最近、このような夢は現実に近づいている。米国の研究者が、蚊の遺伝子を組み替えるために新しい技術を使った。その結果、遺伝子を組み替えられた蚊の子孫の95%がマラリア原虫の伝染を阻止する遺伝子を持って生まれた。これは、少数の蚊の遺伝子を組み替えて野生に放出することで、個体群全体にこの遺伝子が広まる可能性があるということだ。

新しい技術には、研究者が蚊のDNAに働きかけてゲノムの標的領域に組み替えた遺伝子を注入することが含まれる。この遺伝子は、寄生虫に付着する抗体を生み出す。これらの抗体は寄生虫が蚊の口に移動するのを防ぐ。このため、蚊が刺しても寄生虫は人間に感染することができない。この新しい手法がマラリアを排除するための重要な手段となるだろうと研究者たちは楽観視している。

No. 6

正解 3

質問の訳 なぜ組み替えられた遺伝子が期待されているのか。

選択肢の訳
1 蚊の寄生虫を殺す。
2 蚊の繁殖を防ぐ。
3 ほとんどの蚊の子孫に受け継がれる。
4 蚊を殺す病気を伝染させる。

解説 組み替えられた遺伝子を持った蚊の子孫の95パーセントがa gene that blocks the transmission of the Plasmodium parasite（マラリア原虫の伝染を阻止する遺伝子）を持って生まれたと述べられている。これを言い換えた3が正解。

No. 7

正解 4

質問の訳 組み替えられた遺伝子はどのように機能するか。

選択肢の訳
1 蚊の寿命を縮める。
2 蚊が人間を刺さないようにする。
3 人間のマラリアの症状を軽減する。
4 寄生虫が蚊の口に入らないようにする。

解説 組み替えられた遺伝子が寄生虫に付着するantibodies（抗体）を作り出すと述べられ、These antibodies prevent the parasite from navigating to the mosquito's mouth（これらの抗体は寄生虫が蚊の口に移動するのを防ぐ）と説明されている。こうした内容を簡潔にまとめた4が正解。

No. 8

◀45

スクリプト

You have 10 seconds to read the situation and Question No. 8.

In a case like yours, a temporary passport may be issued. You'll need to submit an application and include two passport photos. The $120 fee guarantees you'll receive the temporary passport within three days of submitting your application, but you don't need to pay until your application has been approved. As you probably know, there are passport firms that handle the applications for regular passports. However, since temporary passports are only for exceptional circumstances, you will need to submit a direct application yourself. Before that, however, you need to write a brief letter explaining why you need a temporary passport. And you'll need to supply documents that show the purpose of your travel. Once you have those, you can make the official application.

Now answer the question.

訳　10秒で状況と質問 No. 8を読んでください。
あなたのような場合、臨時パスポートが発行されることがあります。申請書を提出し、パスポート写真を2枚同封する必要があります。120ドルの手数料で申請書を提出してから確実に3日以内に臨時パスポートを受け取ることができますが、申請書が承認されるまで支払う必要はありません。おそらくご存じだと思いますが、正規パスポートの申請を扱うパスポート会社もあります。ただし、臨時パスポートは例外的な状況だけのものですから、あなた自身が直接申請書を提出する必要があります。しかし、その前になぜ臨時パスポートが必要なのかを説明する簡単な書面を書く必要があります。そして、旅行の目的を示す文書を提供する必要があります。こうした書類が揃えば、公式の申請をすることができます。
それでは解答してください。

正解 2

状況の訳 あなたはパスポートの更新のために旅券事務所にいますが、今日から1週間後に海外へ出張する必要があります。旅券事務所の担当者から、次のように言われます。

質問の訳 臨時パスポートを取得するには、まず何をしなければいけないか。

選択肢の訳
1 120ドルの臨時パスポート料金を支払う。
2 申請用の書類をいくつか準備する。
3 パスポート申請会社に連絡する。
4 承認通知を待つ。

解説 海外出張は1週間後なのでThe $120 fee（120ドルの手数料）が必要になりそうだが、支払いは後になってからだ。申請書を自分で提出する必要があると述べられた後で、申請の前に臨時パスポートが必要な理由を説明したa brief letter（簡単な書面）と旅行の目的を示すdocuments（文書）も用意するようにと説明されている。複数の書類が必要なので2が正解。

DAY 6
ミニ模試

英作文

今日の課題

■ 英作文問題　1問

■ 解答例・英作文上達トレーニング

▶トレーニング 1

▶トレーニング 2

［目標解答時間：25 分］

英作文

目標解答時間 ＞ 25 分

- Write an essay on the given TOPIC.
- Give THREE reasons to support your answer.
- Structure: introduction, main body, and conclusion
- Suggested length: 200-240 words

TOPIC

Has a university degree in the humanities lost its relevance in today's world?

まずは自分なりの答案を作成し、信頼できる英語の先生に添削をしてもらいましょう。英作文の上達には添削指導を受けることが有益ですが、それだけで力がつくわけではありません。普段の自学自習の質と量がものをいいます。次のコーナー「英作文上達トレーニング」への取り組みを通して、自分の答案作成力を検証してみてください。

MEMO

トレーニング 1

英文ライティング上達の第一歩は、模範となる英文を何度も読み込むことです。以下は英検協会が公開している解答例です。そして、このような英文を書くために必要となるのが、右ページのような「メモ」を書き、それを元に下書きとしての「アウトライン」を作成することです。「メモ」と「アウトライン」から英文を完成させる流れを意識しながら読み込みましょう。

Today's technology-focused mainstream media often depict the humanities as a dying area of study with no relevance. However, humanities scholars are clearly necessary in the interest of international relations, preservation of the arts, and Internet-based content.

The humanities are integral to diplomacy. A huge concern today is tension between nations that could escalate into conflict. Humanities graduates are well versed in language, history, and cultures, all of which underlie diplomatic relations. They have also been educated to think critically, which is necessary for effective policymaking, negotiation, and analysis of countries' political situations and intentions. Humanities scholars can therefore be catalysts for peace.

Secondly, the increasing importance of science and technology means there is often less focus on the arts. There is therefore a need not only for artistic creators but also for people who will preserve existing works. The world needs art-history scholars to research, restore, and maintain priceless artworks, and educators to teach literary analysis and appreciation of prose and poetry.

Finally, and perhaps ironically, the Internet has made the humanities more important than ever. There are now innumerable types of content, such as texts, articles, and blogs, available anywhere, anytime. While technology makes this possible, much of this material is humanities based. Degree holders in philosophy, religion, and related areas are necessary for creating meaningful online content.

The rise of technology has not made the humanities irrelevant. On the contrary, humanities scholars will play increasingly important roles in society.

（242 語）

メモ

テクノロジーが発達 but 人文科学は必要（国際関係、芸術、ネット）
外交に不可欠 1）言語、歴史、文化 2）批判的思考→交渉
芸術の保存・継承
ネットの普及 → 内容の充実が必要
人文科学の学者 役割ますます重要

アウトライン

Introduction
Today's media the humanities … no relevance
However, they are necessary: 1 international relations
2 preservation of the arts
3 Internet-based content

Body

Reason 1
the humanities integral to diplomacy
concern: tension between nations → conflict
language, history and cultures → diplomatic relations
critical thinking → effective policymaking, negotiation, analysis
h. scholars = catalysts for peace

Reason 2
importance of science and technology → less focus on the arts
→ a need for artistic creators & people who preserve art works
1) art history scholars to research, restore and maintain works
2) educators to teach literary analysis and appreciation

Reason 3
Internet → humanities more important than ever
innumerable types of content available anywhere, anytime
material based on the humanities
degree in philosophy, religion etc. → meaningful online content

Conclusion
the humanities not irrelevant
humanities scholars … increasingly important roles

トレーニング2

前コーナーでは、「メモ」から英文を完成させる流れを意識しながら解答例の英文を読み込みました。このコーナーでは、日本語訳を手掛かりとして英文を再現する練習をします。英文の構成や文法・語法などに注意を払いながら、また、POINT を参考に、すらすらと書けるようになるまで自分のものとしてください。

第1パラグラフ

1 今日のテクノロジー重視の主流メディアは、人文科学をしばしば有用性のない瀕死の研究分野とみなしている。

2 しかし、人文科学の学者たちは国際関係や芸術の保存、そしてインターネットを基盤としたコンテンツの点で明らかに必要だ。

第2パラグラフ

1 人文科学は外交に不可欠だ。

2 今日の大きな懸念事項は紛争に発展する可能性がある国家間の緊張だ。

3 人文科学専攻の大卒生は、言語、歴史、文化に精通していて、そのすべてが外交関係の基礎となっている。

4 彼らは批判的に考えるようにも教育を受けていて、それは効果的な政策決定や交渉、各国の政治状況や意図の分析に必要なものだ。

5 したがって、人文科学の学者が平和への足がかりになる可能性がある。

1 Today's technology-focused mainstream media often depict the humanities as a dying area of study with no relevance.

POINT **depict A as B「A を B と描写する」、dying「消えてゆく」**

2 However, humanities scholars are clearly necessary in the interest of international relations, preservation of the arts, and Internet-based content.

POINT **① the interest ② preservation ③ Internet ... content が並列**

1 The humanities are integral to diplomacy.

POINT **be integral to ~「~に不可欠な」**

2 A huge concern today is tension between nations that could escalate into conflict.

POINT **that の先行詞は tension、could は仮定法「~があり得る」**

3 Humanities graduates are well versed in language, history, and cultures, all of which underlie diplomatic relations.

POINT **which の先行詞は language, history, and culture の 3 語**

4 They have also been educated to think critically, which is necessary for effective policymaking, negotiation, and analysis of countries' political situations and intentions.

POINT **which の先行詞は to think critically の不定詞句**

5 Humanities scholars can therefore be catalysts for peace.

POINT **therefore は接続副詞で前文を受けて「したがって」の意味**

第3パラグラフ

1 第二に、科学とテクノロジーの重要性が増しているということは、多くの場合芸術に焦点が当てられなくなっているということだ。

2 したがって、芸術の創作者だけでなく既存の作品を保存する人たちのニーズもあるのだ。

3 世の中は非常に貴重な芸術作品を研究したり修復したり維持したりする美術史の学者や、散文や詩に対する文学的分析や評論を教える教育者を必要としている。

第4パラグラフ

1 最後に、そしておそらく皮肉なことに、インターネットによって人文科学はこれまで以上に重要になっている。

2 メール文、記事、ブログなど、ありとあらゆる種類のコンテンツが、いつでもどこでも読めるようになった。

3 これを可能にしているのはテクノロジーだが、その素材の多くは人文科学を基礎としている。

4 意味のあるオンラインコンテンツを作り出すには、哲学や宗教やそれらに関連した分野の学位取得者が必要だ。

第5パラグラフ

1 技術の台頭によって人文科学は無用なものにはならなかった。

2 それどころか、人文科学の学者は社会においてますます重要な役割を果たすようになるだろう。

1 Secondly, the increasing importance of science and technology means there is often less focus on the arts.

POINT 動詞 means の目的語は (that) there ... the arts

2 There is therefore a need not only for artistic creators but also for people who will preserve existing works.

POINT not only for ... but also for ... で呼応している

3 The world needs art-history scholars to research, restore, and maintain priceless artworks, and educators to teach literary analysis and appreciation of prose and poetry.

POINT needs の目的語は art history scholars と educators の 2 語

1 Finally, and perhaps ironically, the Internet has made the humanities more important than ever.

POINT make O C の構文、more ~ than ever「これまで以上に~」

2 There are now innumerable types of content, such as texts, articles, and blogs, available anywhere, anytime.

POINT 形容詞 available が innumerable types of content を修飾

3 While technology makes this possible, much of this material is humanities based.

POINT humanities based = based on humanities

4 Degree holders in philosophy, religion, and related areas are necessary for creating meaningful online content.

POINT be necessary for V-ing「V するのに必要である」

1 The rise of technology has not made the humanities irrelevant.

POINT has not made が V、the humanities が O、irrelevant が C

2 On the contrary, humanities scholars will play increasingly important roles in society.

POINT play a ... role in ~「~で…な役割を果たす」

指示文とトピックの訳

- 与えられたトピックでエッセイを書きなさい。
- 回答の根拠となる理由を3つ挙げなさい。
- 構成：導入、本論、まとめ
- 目安となる長さ：200 ～ 240 語

トピック
大学の人文科学の学位は今日の世界でその有用性を失ったのだろうか。

解答例訳

今日のテクノロジー重視の主流メディアは、人文科学をしばしば有用性のない瀕死の研究分野とみなしている。しかし、人文科学の学者たちは国際関係や芸術の保存、そしてインターネットを基盤としたコンテンツの点で明らかに必要だ。

人文科学は外交に不可欠だ。今日の大きな懸念事項は紛争に発展する可能性がある国家間の緊張だ。人文科学専攻の大卒生は、言語、歴史、文化に精通していて、そのすべてが外交関係の基礎となっている。彼らは批判的に考えるようにも教育を受けていて、それは効果的な政策決定や交渉、各国の政治状況や意図の分析に必要なものだ。したがって、人文科学の学者が平和への足がかりになる可能性がある。

第二に、科学とテクノロジーの重要性が増しているということは、多くの場合芸術に焦点が当てられなくなっているということだ。したがって、芸術の創作者だけでなく既存の作品を保存する人たちのニーズもあるのだ。世の中は非常に貴重な芸術作品を研究したり修復したり維持したりする美術史の学者や、散文や詩に対する文学的分析や評論を教える教育者を必要としている。

最後に、そしておそらく皮肉なことに、インターネットによって人文科学はこれまで以上に重要になっている。メール文、記事、ブログなど、ありとあらゆる種類のコンテンツが、いつでもどこでも読めるようになった。これを可能にしているのはテクノロジーだが、その素材の多くは人文科学を基礎としている。意味のあるオンラインコンテンツを作り出すには、哲学や宗教やそれらに関連した分野の学位取得者が必要だ。

技術の台頭によって人文科学は無用なものにはならなかった。それどころか、人文科学の学者は社会においてますます重要な役割を果たすようになるだろう。

DAY 7
ミニ模試

筆記試験・リスニングテスト

今日の課題

筆記試験 1 短文の語句空所補充 …… 10 問
筆記試験 2 長文の語句空所補充 …… 3 問
筆記試験 3 長文の内容一致選択 …… 3 問
リスニングテスト Part 1 会話の内容一致選択 …… 4 問
リスニングテスト Part 2 文の内容一致選択 …… 2 問
リスニングテスト Part 3 Real-Life 形式の内容一致選択 …… 1 問
リスニングテスト Part 4 インタビューの内容一致選択 …… 2 問

[目標解答時間：25 分+リスニング]

筆記試験

目標解答時間 ＞25分

1 *To complete each item, choose the best word or phrase from among the four choices.*

(1) Gloria worked all summer to earn money for college, but she ended up (   ) most of it on eating out and buying expensive clothes.

1 venerating **2** jostling
3 squandering **4** rebuffing

(2) A: Did you understand what the speaker was talking about at the presentation?
B: Well, I was able to get the (   ) of it, but I couldn't understand all the details.

1 gist **2** lull **3** wrath **4** fortress

(3) Although the sales deal seemed attractive, the CEO felt there were many points that required further (   ) before a final agreement could be reached.

1 gravitation **2** inflammation
3 elucidation **4** aspiration

(4) When Allen's computer suddenly stopped working and he lost all his data, he (   ) his anger by throwing his mouse on the floor.

1 vented **2** lured **3** scrawled **4** trampled

(5) The researchers discovered a (   ) of old gold coins buried in the ground. They believe it had been put there so that it would be safe from thieves.

1 mirage **2** veneer **3** hedge **4** hoard

(6) The prisoners ( ) a way to escape from the maximum-security prison. It took them months to put their plan together.

1 contrived 2 appeased 3 enveloped 4 lampooned

(7) One ( ) problem that teachers face is pupils being late for class. Even if the rules are strictly enforced, some will always fail to come on time.

1 ornate 2 perennial 3 consensual 4 groundless

(8) With the area under their control, the rebel soldiers were able to violate citizens' human rights with ( ). The government was powerless to act.

1 impunity 2 acuity 3 abstinence 4 aridity

(9) Although the magazine has traditionally targeted older readers, it hopes to ( ) the younger market by including more articles about teenage celebrities.

1 shake off 2 belt out
3 hunker down 4 tap into

(10) A: Sebastian, could you ( ) a bit? I'd like to sit down.
B: Sure, no problem.

1 chime in 2 spruce up 3 drag on 4 scoot over

2 ***Read each passage and choose the best word or phrase from among the four choices for each blank.***

Effective Altruism

Effective altruism is a small but rapidly expanding movement that emphasizes (11) when it comes to charitable giving. Decisions about which organizations to make contributions to are based on factors such as the scale and severity of a problem, and the question of where each dollar will have the maximum impact. Although human nature influences people to respond to emotional appeals that tug on the heartstrings, Peter Singer, a professor of bioethics at Princeton University, argues that true morality "requires us to look beyond the interests of our own society." Under the tenets of effective altruism, therefore, you have the same obligation to help an unknown child suffering from poverty on the other side of the world that you have to help a child in your own family.

Effective altruism's approach to giving is also reflected in the principle of choosing a cause based on (12). An individual considering which charity to donate to is faced with a plethora of options in terms of the scope of impact, from museum cultural-enrichment programs to efforts to reduce carbon emissions to pharmaceutical research that has the potential to avert millions of deaths. Yet if charitable choices are arranged on a spectrum based on the odds the organization's work will bear fruit, options such as plans to use scientifically proven drug therapies to combat disease in regions where treatments are currently unavailable are clearly preferable.

Critics, however, charge proponents of effective altruism with (13). They argue that a decision based on the principles of effective altruism would be likely to overlook, for example, a media watchdog that contributes to democracy by ensuring the maintenance of a free and unbiased press. Such benefits are indisputably essential to society, even though they may defy quantitative analysis. Crunching numbers to find ways to save the most lives for the lowest possible price may have its place, but if effective altruism is to move into the mainstream, its practitioners may need to turn their attention to causes that are more difficult to quantify.

(11) **1** the role of local community values
2 the importance of personal experience
3 making unbiased decisions
4 prioritizing the needs of the young

(12) **1** cooperation with local people
2 the variety of charities involved
3 how much money is being asked for
4 the likelihood of success

(13) **1** putting too much emphasis on statistics
2 taking an overly complicated approach
3 behaving in a selfish manner
4 interfering in politics

3 ***Read each passage and choose the best answer from among the four choices for each question.***

Language and Emotions

In his 1872 book *The Expression of the Emotions in Man and Animals*, Charles Darwin, the father of evolution, argued that emotions are behavioral and physiological reactions that help humans and animals survive and evolve. Darwin believed emotions are unconditioned responses to external stimuli and theorized that all humans across languages and cultures demonstrate the same specific, involuntary facial expressions and behaviors for basic emotions. Most modern perspectives are based on Darwin's belief that emotions are hardwired, and many scientists believe the language used to describe emotions developed as a means to communicate experiences and innate mental states. More recently, however, a few researchers have argued that emotions are actually constructed through language, experience, and culture.

The theory of constructed emotion, proposed by neuroscientist Lisa Feldman Barrett of Northeastern University, in the United States, holds that emotions are formulated by the brain rather than existing from birth. Barrett notes a lack of solid scientific evidence supporting Darwin's view, and points out that, anatomically, the brain is not structured to automatically produce a certain emotion in response to a given stimuli. Rather, multiple networks within the brain collaborate to combine visual, auditory, and other types of sensory data with memories and learned cultural concepts in order to build mental simulations of the world. This process is used to assign meaning — including emotional significance — to new perceptions received by the brain. Barrett offers the example of the brain's response prior to an exam, when one individual may associate increased heart rate and sweaty palms with the feeling of "anxiety" based on past experience, while someone else might recognize that feeling as "determination." If emotions were hardwired at birth, she says, everyone would associate the same emotion with the same situation. Barrett acknowledges that people are prewired with basic notions of pleasure and distress; however, she believes concepts of emotions like "anxiety" and "determination" are learned. The way people label emotions, as well as the breadth of emotions they experience, varies depending on their experiences and culture, and the situations they encounter.

For Barrett, it is clear that language in particular has a significant influence on how people experience and frame their emotions. Language is considered the foundation that facilitates the acquisition and implementation of concept knowledge. Every language has developed its own concepts to label feelings that result from the interplay of behaviors, physiological processes, bodily sensations, and context. The word "schadenfreude," for example, was borrowed from German because English lacked a specific word for the feeling of happiness that arises from another person's troubles. According to Barrett, since the term became part of the English language, more English speakers have been experiencing schadenfreude. When it comes to perceiving emotions, she says, "If you know a word, if you hear the word often, then it becomes much more automatic, just like driving a car. It gets triggered more easily and you can feel it more easily." This can also happen when people move to a different country and adopt a new language and culture; they begin to internalize concepts of emotions that are prevalent in their new environment.

(14) According to Charles Darwin, emotions

1 evolved separately across different languages and cultures and resulted in different ways of sharing experiences.

2 originated simultaneously with language as an alternative to the body's purely physical reactions in various situations.

3 are universal reactions involving physical responses that occur automatically when people encounter specific stimuli.

4 are learned responses that enable humans to communicate mental states, behaviors, and experiences to others.

(15) The theory of constructed emotion holds that

1 although the vast majority of emotional concepts are prewired in the brain, a small minority can be restructured to some degree by memories.

2 mental models built up by the brain can be utilized to interpret sensory information and generate emotional responses to experiences.

3 the variation in brain anatomy among individuals accounts for the differences in their emotional reactions to the situations they encounter.

4 since only one emotion tends to result from one physical reaction, it is possible to predict with certainty how the brain will react to stimuli.

(16) What is implied by the reference to schadenfreude in the third paragraph?

1 There is a strong correlation between a person's ability to relate to the emotions of others and that person's ability to acquire new skills.

2 The frequency with which words representing emotional concepts are used in a language has little influence on other aspects of culture.

3 Language affects the way people's brains process experiences by helping them to moderate or suppress their emotional reactions.

4 Exposure to new concepts can aid people in identifying unfamiliar feelings, allowing them to experience a broader range of emotions.

リスニングテスト

There are four parts to this listening test.

Part 1	Dialogues:	1 question each	Multiple-choice
Part 2	Passages:	2 questions each	Multiple-choice
Part 3	Real-Life:	1 question each	Multiple-choice
Part 4	Interview:	2 questions	Multiple-choice

Part 1

46 >>> 49

No. 1

1 She thinks she will not get the job.
2 She has doubts about the president.
3 She thinks the job would be too stressful.
4 She is disappointed about the salary.

No. 2

1 He does not provide enough materials.
2 He has an ineffective teaching style.
3 He demands too much of his students.
4 He covers too many topics in class.

No. 3

1 Turn down the new position.
2 Ask a colleague to help her.
3 Ask for a higher salary.
4 Study Japanese with Professor Tanaka.

No. 4

1 The landlord raised the rent illegally.
2 The landlord wants her to move out.
3 It is not being satisfactorily maintained.
4 She is not allowed to remodel it.

Part 2

50

No. 5

1 Their speed tends to increase suddenly.
2 They have trouble detecting traffic-light color changes.
3 Their programs take time to process information.
4 They sometimes do things humans do not expect.

No. 6

1 How to program them for emergencies.
2 How to reduce the cost of the software.
3 How to help them recognize pedestrians better.
4 How to stop drivers from changing the software.

Part 3

◀51

No. 7

Situation: You are discussing your retirement investment options with a bank representative. You want to limit your investment to a maximum of $200,000.

Question: What should you do to try for the best returns?

1 Purchase more stocks.

2 Invest in government bonds.

3 Buy a property and rent it out.

4 Invest in a mutual fund.

Part 4

◀52

No. 8

1 She does not usually have to communicate with CFOs and senior managers.

2 They are generally flexible with deadlines on large-scale projects.

3 Staff who are less involved in the project tend to be less cooperative.

4 They frequently misinterpret the reports she produces for them.

No. 9

1 The agencies rely on their own experts and are reluctant to outsource projects.

2 The agencies are less likely to focus on them than on front-line services.

3 Constant upgrades mean agency staff spend too much time retraining.

4 Agency staff are highly qualified, but the technology of the systems is outdated.

解答・解説

正解一覧

筆記試験

1

(1)	(2)	(3)	(4)	(5)
3	1	3	1	4

(6)	(7)	(8)	(9)	(10)
1	2	1	4	4

2

(11)	(12)	(13)
3	4	1

3

(14)	(15)	(16)
3	2	4

リスニングテスト

1

No. 1	No. 2	No. 3	No. 4
2	3	1	3

2

No. 5	No. 6
4	1

3

No. 7
4

4

No. 8	No. 9
3	2

訳と解説

筆記 1 短文の語句空所補充

(1) 正解 3

訳 グロリアは大学の授業料を稼ぐために夏の間ずっと働いたが、結局は外食したり高価な服を買ったりするのにその大部分を浪費してしまった。

1 尊敬する　**2** 押しやる　**3** 浪費する　**4** 拒絶する

解説 空所の直後の most of it（その大部分）とは、夏の間グロリアが働いて稼いだお金を指す。eating out（外食する）やbuying expensive clothes（高価な服を買う）ということに使ってしまい本来の目的が果たせなくなったので、waste（無駄使いする）と同じ意味の squander が適合する。

(2) 正解 1

訳 A：プレゼンテーションで話し手が話していたことが理解できましたか？
B：まあ、要点は分かりましたが、詳細まで全部は理解できませんでした。

1 要点　2 小康状態　3 激怒　4 要塞

解説 プレゼンテーションの内容についてI couldn't understand all the details（詳細まで全部は理解できませんでした）と話し手Bは言っているが、逆に何が理解できたのかを考える。the details（詳細）の反意語である「概略」に意味が近い1 gistが正解。

(3) 正解 3

訳 その販売取引は魅力的なようだったが、最高経営責任者は最終合意に達する前に多くの点でさらに説明が必要だと感じた。

1 重力　2 炎症　3 説明　4 熱望

解説 the sales deal（販売取引）にあたってa final agreement（最終決定）の前に何が必要となるのかを考えると、双方が納得するための材料として3 elucidationが選べる。動詞の形elucidate（説明する、解明する）も覚えておこう。

(4) 正解 1

訳 コンピューターが突然作業を停止してアレンが全てのデータを失った時、彼はマウスを床に投げて怒りを爆発させた。

1 爆発させた　2 おびき寄せた
3 殴り書きした　4 踏みつけた

解説 アレンのthrowing his mouse on the floor（自分のマウスを床に投げる）という動作はhis anger（彼の怒り）を表すものだ。express（表現する）の類義語ventが正解。ventは多義語で、名詞の場合「通気口」の意味がある。

(5) 正解 4

訳 研究者たちは地中に古い金貨が埋蔵されているのを発見した。彼らは泥棒から狙われないようにそこに置かれたと信じている。

1 蜃気楼　2 ベニヤ板　3 生垣　4 貯蔵

解説 old gold coins（古い金貨）について buried in the ground（地中に埋められていた）とあることから、「埋蔵」に意味が近い 4 が正解。hoard は動詞として「（お金や食料を秘密の場所に）貯蔵する」の意味でも使われる。

(6) 正解 1

訳 囚人たちは警備が厳重な刑務所から脱出する方法を考案した。彼らが自分たちの計画をまとめるのに数ヶ月かかった。

1 考案した　2 なだめた　3 包んだ　4 風刺した

解説 第 2 文の put their plan together（彼らの計画をまとめる）という表現と呼応するように、1 contrived を選んで a way to escape（脱出する方法）を「考え出した」とする。contrive の同義語には invent（発明する、考案する）がある。

(7) 正解 2

訳 教師が直面する1つの永続的な問題は、生徒が授業に遅刻することだ。規則が厳しく施行されていても、必ず時間通りに来ない生徒がいるのだ。

1 華美な　2 永続的な
3 合意に基づいた　4 根拠のない

解説 生徒の遅刻が教師にとってどんな問題なのかを考える。第 2 文で規則が厳しくなっても some will always fail to come on time（必ず時間通りに来ない生徒がいる）とあるので、根気よく取り組む必要があることを示すように 2 perennial を選ぶ。同意語に constant（不変の、絶え間ない）がある。

(8) 正解 1

訳 その地域は彼らの支配下にあったので、反乱軍兵士は罰せられることなく市民の人権を侵害することができた。政府には行動するだけの力がなかった。

1 免責　2 鋭敏さ　3 節制　4 乾燥

解説 地域を支配していた the rebel soldiers（反乱軍兵士）がどのように violate citizens' human rights（市民の人権を侵害する）ことができたのかを考える。第 2 文で政府が powerless（無力）だったとあり、兵士を取り締まることができなかったと推測できるので、1 が正解。前置詞を伴って with impunity（罰せられずに）という形で使われることが多い。

(9) 正解 4

訳 その雑誌は従来年配の読者をターゲットにしてきたが、10 代の有名人についての記事をより多く含めることによって若者の市場に進出することを望んでいる。

1 ～を振り払う　2 ～を大声で歌い上げる
3 しゃがみ込む　4 ～に進出する

解説 ある雑誌について articles about teenage celebrities（10 代の有名人についての記事）を増やしていると書かれているので、若い読者を取り込もうとしているのだと考えられる。the younger market（若者の市場）に「入り込む」という意味になるように 4 を選ぶ。

(10) 正解 4

訳 A：セバスチャン、ちょっと席を詰めてくれる？ 私も座りたいわ。
B：もちろん、いいよ。

1 会話に加わる　2 身なりを整える
3 長引く　4 席を詰める

解説 話し手 A が I'd like to sit down（私も座りたい）と述べていることから、その前に何をするように頼んでいるのかを考える。席を譲ってもらう可能性もあるが、選択肢に「席を詰める」の意味の scoot over があるのでこれが正解。

効果的利他主義

効果的利他主義は、慈善的贈与に関して公平な決定をすることを重視する、規模が小さいながらも急速に拡大している運動だ。どの組織に寄付するかは、問題の規模や深刻度、1ドルあたりで最大の影響が出るのはどこかといった要因に基づいて決定される。プリンストン大学の生命倫理学の教授であるピーター・シンガーは、人間性によって人々は心を揺り動かす感情的な訴えに反応しがちだが、真の道徳は「私たち自身の社会の利益のさらに先を見ることを求める」と主張する。したがって、効果的利他主義の教義のもとでは、自分自身の家庭の子供を助けるのと同様に世界の反対側で貧困に苦しんでいる見ず知らずの子供を助ける義務があるのだ。

効果的利他主義の寄付の仕方は、成功する見込みに基づいて慈善活動を選ぶという原則にも反映されている。どの慈善団体に寄付するかを検討する個人は、博物館の文化発展プログラムから、炭素排出削減の取り組みや何百万もの人々の死を回避する可能性のある医薬品研究まで、影響の範囲の観点であまりにも多くの選択肢に直面している。しかし、組織の活動が実を結ぶ可能性に基づいた範囲に慈善事業の選択肢を順番に配置すると、治療が現在行われていない地域で病気と戦うために科学的に効果が証明された薬物療法を使用する計画などの選択肢が明らかに望ましい。

しかしながら、これに批判的な人たちは効果的利他主義の支持者が統計を重視しすぎていると非難する。彼らは、効果的利他主義の原則に基づく決定では、例えば自由で公平な報道の維持を確保することによって民主主義に貢献しているメディア監視団体が見過ごされる可能性が高いと主張している。量的な分析に反するかもしれないが、このような利益は社会にとって紛れもなく不可欠だ。可能な限り低い費用で最も多くの命を救う方法を見つけるために数字を整理することには意義があるかもしれないが、効果的利他主義が主流になった場合はその実践者がより定量化が難しい慈善活動に注意を向ける必要が出てくるだろう。

(11) 正解 3

選択肢の訳
1 地域社会の価値観の役割
2 個人的な経験の重要性
3 公平な決定をする
4 若者のニーズを優先する

解説 空所の次の文に、効果的利他主義について、寄付する団体が the scale and severity of a problem（問題の規模や深刻度）や where each dollar will have the maximum impact（1ドルあたりで最大の影響が出るのはどこか）という条件で選ばれるとある。数値化による客観的な基準があるので、unbiased（公平な）という表現を含む3が適合する。

(12) 正解 4

選択肢の訳
1 地域の人々との連携
2 関係するさまざまな慈善団体
3 どのくらいのお金が求められているか
4 成功する見込み

解説 第2パラグラフ第3文で the odds the organization's work will bear fruit（組織の活動が実を結ぶ可能性）を考慮すると寄付すべき事業が明確になると書かれている。この表現中の odds（可能性）と bear fruit（実を結ぶ）を likelihood（見込み）と success（成功）と言い換えた4が正解。

(13) 正解 1

選択肢の訳
1 統計を重視しすぎている
2 複雑すぎるアプローチをとっている
3 わがままに振る舞っている
4 政治に干渉している

解説 効果的利他主義に対する批判について問われている。第3パラグラフ第2文から第3文で、民主主義に貢献しているが quantitative analysis（量的な分析）では効果が大きく評価されにくいメディア監視団体が軽視される可能性があると示唆されている。数字だけで判断することに対する懸念があるということで、1が内容的に一致する。

筆記3 長文の内容一致選択

言語と感情

進化論の父チャールズ・ダーウィンは、1872年の著書「人及び動物の表情について」の中で、感情は人間と動物の生存と進化を促す行動的生理学的反応であると主張した。感情は外的刺激に対する無条件の反応であるとダーウィンは考え、言語や文化を超えて全ての人間は基本的な感情に対して同じ特定の無意識の表情や行動を示すものだと理論づけた。ほとんどの近代的な考え方は、感情は生まれつき備わったものだというダーウィンの考えに基づいており、感情を説明するために使用される言語が経験と先天的な精神状態を伝える手段として発達したのだと多くの科学者が信じている。しかし、最近になって感情は実際には言語、経験、文化を通して構築されるのだと主張する研究者が出てきている。

アメリカのノースイースタン大学の神経科学者リサ・フェルドマン・バレットによって提唱された感情構築理論は、感情は出生時から存在するのではなく、むしろ脳によって形作られるのだと主張する。バレットは、ダーウィンの見解を裏付ける確固たる科学的証拠がないことに注目し、解剖学的に脳は与えられた刺激に反応して自動的に特定の感情を生み出すようにはつくられていないと指摘する。むしろ、世界の心的シミュレーションを構築するために、脳内の複数のネットワークが協力して、視覚的データ、聴覚的データなどの知覚データを記憶や学習した文化的概念と結びつけている。このプロセスは、脳が受けた新たな知覚に、感情的意義などの意味を割り当てるために使用される。バレットは試験前の脳の反応を例として挙げている。ある人は過去の経験に基づいて心拍数の増加や汗をかいた手のひらを「不安」の感覚と関連付けるが、他の人はこの感覚を「決意」と認識することがある。感情が出生時に備わっているのなら、誰もが同じ状況と同じ感情を関連付けているだろうと彼女は言う。バレットは、人々が喜びと苦痛という基本的な概念をあらかじめ備えていることを認めている。しかし、彼女は「不安」や「決意」のような感情の概念が学習されるものだと考えている。人々が感情を分類する方法は、経験する感情の幅と同様に、彼らの経験や文化、そして遭遇する状況によって変化する。

バレットにとって、どのように人々が感情を抱いてそれらを表現するのかということに対して特に言語が重大な影響を持つということは明らかだ。言語は、概念知識の習得と導入を促進する基盤と考えられている。各言語は、行動、生理学的プロセス、身体的感覚や文脈の相互作用から生じる感情を分類するために独自の概念を発達させた。例えば、英語には他人の悩みから生じる幸福感を表現する特定の単語がなかったため、「シャーデンフロイデ」という単語がドイツ語から借用された。バレットによると、この用語が英語の一部になってから、英語話者でシャーデンフロイデを経験する人が増えている。感情を知覚することについて、彼女は次のように述べている。「ある単語を知っていたりその単語を頻繁に聞いたりすると、車を運転するのと同じように、その単語はもっと自然発生的に使われるようになります。もっと容易に誘発されるようになり、より即座に感じられるようになります。」人々が外国に引っ越して新しい言語や文化を取り入れる時にも、こうしたことが起きることがある。新しい環境に浸透している感情の概念を内面化し始めるのだ。

(14) 正解 3

訳 チャールズ・ダーウィンによると、感情は

1 異なる言語や文化を超えて別々に進化し、経験を共有する異なる方法をもたらした。
2 さまざまな状況における身体の純粋に物理的な反応の代用として、言語と同時に生まれた。
3 人々が特定の刺激に出会ったときに自動的に起こる物理的な反応を伴う普遍的な反応だ。
4 人間が精神状態、行動や経験を他の人に伝えることを可能にする学習された反応だ。

解説 第1パラグラフ第2文で、感情が unconditioned responses to external stimuli（外的刺激に対する無条件の反応）であるとダーウィンが考え、全ての人間が the same specific, involuntary facial expressions（同じ特定の無意識の表情）を示すと理論づけたと書かれている。この内容を簡潔に言い換えた3が正解。

(15) 正解 2

訳 感情構築理論は、…と主張する。

1 大多数の感情的概念は脳にあらかじめ備わっているが、ごく少数は記憶によってある程度再構築することができる
2 脳によって構築された心的モデルが感覚情報を解釈し経験に対して感情的な反応を生み出すために利用されることがある
3 個人間の脳の解剖学的構造の差異は、彼らが遭遇する状況に対する感情的な反応の違いの原因となっている
4 1つの物理的反応からたった1つの感情が生じる傾向があるので、脳が刺激にどう反応するかを確実に予測することが可能だ

解説 第2パラグラフ第3文から第4文にかけて、脳内のネットワークが知覚データに記憶や文化的概念を結びつけることで mental simulations of the world（世界の心的シミュレーション）を構築し、それが新しい知覚に emotional significance（感情的意義）を割り当てるのに利用されていると書かれている。

(16) 正解 4

訳 第 3 段落のシャーデンフロイデへの言及によって何が示唆されているか。

1 ある人が他人の感情に共感する能力とその人が新しい技術を習得する能力との間には強い相関関係がある。

2 感情的な概念を表す単語がある言語で使用される頻度は、文化の他の側面にほとんど影響を与えない。

3 言語は、感情的な反応の緩和や抑制を促すことによって、人々の脳が経験を処理する方法に影響を与える。

4 新しい概念に触れることは、人々がなじみのない感情を識別するのに役立ち、さらに幅広い範囲の感情を経験することを可能にする。

解説 第 3 パラグラフ第 3 文に言語ごとに感情を分類するための独自の概念があると書かれていて、第 5 文ではシャーデンフロイデという単語がドイツ語から借用されるようになるとその語が示す感情を経験する英語話者が増えたとある。単語と一緒に新しい概念を取り入れることで知覚できる感情の幅が増えたということなので、4 が正解。

リスニング Part 1 会話の内容一致選択

No. 1

46

スクリプト

M: How did the job interview go, honey?

W: I think they're going to offer me the job. And the potential income seems pretty good, depending on how much I sell. But I just don't know ...

M: What do you mean? It sounds like everything you hoped for.

W: The company president seems a little obsessed with money. He made it sound like everyone in the world wanted to get rich.

M: Well, I think most people in the world do want to get rich. What's wrong with that?

W: It's the way he said it. He even referred to his customers as "suckers" at one point. He didn't sound sincere to me. I think I'm going to turn it down and keep on looking.

M: Really? Maybe he was just kidding. I hope you're not throwing away a good opportunity.

Question: What is the woman's concern?

訳

男性： ねえ、就職の面接はどうだった？

女性： 私に内定を出してくれると思うわ。しかも、売り上げにもよるけど、収入もかなり良さそうね。でも、ちょっと分からないわね。

男性： どういうこと？ 全部望んでいた条件のようだけど。

女性： 会社の社長がどうもお金のことばかり考えているみたいなの。世の中の誰もが金持ちになりたいと思っているような話しぶりだったわ。

男性： まあ、世の中のほとんどの人が金持ちになりたいと思っていると思うけど。それのどこが悪いんだい？

女性： 彼の話し方ね。途中で客のことを「カモ」とまで呼んだのよ。誠実そうじゃなかったわ。辞退してもう少し探そうかと思うの。

男性： 本当に？ ただ冗談を言っただけかもしれないよ。チャンスを棒に振らないでね。

質問： 女性が懸念していることは何か。

正解 2

選択肢の訳

1 その仕事に就かないだろうと思っている。

2 社長に対して疑問を抱いている。

3 その仕事はあまりにもストレスが溜まるだろうと思っている。

4 給料に失望している。

解説 仕事の面接を受けて内定をもらえそうだと話している女性が But I just don't know（でも、ちょっと分からないわね）と辞退を示唆している。理由を聞かれて、The company president（会社の社長）が金もうけに固執している点を挙げて He didn't sound sincere to me（誠実そうじゃなかったわ）と述べている。

No. 2

47

スクリプト

M: What do you think of Professor Hopkins, Mary?
W: I like his lecture style. He's very energetic.
M: He sure is. And his explanations are really clear.
W: Still, this first paper he's assigned us is a bit much, don't you think?
M: Yeah. There's more reading material to get through than I expected, and we're going to have to put in a fair amount of time for research.
W: I agree. It seems over the top for only a two-credit class.
Question: What do the students imply about Professor Hopkins?

訳 **男性：** メアリー、ホプキンズ教授についてどう思う？
女性： 彼の講義スタイルが好きよ。とても熱意があるわね。
男性： 確かにね。そして説明も非常に明確だね。
女性： でも、彼が私たちに課したこの最初のレポートはちょっと大変よね。
男性： うん。読む資料も予想していた以上で、リサーチするのにかなりの時間をつぎ込まないといけないね。
女性： そうね。2 単位の授業にしては度を越してるようね。
質問： ホプキンズ教授について生徒たちは何と示唆しているか。

正解 3

選択肢の訳
1 十分な資料を提供しない。
2 授業スタイルが効果的でない。
3 生徒に対する要求が多すぎる。
4 授業で扱うトピックが多すぎる。

解説 教授について 2 人の話し手は講義の仕方と熱意と説明の明確さを褒めているが、授業で課された this first paper（この最初のレポート）については不満を漏らしている。reading material（読む資料）が予想以上に多く、リサーチに時間がかかるだろうと男性が述べると、女性もそれに同意している。こうした内容を一般化してまとめた 3 が正解。

No. 3

◀48

スクリプト

M: Hi, Sue. I heard they offered you the department head position.

W: Yeah, that's right. I appreciate their faith in me, but my Japanese just isn't good enough to accept the offer. Maybe somewhere down the road, but not now.

M: I'm sure Professor Tanaka would interpret for you at meetings and help you with the paperwork.

W: I know she would, but I'd have to rely on her way too much. Actually, she should be department head, not me.

M: You've got a point there. Trouble is, I don't think she'd accept it. Her mother's not very well, you know.

W: She's still more qualified than I am. Anyway, I've already made up my mind.

Question: What has the woman decided to do?

訳 男性：やあ、スー。会社から部長職を持ちかけられたって聞いたけど。

女性：ええ、そうよ。私を信頼してくれてありがたいと思うけど、申し出を受け入れられるほど私の日本語はうまくないのよ。いつかそのうちにとは思うけど、今じゃないわね。

男性：きっと田中教授が会議で通訳をして事務処理も手伝ってくれるよ。

女性：彼女ならそうしてくれるだろうけど、彼女のやり方にあまりにも頼らないといけなくなるわ。実際のところ、私じゃなくて彼女が部長になるべきよ。

男性：それは一理あるね。問題は、彼女が申し出を受けないだろうってことだね。お母さんの体調があまり良くないからね。

女性：それでも彼女の方が私より適任だわ。どちらにしても、私はもうどうするか決めたから。

質問：女性は何をすることにしたか。

正解 1

選択肢の訳
1 新しい役職を辞退する。
2 同僚に助けを求める。
3 さらに高い給料を要求する。
4 田中教授から日本語を習う。

解説 会社から昇進の申し出があった女性が、自分の日本語の能力を不安視して not now (今じゃないわね) と述べている。田中教授が補佐してくれるだろうと男性が指摘して議論が続くが、女性は I've already made up my mind (私はもうどうするか決めたから) と締めくくっているので、最初の発言の通り今回は引き受けるつもりがないのだと分かる。

No. 4

49

スクリプト

M: So, Svetlana, how's the new apartment? Word has it you're not too happy.

W: It's not that we don't like it. It's spacious and has an incredible view. The neighbors are friendly, too.

M: Sounds pretty nice. So, what's the catch?

W: The building is 30 years old, and there are a number of little things that've gone wrong, like clogged pipes, problems with the built-in dishwasher, things like that. We even had a water leak.

M: But surely the landlord would fix those kinds of issues for you, no?

W: Well, he blamed the blocked pipes on us, and he's slow to get other things fixed. We still have no working dishwasher.

M: That's ridiculous, especially for the rent you're paying.

W: Exactly what we thought.

M: So, what are you going to do?

W: We did some research online, and it seems we may be within our legal rights to take action ourselves. We sent the landlord a formal complaint in writing. If he doesn't respond within the next 30 days, we may have to pay for the repairs out of our own pocket and then withhold that amount from the rent.

M: Well, I hope it all works out for you.

Question: What is the woman's complaint about her apartment?

訳 男性：それで、スヴェトラーナ、新しいアパートはどう？ うわさではあまり満足してないみたいだけど。

女性：嫌いっていうわけじゃないのよ。広々してて眺めもいいし。隣人もフレンドリーよ。

男性：かなり良さそうだね。それで、何が問題なの？

女性：建物は築30年なんだけど、パイプの目詰まり、備え付けの食器洗い機の問題だとか、いくつか小さな問題があるの。水漏れまであったのよ。

男性：でも、そうした問題は大家さんが解決してくれるものなんでしょう？

女性： それが、彼はパイプの目詰まりを私たちのせいにして、他のものも修理が遅いのよ。まだ食器洗い機は動かないし。
男性： おかしな話だね。家賃も払ってるんだし。
女性： 私たちも同じ考えだわ。
男性： じゃあ、どうするつもりなの？
女性： ネットで調べたんだけど、自分たちで行動を起こすのも法律上の権限の範囲内みたいなのよね。大家さんには書面で正式な苦情を出したわ。30日以内に返事がなければ、自腹で修理の支払いをして、家賃からその額を差し引かないといけないでしょう。
男性： まあ、それですべてうまくいくといいね。
質問： 女性の自分のアパートに対する不満は何か。

正解 3

選択肢の訳
1 大家が不当に家賃を上げた。
2 大家が彼女に引っ越して欲しいと思っている。
3 十分に管理されていない。
4 リフォームすることが許可されない。

解説 新しいアパートの問題について聞かれ、女性は clogged pipes（パイプの目詰まり）、the built-in dishwasher（備え付けの食器洗い機）の故障、a water leak（水漏れ）を列挙している。また、十分な対応をしてくれないため We sent the landlord a formal complaint in writing（大家さんには書面で正式な苦情を出した）と述べている。

No. 5 ~ No. 6

◀50

スクリプト

Driverless Cars

While many people eagerly anticipate the mass adoption of driverless cars, there are obstacles in the way of achieving this. First, statistical analysis of road tests reveals that a driverless car is more likely to be involved in a minor accident than a human-driven vehicle is. This is because most human drivers tend to slightly exceed the speed limit or accelerate when going through yellow lights, and they assume that other cars will do the same. When driverless cars strictly follow the rules of the road, however, they can sometimes get hit from behind by human-driven cars.

Another obstacle is a moral one. The cars' software will have to be programmed to make decisions to minimize loss of life in the case of unavoidable collisions. Commentators believe that one particularly difficult issue is whether a car should risk the life of its occupants by, for example, purposely driving into a wall in order to avoid pedestrians. It is likely that public opinion will be influential in determining how cars should be programmed for such situations. Therefore, answers to some difficult questions must be found before computers take the wheel completely.

Questions

No. 5 Why are driverless cars more likely to be involved in minor accidents?

No. 6 What must be decided before driverless cars are widely adopted?

訳

自動運転車

自動運転車が大量に採用されることを待ち望んでいる人が多いが、これを成し遂げるには障害がある。第一に、路上テストの統計的分析で、自動運転車が人間の運転する車よりも軽微な事故に巻き込まれる可能性が高いことが明らかになっている。これは、ほとんどの運転手が黄色信号で通過する時に制限速度をわずかに超えるか加速する傾向があり、他の車も同じことをすると考えるからだ。しかし、自動運転車が交通規則を厳密に守っていると、時として人間の運転する車が後ろから衝突することがある。

もう1つの障害は道徳的なものだ。自動車のソフトウェアは、衝突が避けられない場合に人命の損失を最小にする決定を下すようにプログラムされなければならないだろう。特に困難な問題は、例えば歩行者を避けるために意図的に壁に車を突っ込ませることによって、自動車が乗車している人の生命を危険にさらすべきかどうかだと評論家は考えている。そのような状況に備えて車がどのようにプログラムされるべきかを決定するのに世論が影響力を持つだろう。したがって、コンピューターが完全にハンドルを取る前に、いくつかの難しい質問に対する答えを見つける必要がある。

No. 5

正解　4

質問の訳　自動運転車が軽微な事故に巻き込まれる可能性が高いのはなぜか。

選択肢の訳
1 速度が急上昇する傾向がある。
2 信号機の色の変化を検出しづらい。
3 プログラムが情報を処理するのに時間がかかる。
4 時として人間が予期していないことをする。

解説　運転手は黄色信号の時に制限速度以上に加速する傾向がありthey assume that other cars will do the same（他の車も同じことをすると考える）と述べられている。それに対して、自動運転車はthe rules of the road（交通規則）を厳密に守るため、後ろから追突されることがあると説明されている。自動運転車の動作が運転手の予測と異なるということだ。

No. 6

正解　1

質問の訳　自動運転車が広く採用される前に何を決定しなければいけないか。

選択肢の訳
1 緊急事態に備えてそれらをプログラムする方法。
2 ソフトウェアのコストを下げる方法。
3 歩行者をより適切に認識できるようにする方法。
4 ドライバーがソフトウェアを変更しないようにする方法。

解説　to minimize loss of life in the case of unavoidable collisions（衝突が避けられない場合に人命の損失を最小にする）ということを目的に車をプログラムすべきだと述べられている。しかし、その際に運転手と歩行者の安全のどちらが優先されるべきかという問題があり、自動運転車の導入前にこうした問題に対する解答を見つけるべきだと締めくくられている。

No. 7

51

スクリプト

You have 10 seconds to read the situation and Question No. 7.

I've looked over all your assets. You've done a commendable job of saving as much as you have and preparing for retirement. You've concentrated on investing in stocks, which has been paying off nicely. The only thing I'd suggest is that from now on, you may be better off diversifying your assets into other areas. This would give you more financial rewards. Government bonds are a popular option, especially because there's no minimum investment. They've been showing shrinking returns over the last few years, though. A better idea would be to look at a mutual fund. They typically offer solid returns, but for the ones we recommend you'll need a minimum of $100,000 to start. Another option would be to invest $250,000 or more in real estate. With appreciation and rental income, you could get a great return on a condominium for that price.

Now answer the question.

訳 10秒で状況と質問 No. 7を読んでください。
全ての資産を拝見しました。できるだけ節約して退職の準備をなさったなんて素晴らしいことです。株式投資に注力なさってきて、うまく利益が出て来ていますね。私から提案するとすれば、これからは資産を他の分野に分散させることでより暮らし向きが安定するかもしれないということです。そうすることで、さらに経済的な報酬が出せるでしょう。特に投資の最低限度額がないという理由で、国債は人気のある選択肢です。ここ数年で利益が縮小しているのですが。もっと良い考えとしては、信託投資会社に目を向けることでしょう。こうした会社は通常堅実な利益を提供しますが、我々がお勧めする会社では最初に最低でも10万ドルが必要になります。もう1つの選択肢は、25万ドル以上を不動産に投資することです。地価の上昇と賃貸収入によって、その額の分譲マンションで大きな利益を得ることができるでしょう。
それでは解答してください。

正解 4

状況の訳 あなたは銀行の代表者と退職投資の選択肢について話し合っている。あなたは投資を最高でも20万ドルに制限したいと思っている。

質問の訳 最良の利益を得ようとするためにあなたは何をするべきか。

選択肢の訳
1 より多くの株式を購入する。
2 国債に投資する。
3 不動産を購入し賃貸に出す。
4 投資信託会社に投資する。

解説 投資額を20万ドル以下に抑えることが条件に挙げられていて、選択肢として① Government bonds(国債)、② a mutual fund(信託投資)、③ real estate(不動産)への投資が提示されている。条件の金額内に収まるのは①と②だが、①はここ数年利益が縮小しているのに対して、②は solid returns(堅実な利益)があるので、正解は4。

No. 8 ~ No. 9

52

スクリプト

Now, let's listen to the interview: This is an interview with Siewan Ren, who is a manager at a large consulting firm in Australia.

Interviewer (I): Hello Siewan, and welcome to the studio.
Siewan Ren (SR): Thank you very much for having me.

I: So, could you briefly tell us what it is you do?

SR: Sure. So, my team provides accounting and finance advisory services to chief financial officers and their teams. We work with clients across all industries, but my main focus is on government clients.

I: Right. And so what would you say some of the main challenges are now that you experience in that position as a consultant?

SR: Well, there are multiple challenges, like poor data, uncooperative teams, tight timeframes, it really depends on the client and the project. We offer such a wide range of services, every project is different, which is a challenge in itself.

I: Right. Do you find most clients cooperative or receptive to your advice?

SR: I guess it really depends on who you're talking to at the client. So, generally, the CFO and the more senior managers of the client team are very cooperative and very receptive. So, they're usually quite involved in the project themselves, or they've attended progress meetings, or they've reviewed our draft reports, so they've been along for the journey, and they're more aware of the basis of our advice.

I: Right. OK.

SR: Where we tend to get some pushback is in the more junior levels of the finance team, or in the non-finance areas at the client, so, you know, the people who haven't had much exposure to the project, they might be a bit more reluctant to give us their time or to take on some of our suggestions.

I: Many people have an image of government agencies as being very bureaucratic and inefficient. Would you agree?

SR: Well, I think it's fair to say that government agencies could be more efficient. But in my experience, a lot of the inefficiencies in government finance teams actually stems from an underinvestment in people and systems. So, the finance function is often seen as a non-essential back-office support service, so agencies prioritize spending on essential front-line services. For example, a hospital is likely to spend more money on doctors and nurses rather than spend money on, for example, integrating the finance systems across two locations. So, I think efficiency would definitely improve across all of government if agencies made the necessary upgrades to their finance systems and offered more training to upskill their finance staff.

I: What qualities or kinds of skills does someone in your position need to do the job well?

SR: I think it's really important to have good interpersonal skills because you need to be able to interact with all levels of the organization, from graduates to executives . . .

I: Right.

SR: ... you know, both finance and non-finance personnel, who may or may not be willing to give you their time. So, you need the skills to be able to overcome any pushback you might encounter and, you know, be able to communicate things in a way that achieves the buy-in that you need.

I: Has the use of high-tech devices been a help or hindrance in your line of work?

SR: Technology has made my work environment a lot more flexible, which is great. You know, having the ability to work in the office, or at the client site, or even work from home, like, is something that I find very valuable. But at the same time, it means that you're always connected, so it's really easy to get caught up in work e-mails after hours or on the weekends, and yeah, it does become a bit hard to disconnect sometimes.

I: I think we all experience that. Well, thank you so much for your time today.

SR: Thank you for having me.

Questions

No. 8 What is one thing Siewan says about her clients?

No. 9 What is one thing Siewan says about the finance systems of government agencies?

訳 それでは、インタビューを聞いてみましょう。これはオーストラリアの大規模コンサルティング会社のマネージャーのシーワン・レンとのインタビューです。

インタビュアー (I)：こんにちはシーワンさん。スタジオへようこそ。

シーワン・レン (SR)：お招きいただいてありがとうございます。

I: では、あなたがなさっているお仕事について簡単にご説明いただけますか。

SR: もちろんです。ええと、私のチームは最高財務責任者とそのチームに会計および財務相談サービスを提供しています。あらゆる業界のクライアントと取引していますが、私が重点を置いているのは政府のクライアントです。

I: なるほど。それでは、コンサルタントという立場で直面している現在の主な課題は何だと思いますか。

SR: ええと、貧弱なデータ、協力的でないチーム、厳しい期限など、複合的な課題がありますが、実際にはクライアントとプロジェクトによります。私たちがとても幅広いサービスを提供していて、全てのプロジェクトが異なるということ自体が課題です。

I: なるほど。あなたはほとんどのクライアントが協力的であなたのアドバイスに耳を傾けてくれていると思いますか?

SR: それは実際のところ、クライアントでも誰と話すのかによって違うと思います。例えば、一般的に最高財務責任者とクライアントチームの上級管理職は非常に協力的で非常に理解が早いです。それというのも、彼らは大体プロジェクト自体にかなり関与していたり、進捗会議に出席していたり、私たちの草案を確認したりしているので、プロジェクトの間共に歩み、私たちのアドバイスの基盤を理解してくれているのです。

I: なるほど。そうですか。

SR: 財務チームのもっと下位レベルやクライアント側の非財務分野で反発される傾向があります。つまり、プロジェクトにあまり関わってこなかった人たちは、私たちに時間を与えたり私たちの提案の一部を受け入れたりするのにもう少し消極的かもしれません。

I: 多くの人々は政府機関が非常に官僚的で非効率的であるというイメージを持っています。あなたはこれに同意しますか?

SR: そうですね、政府機関はもっと効率的になる可能性があると言えるでしょう。しかし、私の経験では、政府の財務チームの非効率な部分の多くは実際のところ人やシステムへの投資不足が原因です。そのため、財務機能はあまり重要でない事務管理部門のサポートサービスとみなされることが多く、政府機関は重要な最前線のサービスへの支出を優先します。例えば、病院では、2つの場所にまたがる財務システムの統合などにお金を使うよりも、医師や看護師に多くのお金を使う可能性があります。したがって、政府機関が必要な財務システムのアップグレードを行い、財務スタッフのスキルアップを図るためのトレーニングをもっと行えば、政府全体で効率が確実に向上すると思います。

I: あなたと同じ立場にいる人が仕事をうまくやるためにどんな資質やスキルが必要ですか。

SR: 新卒社員から役員まで、組織のあらゆるレベルの人たちと交流できる必要があるため、優れた対人スキルを身につけることが本当に重要だと思います…

I：なるほど。

SR：… えー、財務担当者と非財務担当者の両方がいて、積極的に時間を割きたいと思っているかもしれないし、そうでないかもしれません。だから、どんな反発に遭遇しても克服できて、必要な同意を得るやり方で物事を伝えられるスキルが必要になります。

I：ハイテク機器の使用は、あなたの業種では役に立ちましたか。それとも、妨げになったのでしょうか。

SR：テクノロジーのおかげで私の職場環境はずっと柔軟になりました。これは素晴らしいことです。ご存知の通り、自社のオフィスでもクライアントの拠点でも自宅でも仕事ができることは、非常に価値があることだと思います。しかし同時に、いつも連絡が入るということでもあるので、勤務時間後や週末に仕事用のE メールに対応してしまいがちで、時として連絡を絶つのが少し難しくなることもあります。

I：私たち全員が経験していることと思います。さて、今日はどうもありがとうございました。

SR：ありがとうございました。

No. 8

正解　3

質問の訳　シーワンは自分のクライアントについて何と言っているか。

選択肢の訳
1 彼女は通常は最高財務責任者や上級管理職とコミュニケーションをとる必要がない。
2 一般的に大規模プロジェクトの期限に関して柔軟だ。
3 プロジェクトへの関与が少ないスタッフは協力的ではない傾向がある。
4 彼女が作成し提出する報告を頻繁に誤解する。

解説　クライアントが協力的かどうかを尋ねられたシーワンは4回目の発言で最高財務責任者と上級管理職は非常に協力的だと答えているのに対して、5回目の発言では the people who haven't had much exposure to the project（プロジェクトにあまり関わってこなかった人たち）は時間や提案の受け入れの点で協力的でないと述べている。

No. 9

正解　2

質問の訳　シーワンは政府機関の財務システムについて何と言っているか。

選択肢の訳
1 政府機関は自分たちの専門家を頼りにして、プロジェクトの外注には消極的である。
2 最前線のサービスと比べると、政府機関がそれらに重点を置く可能性は低い。
3 絶え間ないアップグレードにより、政府機関の職員は再訓練にあまりにも多くの時間を費やすことになっている。
4 政府機関の職員は非常に有能だが、システムの技術は時代遅れだ。

解説　シーワンは6回目の発言で、政府の財務機能がa non-essential back-office support service（あまり重要でない事務管理部門のサポートサービス）とみなされていて、政府機関はessential front-line services（重要な最前線のサービス）への支出を優先する傾向があると述べている。

DAY 8

ミニ模試

筆記試験・リスニングテスト

今日の課題

筆記試験 1 短文の語句空所補充 …… 10 問
筆記試験 2 長文の語句空所補充 …… 3 問
筆記試験 3 長文の内容一致選択 …… 4 問
リスニングテスト Part 1 会話の内容一致選択 …… 5 問
リスニングテスト Part 2 文の内容一致選択 …… 2 問
リスニングテスト Part 3 Real-Life 形式の内容一致選択 …… 1 問

[目標解答時間：30 分＋リスニング]

筆記試験

目標解答時間 ＞30 分

1 *To complete each item, choose the best word or phrase from among the four choices.*

(1) The government did not tolerate any opposition, so when a commentator published a ( ) against one of its policies, he was arrested.

1 quirk **2** facet **3** whiff **4** diatribe

(2) A: Patricia, did you see that? I think I just saw a mouse ( ) across the floor.
B: Are you sure? The owner of this apartment said it had been cleared of pests.

1 excavate **2** babble **3** scamper **4** covet

(3) Aware of the ( ) elections, the prime minister hurriedly approved a series of tax cuts that she knew would be popular with most voters.

1 shriveled **2** impending **3** cranky **4** overt

(4) The general sent a team to do a ( ) of the enemy camp so that he could determine their strength. As a result of their report, he changed his attack strategy.

1 zenith **2** matrimony
3 renunciation **4** reconnaissance

(5) General Anderson knew that, since the enemy army was ( ) in caves near the top of a mountain, it would be almost impossible to defeat.

1 revoked **2** ignited
3 laundered **4** ensconced

(6) Despite the (　　　　) efforts of every player, the soccer team lost the championship. Their coach said they should be proud that they had done their best.

1 vicarious　　2 palliative　　3 legible　　4 valiant

(7) After one basketball player punched a player from the other team, players from both teams rushed onto the court and started a huge (　　　　) that officials had trouble stopping.

1 brawl　　2 blight　　3 boon　　4 binge

(8) Connor spent over 10 years learning to be a top chef. All of his hard work (　　　　) in success when he finally opened his own restaurant.

1 rummaged　　2 floundered
3 dwindled　　4 culminated

(9) There is no official rule against it, but the manager (　　　　) staff eating lunch at their desks. He prefers that they use the breakroom.

1 frowns on　　2 lets up on
3 pines for　　4 worms out of

(10) After the war, parts of the continent were (　　　　) into new countries. Unfortunately, new conflicts soon began in many of them.

1 carved up　　2 wolfed down
3 glossed over　　4 pored over

2 *Read each passage and choose the best word or phrase from among the four choices for each blank.*

Hollywood and China

As US box office revenues continue their decades-long slide, movie theater attendance has been skyrocketing in China, with foreign films shown there accounting for 46 percent of the market share. Gross earnings for these films can easily reach hundreds of millions of dollars. Hollywood movie studios, therefore, have increasingly been turning their attention to the Chinese market. Some experts, however, point out that (11). Hollywood studios take home approximately 50 percent of North American box office totals. Strict revenue-sharing regulations in China, though, mean the studios get only 25 percent of the total Chinese take. Consequently, despite the Chinese market's impressive size and growth, its contribution to the bottom lines of Hollywood studios may be exaggerated.

Hollywood studios' increasing reliance on the Chinese market can also be a gamble. China has no rating system, instead relying on a state-sanctioned body to decide whether movies are suitable for the viewing public. Content deemed offensive to China's moral and political values can be denied release there. While guidelines on matters of sex, violence, and the supernatural are provided, they (12). In fact, it is not uncommon for productions that have made all the requested changes to still be denied permission to be shown, leaving them unable to earn revenue that investors had been counting on. Former diplomat Robert Daly points out that "China might object to anything—its censors don't explain their decisions."

Targeting the Chinese market has also been viewed as a form of American soft power in China, bringing American values into the Communist nation despite the resistance of its authoritarian government. It seems, however, that (13). In the 1990s, for example, the film *Seven Years in Tibet* was a hit in the United States and helped stir up sympathy for a movement advocating Tibetan independence from China. Today, however, the perception that China's burgeoning market is essential to a film's profitability means investors would be unlikely to fund such a politically sensitive film. Hollywood studios now routinely alter their films to make them more appealing in China, adding Chinese roles and creating more scenes that incorporate Chinese characters and culture.

(11) **1** production costs have also increased
2 such statistics can be misleading
3 Chinese films also succeed internationally
4 this decline will not continue

(12) **1** are rejected by US filmmakers
2 are not applied consistently
3 lessen the films' quality
4 were created for Chinese films

(13) **1** this is becoming less necessary
2 US films may lose popularity there
3 the reverse may be happening
4 China has been affected negatively

3 *Read each passage and choose the best answer from among the four choices for each question.*

The Mau Mau Uprising in Kenya

From its inception in 1895, the British colonization of the East African nation of Kenya was characterized by violence and injustice. The British repressed and displaced the native peoples so that white settlers could seize the best farmland. While the government in the capital city of Nairobi provided the white farmers with transportation links, subsidized freight services, and access to credit and loans, it offered native inhabitants little in terms of legal protection, and burdened them with high levels of taxation. The most harshly subjugated were members of the Kikuyu tribe from the fertile highlands, who were forced into menial labor and often subjected to appalling physical abuse.

In 1952, some Kikuyu banded together in secret to form a group known as the Mau Mau and launched an uprising that relied on guerrilla warfare. When the revolt broke out, however, the Kikuyu were far from unanimous in their stance toward the colonial government. There were divisions between the "loyalists," who had retained land and forged links with the administration, and those who had not. The latter group included moderates pushing for a peaceful resolution, as well as the Mau Mau, who saw no path other than violence.

Official reports by British authorities portrayed the Mau Mau as a savage tribal cult guided by irrational instincts, bent solely on destroying the progress toward "civilization" that had been made since colonization. The underlying racism in this propaganda played upon the subconscious fears of the white minority, who failed to comprehend that the cleverly crafted, albeit brutal, hit-and-run guerrilla warfare tactics of the Mau Mau were part of a potent, sophisticated approach to engaging the entrenched and more heavily armed colonial forces. In explaining the revolt, the British ignored the legitimate grievances of the Kikuyu, and instead pushed a narrative that the conflict was primarily a civil war within the Kikuyu tribe. While it is true that significant numbers of the Kikuyu were loyalists, this attempt to distort the true motivations of the rebels did not succeed in subduing the uprising.

The British retaliated with a massive aerial bombing campaign, inflicting considerable casualties on Mau Mau fighters who had taken refuge in forests. Numerous Mau Mau were also imprisoned, and the use of torture was widespread. Simultaneously, a strategy known as "villagization" was implemented. Despite the harmless-sounding name, this policy consisted of the forced resettlement of over a million rural Kikuyu into "protected villages," which were in fact secure compounds surrounded by fences and watchtowers. Modeled after a plan that had been used to deal with a Communist uprising in Malaysia, it was justified by the British as a means of providing sanctuary and rehabilitation to civilians. Those who refused to relocate faced the destruction of their personal property and livestock.

In the protected villages themselves, resources were often inadequate, leading to malnutrition and even starvation. When officials from the Red Cross relief organization tried to send food aid, they were forced to prioritize protected villages that had greater numbers of loyalists in them. Villagization was, in actuality, conceived with the sole intent of depriving the Mau Mau of essential supplies and manpower from sympathetic Kikuyu civilians. Though these countermeasures did achieve their intended effect, villagization embittered the Kikuyu for decades.

Controversy has surrounded the number of deaths that occurred during the uprising. According to official British figures, around 11,000 Mau Mau and 32 white settlers were killed. The Kenya Human Rights Commission, however, has claimed the number of Kenyans executed, tortured, or maimed during that period was closer to 90,000. What cannot be disputed is that both sides committed brutal war crimes, even though decades passed before the British acknowledged their actions.

Ultimately, the legacy of the Mau Mau uprising is still debated. Some historians claim the uprising sped up decolonization by pressuring the British to introduce social, political, and agrarian reforms, and made them realize they would lose support among liberals both at home and internationally if they continued to suppress the rebellion. Yet the Mau

Mau had been comprehensively defeated by 1956 long before the transition to Kenyan independence began in 1960. The argument that pressure from liberals influenced the British decision also fails to account for the atrocities committed when the war was actually raging; any influence sympathetic parties may have exerted did little to lessen the severity of Britain's actions at the height of the rebellion.

Further, during the transition of power, the British dealt with moderate Kikuyu nationalists who rejected the Mau Mau as a symbol of national liberation. In 1963, the country's first president, Jomo Kenyatta, stated he would "not allow hooligans to rule Kenya" and likened the Mau Mau to a "disease." Mau Mau veterans were ignored by successive governments, and their organization remained banned until 2003. Not until 2013 did the British government recognize the hardships suffered by the Kikuyu during the insurgency by agreeing to compensate more than 5,000 victims of torture and abuse.

(14) According to the author of the passage, one factor that led to the Mau Mau uprising was that

1 being outnumbered by white settlers strengthened Kikuyu opposition to the British, leading them to believe only armed revolt could help their cause.
2 British colonists had profited by subjecting members of the Kikuyu tribe to a brutal and institutionalized system of economic inequality.
3 the Nairobi government had struck down a law forcing British colonists to share infrastructure and social services and to accept a fairer tax burden.
4 the British government had ceased providing political moderates with military aid in Kenya's civil war, leading them to rebel.

(15) What can be said about the British portrayal of the Mau Mau uprising?

1 It encouraged the popular belief that many Kikuyu loyalists were in fact secret supporters of the Mau Mau.
2 It encouraged aggression on the part of rebel factions by convincing them that a peaceful solution was neither realistic nor desirable.
3 It discounted the effectiveness of both the organization and the strategy that lay behind the Mau Mau attacks.
4 It presented the cause of the civil war as stemming from the Kikuyu's racism toward other Kenyan tribes.

(16) The British operation known as "villagization" was

1 prompted by the mistaken British notion that the Red Cross relief organization had been providing aid and assistance to the Mau Mau.
2 a result of British guilt over the suffering and starvation the civilian population had to endure as a result of British attacks on the Mau Mau.
3 largely unsuccessful in ending the uprising because civilians could send the Mau Mau supplies and recruits while living in the protected villages.
4 presented as an attempt to provide aid to the Kikuyu but was actually designed to cut off the Mau Mau from a source of support for their activities.

(17) What does the author of the passage suggest about the legacy of the Mau Mau?

1 The uprising's effectiveness has not been acknowledged because of Britain's continued efforts to downplay the consequences of its actions.
2 Since the uprising was no longer putting pressure on the government when colonial rule ended, the role it played in decolonization may be overstated.
3 The fact that Jomo Kenyatta achieved a position of power in the new government demonstrates the success of the uprising.
4 Pressure from liberals to honor the demands of the Mau Mau contributed to the uprising's influence on Kenya's first independent government.

リスニングテスト

There are three parts to this listening test.

Part 1	Dialogues: 1 question each	Multiple-choice
Part 2	Passages: 2 questions each	Multiple-choice
Part 3	Real-Life: 1 question each	Multiple-choice

Part 1

53 >>> 57

No. 1

1 Zoos should not be allowed.
2 Certain animals should not be kept in captivity.
3 Elephants do better in safari parks.
4 She wants to run her own zoo someday.

No. 2

1 They flower in the spring.
2 They cost less than other plants.
3 They last for a number of years.
4 They grow very well in shady areas.

No. 3

1 She broke one of the house's windows.
2 She wants to go into the house again.
3 She put herself in a dangerous situation.
4 She did not ask his permission.

No. 4

1 She has been promoted.
2 She has many talents.
3 She is not dependable.
4 She does not like the boss.

No. 5

1 A new employee will join the section.
2 Some of the workload will be redistributed.
3 The staff will ask for advice from Mr. Abbot.
4 The budget for new personnel will be increased.

Part 2

◀58

No. 6

1 To help the Matsés improve their resistance to illnesses.
2 To discover the source of a deadly microbe.
3 To measure rates of certain diseases in their tribe.
4 To compare the microbes with those in modern Americans.

No. 7

1 Whether the Matsés share microbes with ancient peoples.
2 Whether a lack of certain microbes can affect people's health.
3 Which microbes can survive outside the human gut.
4 Which continent gut microbes first evolved on.

Part 3

59

No. 8

Situation: Your company will release a new computer keyboard in late July. You will not have the specifications ready until July 23. You receive the following voice mail from a colleague.

Question: What should you do?

1 Send a sample of the keyboard to Marketing.
2 Send some photos of the keyboard to Marketing.
3 Call Candice to discuss the situation.
4 Create graphics that represent your products.

正解一覧

筆記試験

1

(1)	(2)	(3)	(4)	(5)
4	3	2	4	4

(6)	(7)	(8)	(9)	(10)
4	1	4	1	1

2

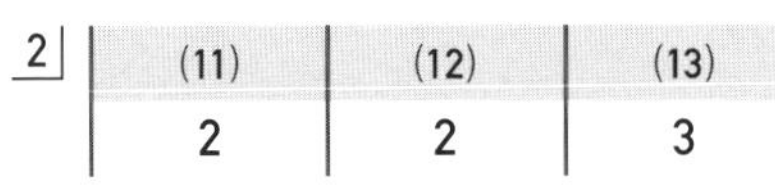

(11)	(12)	(13)
2	2	3

3

(14)	(15)	(16)	(17)
2	3	4	2

リスニングテスト

1

No. 1	No. 2	No. 3	No. 4	No. 5
2	3	3	2	2

2

No. 6	No. 7
4	2

3

No. 8
3

訳と解説

筆記 1 短文の語句空所補充

(1) 正解 4

訳 政府はどのような反対も容認しなかったので、あるコメンテーターが政策の1つに対して痛烈な非難を表明したところ逮捕された。

1 奇行　　2 小平面
3 ほのかな香り　　4 痛烈な非難

解説 The government did not tolerate any opposition (政府はどのような反対も容認しなかった) とあるので、コメンテーターが逮捕されたのは政府の政策に異議を唱えたことが原因だろうと考えられる。正解の 4 diatribe は criticism (批判) よりも意味が強く、類義語に denunciation (告発、弾劾) がある。

(2) 正解 3

訳 A：パトリシア、見たかい？ たった今ネズミが床を走っていくのが見えたんだけど。

B：本当？ このアパートの大家さんは害虫や害獣は駆除したって言ってたけど。

1 発掘する　　2 べらべら話す
3 走る　　4 切望する

解説 a mouse（ネズミ）が across the floor（床を横切って）する動作といえば「走る」ことが真っ先に連想される。正解の 4 scamper は主語が子どもや小動物の時に使われる。

(3) 正解 2

訳 差し迫った選挙を念頭において、首相はほとんどの有権者に評価されると分かっていた一連の減税を急いで承認した。

1 しぼんだ　　2 差し迫った　　3 不機嫌な　　4 公然の

解説 有権者受けすると分かった上で the prime minister hurriedly approved a series of tax cuts（首相は一連の減税を急いで承認した）とある。hurriedly（急いで）に注目すると、選挙は近い将来に行われると考えられるので 2 impending が正解。同意語の imminent も合わせて覚えておこう。

(4) 正解 4

訳 将軍は自軍の優位性を判断できるように小隊を派遣して敵の陣営を偵察させた。彼らの報告の結果、彼は攻撃戦略を変更した。

1 頂点　　2 結婚生活　　3 放棄　　4 偵察

解説 将軍が a team（小隊）に何をさせたのかが問われている。第 2 文で their report（彼らの報告）とあるので、「調査」に意味的に近い単語を選ぶ。正解の 4 reconnaissance の関連語として scout（偵察兵）がある。

(5) 正解 4

訳 敵軍は山頂近くの洞窟に身を隠しているので、アンダーソン将軍は敵を倒すことはほとんど不可能だろうと分かっていた。

1 無効にされる　　2 点火される
3 洗濯される　　4 身を隠している

解説 in caves near the top of a mountain（山頂近くの洞窟の中で）の the enemy army（敵軍）の状況が問われている。it would be almost impossible to defeat（倒すことはほとんど不可能だろう）とあることからも、攻撃されにくい場所に「潜んでいる」と考えられるので、4 が正解。

(6) 正解 4

訳 各選手の勇ましい努力にもかかわらず、そのサッカーチームは優勝できなかった。彼らのコーチは最善を尽くしたことを誇りに思うべきだと述べた。

1 身代わりの　　2 一時緩和の
3 判読可能な　　4 勇ましい

解説 サッカーチームは優勝できなかったが、they should be proud that they had done their best（彼らは最善を尽くしたことを誇りに思うべきだ）とコーチが述べたとある。できるだけの努力はしたのだと考えられるので、空所には肯定的な意味の単語を入れれば良い。正解の 4 valiant は courageous（勇気ある）と brave（勇敢な）の同意語だ。

(7) 正解 1

訳 あるバスケットボール選手が他のチームの選手を殴ると、両方のチームの選手たちがコートに駆け込んで大きな乱闘を始め、職員はやめさせるのに苦労した。

1 乱闘　　2 虫害　　3 恩恵　　4 どんちゃん騒ぎ

解説 one basketball player punched a player from the other team（あるバスケットボール選手が他のチームの選手を殴った）とあり、両チームの選手が起こしたことは「乱闘」だったのだろうと推測できる。一般的な「喧嘩」の意味では fight が使われるが、正解の 1 brawl は大勢の人が参加する騒々しい喧嘩の意味で使われる。

(8) 正解 4

訳 コナーは10年以上かけて一流シェフになるために修行した。彼はついに自分のレストランをオープンし、すべての努力が実を結んだ。

1 物色した　2 もがいた
3 徐々に減少した　4 ～という結果になった

解説 コナーが over 10 years（10年以上）も修行して he finally opened his own restaurant（彼はついに自分のレストランをオープンした）とあるので、All of his hard work（彼のすべての努力）が報われたと考えるのが自然だ。culminate in ～で「～という結末になる」の意味。

(9) 正解 1

訳 してはいけないという公式な規則はないが、部長は従業員が自分のデスクで昼食をとることに難色を示している。彼はむしろ休憩室を使って欲しいと思っている。

1 ～に難色を示す　2 ～を寛大に扱う
3 ～に恋い焦がれる　4 ～から逃れる

解説 部長について He prefers that they use the breakroom（彼はむしろ休憩室を使って欲しいと思っている）とあるので、staff eating lunch at their desks（従業員が自分のデスクで昼食をとること）を否定的に捉えているはずだ。1 frowns on が正解。frown は「しかめっ面をする」や「眉をひそめる」の意味の動詞だ。

(10) 正解 1

訳 戦後、大陸の一部は分割されて新しい国になった。残念なことに、しばらくしてそれらの多くで新しい衝突が始まった。

1 分割され　2 食い荒らされ
3 取り繕われ　4 凝視され

解説 空所の直後に変化を表す前置詞 into があることに注目する。parts of the continent（大陸の一部）が複数の new countries（新しい国）になるにはどのようにされる必要があるのか考える。carve は「削る」の意味だが、carve up で divide（分割する）と同じ意味になる。

筆記2 長文の語句空所補充

ハリウッドと中国

米国の興行収入が何十年にもわたる低下を続ける中で、中国では映画の観客数が急増していて、同国で上映されている外国映画は市場シェアの46パーセントを占める。これらの映画の総収入は簡単に数億ドルに達することがある。そのため、ハリウッドの映画スタジオはますます中国市場に注目するようになっている。しかし、一部の専門家はそのような統計は誤解を招く可能性があると指摘している。ハリウッドのスタジオは、北米の興行収入の約50パーセントを手取りとして得ている。しかし、中国での厳しい収入分配規制では、スタジオは中国での総収入の25パーセントしか獲得できない。その結果、目覚しい規模と成長にもかかわらず、中国市場のハリウッドスタジオの収益への寄与は誇張されている可能性がある。

ハリウッドスタジオの中国市場への依存度の高まりはギャンブルにもなり得る。中国にはレイティングシステムがなく、その代わりに映画が視聴者に適しているかどうかを決めるのに国家の認証機関の判断に頼っている。中国の道徳的、政治的価値観に反するとみなされる内容は同国での公開を拒否される可能性がある。セックス、暴力、および超自然現象の問題に関するガイドラインが提供されているが、それらは一貫して適用されているわけではない。実際、要求された全ての変更を行った作品が上映を許可されず、投資家があてにしていた収入を得ることができないことも珍しくない。元外交官のロバート・デイリー氏は、「中国はどんな映画の上映に対してでも反対する可能性があるが、検閲官は自分の決定の理由を説明しない」と指摘する。

中国市場をターゲットにすることは中国におけるアメリカのソフトパワーの一形態であり、権威主義的な政府の抵抗にもかかわらずアメリカの価値観を共産主義国家にもたらしていると見られている。しかし、逆のことが起こっているようだ。例えば1990年代に映画「セブン・イヤーズ・イン・チベット」がアメリカでヒットし、チベットの中国からの独立を主張する運動への同情心を呼び起こすのに一役買った。しかし、今日、中国の急成長する市場が映画の収益性にとって不可欠であるという認識によって、投資家がそのような政治的に扱いづらい話題の映画に資金を提供することはありそうもない。今やハリウッドのスタジオは、中国人の役を追加したり漢字や中国文化を取り入れたシーンを増やしたりして、日常的に自分たちの映画を中国でもっと受けるように変更している。

(11) 正解 2

選択肢の訳 1 制作コストも増加した
2 そのような統計は誤解を招く可能性がある
3 中国映画も国際的に成功している
4 この減少は続かない

解説 第1パラグラフの前半では中国で上映される外国映画の総収入が数億ドルに達するので、ハリウッドが中国の市場を重視していると書かれている。しかし、パラグラフ後半では映画スタジオが手にするのは only 25 percent of the total Chinese take（中国での総収入の25パーセントのみ）とあるので、期待したほどの収益は見込めないことが分かる。

(12) 正解 2

選択肢の訳 1 アメリカの映画製作者から拒否される
2 一貫して適用されているわけではない
3 映画の質を下げている
4 中国映画のために作成された

解説 中国での映画の上映許可のガイドラインについて問われている。空所の後の文でガイドラインに沿うように変更を加えても上映許可が下りない作品があると書かれていて、続く最終文では its censors don't explain their decisions（検閲官は自分の決定の理由を説明しない）という元外交官の言葉が引用されていることから、2が内容的に一致する。

(13) 正解 3

選択肢の訳 1 これはあまり必要ではなくなっている
2 米国映画は同国で人気を失うかもしれない
3 逆のことが起こっている
4 中国は悪影響を受けている

解説 第3パラグラフ第1文では映画によって中国にアメリカの価値観がもたらされていると考えられているとあるが、最終文にはハリウッドの映画スタジオが中国文化を取り入れたりして more appealing in China（中国でもっと受ける）ように映画を手直ししていると書かれている。空所を含む文を挟んで反対の内容が述べられていることから、3が正解。

筆記3 長文の内容一致選択

ケニアのマウマウの乱

1895年の建国以来、東アフリカの国家であるケニアのイギリスによる植民地化は暴力と不正によって特徴付けられていた。イギリス人は、白人の入植者が一番良い農地を取れるように、先住民族を圧迫して強制的に退去させていた。首都ナイロビの政府は白人の農場経営者に交通機関の路線、補助金付きの貨物輸送サービス、そして信用貸しと融資の利用を提供していたが、地元住民には法的保護の点でほとんど何の保証もせず、高い率の税を課した。最も厳しく服従させられていたのは肥沃な高地出身のキクユ族の人たちであり、彼らは単純労働を強いられたりしばしば酷い身体的虐待を受けたりすることがあった。

1952年、何人かのキクユ族が密かに団結してマウマウとして知られる組織を作り、ゲリラ戦中心の反乱を始めた。反乱が勃発したとき、キクユ族の植民地政府に対する立場は全く一つにまとまっていなかった。土地を維持したままで当局との結びつきを持った「親植民地派」とそうでない人たちが分裂していたのだ。後者のグループには、暴力以外の道はないとするマウマウだけでなく、平和的解決を求める穏健派もいた。

イギリス当局による公式の報告では、マウマウは不合理な本能に支配された野蛮な部族的カルト集団で、植民地化以来なされてきた「文明化」への進歩を破壊することだけに注力しているものとみなされていた。このプロパガンダの根底にある人種差別主義は、少数派の白人の潜在意識の中にあった恐怖心を利用したものだった。彼らは、マウマウの巧妙に練られた残忍ではあるが電撃的なゲリラ戦術が鉄壁でより重装備の植民地軍と交戦するための効果的で洗練された戦法の一部であることが理解できなかった。反乱を説明する際に、イギリスはキクユ族の正当な不満を無視し、その代わりに紛争は主にキクユ族内の内戦であるという論調を推し進めた。かなりの数のキクユ族が親植民地派だったのだが、反体制派の真の動機を歪曲しようとするこの試みによって反乱を抑えることはできなかった。

イギリス軍は大規模な空爆作戦で報復し、森林に避難したマウマウの戦闘員にかなりの犠牲者を出した。多数のマウマウが投獄され、拷問に訴えることも広まっていた。それと同時に、「村落化」として知られる戦略が実行された。無害な響きの名前にもかかわらず、この政策は100万人以上の農村のキクユ族を「保護された村」へと強制的に新たに移住させることだった。実際のところ、村はフェンスと監視塔に囲まれた警備の厳重な村落だった。マレーシアの共産党の反乱に対処するために使用されていた計画を基にしたもので、市民に聖域と社会復帰の機会を提供する手段としてイギリス人によって正当化された。移転を拒否した人々は、自分の家財を破壊されたり家畜を殺されたりした。

保護された村では、資源が不足していることが多く、栄養失調や飢餓まで起こった。赤十字救援組織の職員が食糧援助を送ろうとした際には、より多くの親植民地派がいる保護された村を優先するように強制させられた。実際のところ、村落化は、マウマウに同情的なキクユ族の一般市民から提供される必需品と人的資源をマウマウから奪うためだけに考案された。こうした対策は意図した効果を出したが、村落化は何十年もの間キクユ族を苦しめた。

反乱の間に発生した死者数をめぐって論争が起きている。イギリスの公式の数値によると、約11,000人のマウマウと32人の白人入植者が死亡した。しかし、ケニア人権委員会は、その間に処刑されたり拷問されたり障害を負ったりしたケニア人の数が約9万人に上ると主張している。イギリスが自分たちの行動を認める前に数十年もかかったが、双方が残忍な戦争犯罪を犯したのは異論の余地がない。

最終的に、マウマウの乱の影響は依然として議論されている。一部の歴史家は、社会的、政治的、農業的改革を導入するよう英国に圧力をかけることでこの反乱が独立を加速させ、反乱を抑圧し続けると国内外のリベラル派の支持を失うだろうと彼らに認識させたのだと主張する。しかし、マウマウは1960年にケニアが独立へと移行するずっと前の1956年には完全に敗北していた。リベラル派からの圧力がイギリスの決定に影響を与えたという主張でも、戦争が実際に激化したときに犯された残虐行為を説明できない。仮に同情的な集団が何らかの影響を及ぼしていたとしても、反乱の最盛期においてイギリスが厳しい行動に出る手を緩めることにはならなかった。

さらに、権力が移行する期間に、イギリスはマウマウを拒否した穏健派のキクユ族の民族主義者たちを国家解放の象徴とみなした。1963年、ケニア初の大統領であるジョモ・ケニヤッタは、「フーリガンにケニアを統治することを許さない」と述べ、マウマウを「病気」にたとえた。マウマウの退役軍人はその後の政府によって無視され、彼らの組織は2003年まで禁止された。2013年になってようやく英国政府は反乱の間にキクユ族が被った苦難を認め、5千人以上の拷問と虐待の犠牲者に賠償金を払うことに同意した。

(14) 正解 2

訳 本文の著者によれば、マウマウの乱につながった1つの要因として、

1 白人の入植者が数的に上回っていたことからキクユ族のイギリスへの反発が高まり、武装蜂起だけが彼らの目的を遂げる手段だと信じるようになった。
2 イギリスの入植者たちは、キクユ族のメンバーを残忍で制度化された経済的に不平等な制度に服従させることによって利益を得ていた。
3 ナイロビ政府は、イギリスの入植者にインフラと社会サービスを共有させてより公平な税負担を認めるように強制する法律を取り消した。
4 イギリス政府がケニアの内戦で政治的穏健派に軍事援助を提供することをやめたため、彼らが反乱を起こすことにつながった。

解説 第2パラグラフ第1文によると、マウマウの乱を起こしたのはキクユ族だ。第1パラグラフ第1文でイギリスによるケニアの植民地政策の特徴はviolence and injustice（暴力と不正）だったとあり、同じパラグラフの最終文にキクユ族にはmenial labor（単純労働）を課してappalling physical abuse（酷い身体的虐待）を加えたと書かれている。

(15) 正解 3

訳 イギリスによるマウマウの乱の説明について何が言えるか。

1 多くのキクユ族の親植民地派が実は裏ではマウマウの支持者なのだという一般的な考えを広めた。
2 平和的な解決策は現実的でも望ましいものでもないと彼らに納得させることによって反体制側の攻撃を促した。
3 マウマウの攻撃の背後にある組織化と戦略の両方の有効性を無視した。
4 内戦の原因を他のケニアの部族に対するキクユ族の人種差別から生じたものとして提示した。

解説 第3パラグラフ第1文でイギリス当局はマウマウを a savage tribal cult guided by irrational instincts（不合理な本能に支配された野蛮な部族的カルト集団）とみなしていたとあり、第2文では彼らのゲリラ戦術が part of a potent, sophisticated approach（効果的で洗練された戦法の一部）だと少数派の白人が理解できなかったとある。内容的に一致するのは3だ。

(16) 正解 4

訳 「村落化」として知られるイギリスの作戦は

1 赤十字の救援組織がマウマウに援助を提供しているという誤ったイギリスの考えによって促された。
2 イギリスがマウマウを攻撃した結果として一般市民が耐えなければならなかった苦しみと飢餓に対するイギリスの罪悪感の結果だった。
3 一般市民は保護された村に住んでいる間にマウマウに物資や補充兵を送ることができたので、反乱を終わらせるのにあまり役に立たなかった。
4 キクユ族に援助を提供する試みとして提示されたが、実際には活動の支援源からマウマウを切り離すためのものだった。

解説 第4パラグラフ第3文と第4文で、「村落化」とは保護の名目でキクユ族を厳重な監視下に置かれた村に強制移住させることだったと説明されている。また、第5パラグラフでは、結論として村落化はマウマウから essential supplies and manpower（必需品と人的資源）を奪うことが目的だったと書かれている。

(17) 正解 2

訳 本文の筆者はマウマウの乱の影響について何を示唆しているか。

1 この戦闘の影響が過小評価されるようにイギリスが継続的に働きかけているため、反乱の有効性は認められていない。

2 植民地支配が終わったとき、暴動はもはや政府に圧力をかけていなかったので、それが独立において果たした役割が誇張される可能性がある。

3 ジョモ・ケニヤッタが新政府で権力の座に着いたという事実は、反乱の成功を示している。

4 マウマウの要求を尊重するようにとのリベラル派からの圧力は、ケニアの最初の独立政府に対する反乱の影響の要因になった。

解説 第7パラグラフ第2文で the uprising sped up decolonization（この反乱が独立を加速させた）という一部の歴史家の意見が提示されているが、続く第3文で筆者はケニアが独立へ動き出す前に the Mau Mau had been comprehensively defeated（マウマウは完全に敗北していた）と指摘している。独立に対する反乱の影響を疑問視しているので、2が正解。

No. 1

◀53

スクリプト

M: I hear you're a consultant for zoos, Elisa. That sounds exciting.
W: It can be, but it's also pretty distressing at times.
M: I'm surprised to hear that. I mean, zoos have come a long way from tiny cages, right?
W: True, but the basic problem is still there for many animals. Take elephants, for instance. In their natural habitat, they can roam 50 kilometers a day. No zoo offers that kind of space.
M: How about safari parks, then? Aren't they more humane?
W: Elephants don't flourish in captivity. They're wanderers and social animals. Fortunately, I've convinced several parks to give them up.
M: It sounds to me like you're doing quite a bit of good.
Question: What does the woman imply?

訳 男性：エリサ、動物園のコンサルタントしてるんだってね。面白そうだね。
女性：そういう時もあるけど、場合によってはかなり苦痛でもあるのよ。
男性：それは驚いたね。動物園って小さい檻からかなり進歩してるんでしょ？
女性：そうだけど、それでも大概の動物には根本的な問題が残るわ。例えばゾウね。自然の生息地では1日に50キロ歩き回ることがあるの。でも、動物園だとそんなスペースは用意できないのよ。
男性：じゃあ、サファリパークはどうなの？ もっと動物愛護的なんじゃない？
女性：ゾウは飼育されていると元気に育たないの。彼らは放浪者で社会的な動物よ。幸いなことに、私はいくつかのサファリパークを説得してゾウを手放してもらったわ。
男性：かなり良いことをしているみたいだね。
質問：女性は何を示唆しているか。

正解 2

選択肢の訳
1 動物園は許可されるべきでない。
2 特定の動物は飼育すべきでない。
3 ゾウはサファリパークの方が元気になる。
4 彼女はいつか自分の動物園を経営したいと思っている。

解説 女性は、動物園の根本的な問題は多くの動物にとって自然の生息環境と異なることだと説明し、ゾウを例に挙げている。Elephants don't flourish in captivity（ゾウは飼育されていると元気に育たない）と述べて、実際にサファリパークにゾウの飼育をあきらめてもらったことが言及されている。

No. 2

54

スクリプト

M: Can I help you with anything, ma'am?
W: Yes, I'm looking for some plants for my yard. The area gets a lot of sun, and the soil is quite rocky. What do you suggest?
M: You might consider some non-native flowering plants like these.
W: They're very pretty, but aren't they difficult to grow?
M: Actually, no. They're very hardy.
W: Hmm … I see that they're a bit pricey.
M: That's because they live for years. You don't have to replant every spring.
W: In that case, I'll take five of them.
Question: What is one reason the woman chooses the non-native plants?

訳 **男性：** お客様、どのようなご用ですか？
女性： ええ、庭に植える植物を探しています。日当たりが良くて、地面はかなり岩が多いんです。何がいいでしょうか？
男性： このような花の咲く外来の植物を検討なさるといいかもしれません。
女性： 綺麗ですね。でも、育てるのが難しいんじゃないですか？
男性： 実際のところ、簡単ですよ。耐寒性がかなりあります。
女性： うーん、少し高いですね。
男性： 何年も生きるからです。毎年春に植え直さなくていいんですよ。
女性： それなら、5つ購入します。
質問： 女性がその外来植物を選ぶ1つの理由は何か。

正解 3

選択肢の訳
1 花が春に咲く。
2 他の植物よりお金がかからない。
3 何年も持つ。
4 日陰で非常によく成長する。

解説 男性が薦める植物に対して女性は a bit pricey（少し高い）という理由で難色を示している。しかし、they live for years（何年も生きる）ということと植え替えの必要がないという点を説明されて購入を決めている。これらが重要な購入理由なので、同じ内容の3が正解。

No. 3

◀55

スクリプト

M: Tina, did I see you going into the empty old house on 13th Street, the one with all the broken windows?

W: It's no big deal. Sherry and I just wanted to have a look inside.

M: What were you thinking? Apart from not having the owner's permission, you could have got hurt.

W: I was fine, Dad. Anyway, it was really scary. Everyone says it's haunted.

M: Tina, I am not kidding. You're not to go into that house again.

Question: Why is the father upset with his daughter?

訳 男性：13丁目の古い空き家に入っていったのはティナだったのかな。あの、窓が全部割れている家だよ。

女性：大したことじゃないわ。シェリーと私はちょっと中を見たかっただけなのよ。

男性：一体何を考えていたんだい？ 所有者の許可を得ていないだけじゃなくて、怪我をしたかもしれないんだよ。

女性：お父さん、私は大丈夫だったわ。とにかく、本当に怖かったわ。お化けが出るってみんな言ってるの。

男性：ティナ、ふざけてるんじゃない。もう二度とその家に入ってはだめだ。

質問：なぜ父親は娘に怒っているのか。

正解 3

選択肢の訳
1 その家の窓の1つを壊した。
2 またその家の中に入りたいと思っている。
3 危険な状況に足を踏み入れた。
4 彼の許可を求めなかった。

解説 空き家に入った娘に対して、父親は not having the owner's permission（所有者の許可を得ていない）ということに言及しつつ、you could have got hurt（怪我をしたかもしれない）と述べている。彼が怒っている一番の理由は後者の方なので、娘の身を案じていることが示されるように3を選ぶ。

No. 4

◀56

スクリプト

W: Jack, is the photocopier working again?
M: It sure is. The service agent never made it, so Carol fixed it herself.
W: That Carol. She never ceases to amaze me, the way she can take care of almost anything around here.
M: Yeah, I sure hope the boss keeps that in mind when it's time for her annual performance review.
Question: What do we learn about Carol?

訳 **女性：** ジャック、コピー機はもう動くの？
男性： うん。サービス業者が全然直せなかったから、キャロルが自分で修理したんだ。
女性： あのキャロルね。彼女には驚かされっぱなしだわ。ここの会社でほとんど何でも対処できるんだから。
男性： うん、年に一度の彼女の勤務評価の頃に上司が覚えているといいんだけどね。
質問： キャロルについて何が分かるか。

正解 2

選択肢の訳
1 昇進した。
2 才能がたくさんある。
3 頼りにならない。
4 上司が好きではない。

解説 コピー機を修理したキャロルについて、女性が she can take care of almost anything around here（ここの会社でほとんど何でも対処できる）と述べて男性も同意していることから、言い換えとして 2 が該当する。

No. 5

◀57

スクリプト

W1: Kevin, can you believe how overloaded with work we are these days?

M: Tell me about it! I'm falling further and further behind with all this sales campaign work we're involved in. And, on the rare occasion I get to eat dinner with my family, I feel like a stranger.

W2: I know what you mean. It seems like Mr. Abbot has trouble saying no to upper management when they propose new projects. I'm barely keeping my head above water.

W1: I think we should talk to him about hiring a new team member. I'm not sure how long we can continue like this.

M: Actually, I had an informal talk with him a few days ago and suggested that, but it doesn't sound like it's in the cards. There's no room in the budget for extra personnel. He did finish on a positive note, though.

W2: What's that?

M: Michelle and Jack are going to be finished with the Sanderson Corporation project next week, and they'll be available to take some of the work off of us then.

W1: Well, that's certainly better than nothing. But you know they're going to get some other urgent assignment sooner or later, and then we'll be back in the same situation as we are now.

Question: What will happen next week?

訳　**女性 1：** ケビン、最近信じられないほど私たちの仕事の負担が増えているわよね？

男性： そうなんだよね。携わってるこの販売キャンペーンの仕事で、僕はますます遅れをとってるよ。そして、ごくたまに家族と夕食をとれるようになると、自分が赤の他人みたいな感じになるんだ。

女性 2： 分かるわ。経営幹部が新しいプロジェクトを提案したら、アボットさんはノーと言いにくいみたいね。私は持ちこたえるのがやっとだわ。

女性 1： チームに新しいメンバーを雇うように彼に持ちかけるべきでしょうね。こんな状態でどれだけ続けられるか自信がないわ。

男性： 実は、何日か前に彼と軽く話をして提案したんだけど、そうはいかないみたいだね。予算に余裕がなくて追加の職員を雇えないんだよ。でも、話の最後で彼は前向きな調子だったよ。

女性 2： どういうこと？

男性： 来週ミシェルとジャックがサンダーソン商事のプロジェクトをやり終えたら、こっちの仕事の一部を引き受けられるようになるんだって。

女性1：まあ、確かに何もないよりはましね。でも、きっといずれ2人は他に緊急な仕事を与えられて、私たちは今と同じ状況に戻るんでしょうね。

質問：来週何が起こるか。

正解　2

選択肢の訳
1 新しい従業員が部署に加わる。
2 作業の一部の分担が見直される。
3 スタッフがアボットさんにアドバイスを求める。
4 新しい職員の予算が増加する。

解説　来週はミシェルとジャックが現在のプロジェクトを完了することになっていて、そうなると they'll be available to take some of the work off of us（彼らがこっちの仕事の一部を引き受けられるようになる）と男性が述べている。男性たちの仕事の負担が減るということなので、同じ内容の2が正解。

リスニング Part 2 文の内容一致選択

No. 6 ~ No. 7

◀58

スクリプト

Gut Bacteria

While pharmaceutical companies have convinced many of us that modern life is a fight against germs, our guts are actually home to trillions of microbes. The microbes in our stomach and intestines play a vital role in the digestive system and affect our vulnerability to diseases such as diabetes and some forms of cancer. However, anthropologist Cecil Lewis believes the lifestyles and diets of modern Americans and citizens of other industrialized nations have brought about significant changes in the type and number of microbes in their guts. To test his theory, Lewis traveled to the Amazon region of South America to study the Matsés, one of the world's last hunter-gatherer tribes. There, he took samples of human waste to investigate gut microbe content, and then compared them with samples taken in the US.

What Lewis discovered was astonishing: there is a far more diverse range of microbes living in the guts of the Matsés, including ancient species also found in hunter-gatherer communities on other continents. These microbes are completely absent in the guts of humans in the US. The question researchers are now looking to answer is whether limited microbe diversity influences the well-being of those living in industrialized countries.

Questions

No. 6 Why did Cecil Lewis examine microbes in the guts of the Matsés people?

No. 7 What do researchers now hope to determine?

訳

腸内細菌

製薬会社によって、現代人の生活は細菌との闘いであると私たちの多くが信じてきたが、私たちの内臓は実際には何兆もの微生物の棲み家となっている。私たちの胃や腸の中の微生物は消化器系において重要な役割を果たしていて、私たちが糖尿病やある種の癌などの病気にかかりやすいかどうかに影響を与えている。しかし、人類学者のセシル・ルイスは、現代のアメリカ人や他の先進国の市民の生活様式と食生活が、腸内の微生物の種類と数に大きな変化をもたらしたと考えている。自分の説を確かめるために、ルイスは南アメリカのアマゾン地帯へ旅行し世界で最後の狩猟採集部族の1つであるマツェ族を調査した。そして、彼は腸の微生物含有量を調査するために人間の排泄物のサンプルを採取し、それらをアメリカで採取されたサンプルと比較した。

ルイスが発見したことは驚くべきことだった。他の大陸の狩猟採集部族の共同体でも見つかった古代の種を含む、はるかに多様な微生物がマツェ族の腸の中に住んでいたのだ。これらの微生物はアメリカ人の腸には全く存在しない。研究者が現在答えを探している問題は、微生物の多様性が限られていると工業国に住む人々の健康に影響が出るのかどうかということだ。

No. 6

正解　4

質問の訳　なぜセシル・ルイスはマツェ族の人々の腸内の微生物を調べたのか。

選択肢の訳
1 マツェ族が病気に対する抵抗力を高めるのを助けるため。
2 死に至る微生物の起源を発見するため。
3 部族内の特定の病気の発生率を測定するため。
4 その微生物を現代のアメリカ人の微生物と比較するため。

解説　ルイスがアマゾンへ赴いたのは自分の立てた説を立証するためだが、そのためにマツェ族の排泄物を採取してgut microbe content（腸の微生物含有量）を分析しcompared them with samples taken in the US（アメリカで採取されたサンプルと比較した）と述べられている。

No. 7

正解　2

質問の訳　研究者は今何を特定したいのか。

選択肢の訳
1 マツェ族が古代の人々と同じ微生物を持っているかどうか。
2 特定の微生物の不足が人々の健康に影響を与える可能性があるかどうか。
3 どの微生物が人間の腸の外でも生き延びることができるか。
4 どの大陸で腸内の微生物が最初に進化したか。

解説　研究者の関心事は、microbe diversity（微生物の多様性）が限定されることでthe well-being of those living in industrialized countries（工業国に住む人々の健康）に影響が出るかどうかだと述べられているので、これを言い換えた2が正解。

No. 8

◀59

スクリプト

You have 10 seconds to read the situation and Question No. 8.

This is Candice from Marketing. I'm working on the new online catalog for August, and we need to have product photos ready soon. For any products that have been on the market since June, please bring samples to our office by July 12. I also understand that your department has some products coming out before August 1. We'll need some specifications for those to add to the product descriptions, so ideally you should send us the full specification sheets by July 17. If they haven't been finalized yet, give me a call, and I'll see if we can work something out. If your new products are purely digital, like software or online services, please send us some graphics that we can include instead of photos. Thanks.

Now answer the question.

訳　10秒で状況と質問 No. 8を読んでください。
マーケティング部のキャンディスです。私は8月用の新しいオンラインカタログに取り組んでいて、そのうち製品の写真を準備する必要があります。6月から発売されている製品については、7月12日までにサンプルを私たちのオフィスへお持ちください。8月1日以前に発売される製品もあるとのことですね。製品の説明書きに加えるためにそうした製品の仕様書が必要なので、できれば7月17日までに完全な仕様書を送ってください。まだ完成していない場合は電話してください。なんとかできるかどうか確認します。新製品がソフトウェアやオンラインサービスのように純粋にデジタルなものなら、写真の代わりにカタログに載せられるようなグラフィックを送ってください。よろしくお願いします。
それでは解答してください。

正解　3

状況の訳　あなたの会社は7月下旬に新しいコンピューターのキーボードを発売する予定だ。7月23日までは仕様書の準備ができない。同僚から次のボイスメールを受け取った。

質問の訳　あなたは何をすべきか。

選択肢の訳
1 キーボードのサンプルをマーケティング部に送る。
2 キーボードの写真を何枚かマーケティング部に送る。
3 キャンディスに電話して状況について話し合う。
4 製品を表すグラフィックを作成する。

解説 取り組んでいる製品は7月下旬に発売予定なので、some products coming out before August 1（8月1日以前に発売される一部の製品）に該当する。仕様書が7月23日まで準備できないので、If they haven't been finalized yet, give me a call（まだ完成していない場合は電話してください）という要請に応じれば良い。

DAY 9

ミニ模試

英作文

今日の課題

- ■ 英作文問題　1問
- ■ 解答例・英作文上達トレーニング
  - ▶トレーニング 1
  - ▶トレーニング 2

[目標解答時間：25 分]

英作文

目標解答時間 ＞ 25 分

- Write an essay on the given TOPIC.
- Give THREE reasons to support your answer.
- Structure: introduction, main body, and conclusion
- Suggested length: 200-240 words

TOPIC

Agree or disagree: Infectious diseases will become a bigger problem in the coming decades

まずは自分なりの答案を作成し、信頼できる英語の先生に添削をしてもらいましょう。英作文の上達には添削指導を受けることが有益ですが、それだけで力がつくわけではありません。普段の自学自習の質と量がものをいいます。次のコーナー「英作文上達トレーニング」への取り組みを通して、自分の答案作成力を検証してみてください。

MEMO

解答例・英作文上達トレーニング

トレーニング 1

英文ライティング上達の第一歩は、模範となる英文を何度も読み込むことです。以下は英検協会が公開している解答例です。そして、このような英文を書くために必要となるのが、右ページのような「メモ」を書き、それを元に下書きとしての「アウトライン」を作成することです。「メモ」と「アウトライン」から英文を完成させる流れを意識しながら読み込みましょう。

Infectious diseases have been plaguing human populations throughout the course of history. Despite scientific advances that benefit healthcare, the three main factors of population growth, globalization, and widespread poverty mean such diseases will, unfortunately, become an even bigger problem in the coming decades.

As Earth's population increases, it becomes easier for infectious diseases to spread. As much of the planet becomes densely populated, close contact among people creates an ideal environment for disease outbreaks and epidemics. What is more, as human populations encroach on animal habitats, germs harbored in these animals can more easily infect people.

People are also increasingly mobile, and more travel will make it harder to track and halt disease outbreaks. Disease-spreading organisms such as insects are often transported along with people, making it likely that infections once limited to local populations will become problematic globally. To make matters worse, doctors will struggle to diagnose diseases previously unseen in their areas.

The developing world will be particularly vulnerable. With limited access to healthcare and medicine, populations in developing nations could be decimated by the spread of a lethal infection. Moreover, as urban slums grow larger, unhygienic conditions and lack of access to clean water will make it easier for infections to occur.

Population growth, globalization, and poverty are rampant in the world today. Given the current situation, it is hard to imagine a scenario in which infectious diseases do not pose an increasingly significant challenge in the coming decades.

(242 語)

メモ

科学の進歩 but 伝染病はますます大問題

人口増加→感染拡大しやすい＋動物からの感染も

グローバル化 → 人の移動で感染が世界規模で拡大＋医者も初めて見る

貧困の拡大 → 発展途上国の医療不足 → 感染拡大

→ 都会のスラムの不衛生な環境 → 感染拡大

現況 → 感染問題はさらに深刻化

アウトライン

Introduction

infectious diseases throughout the history

scientific advances & better healthcare

but an even bigger problem factors: 1. population growth

2. globalization

3. widespread poverty

Body

Reason 1

population increases → infectious diseases easier to spread

dense population with close contact → outbreaks & epidemics

humans into animal habitats → germs infect humans

Reason 2

people's mobility → harder to track and halt outbreaks

disease-spreading organisms transported with people

→ problematic globally

diseases previously unseen in the areas … hard to diagnose

Reason 3

the developing world … particularly vulnerable

healthcare and medicine limited → spread of a lethal infection

urban slums: unhygienic conditions, unclean water

→ infections easier

Conclusion

Three factors … rampant in the world today

the current situation → an increasingly significant challenge

トレーニング 2

前コーナーでは、「メモ」から英文を完成させる流れを意識しながら解答例の英文を読み込みました。このコーナーでは、日本語訳を手掛かりとして英文を再現する練習をします。英文の構成や文法・語法などに注意を払いながら、また、POINT を参考に、すらすらと書けるようになるまで自分のものとしてください。

第 1 パラグラフ

1 伝染病は歴史の過程を通して人類を悩ませ続けてきた。

2 医療に有益な科学的な進歩にもかかわらず、人口増加、グローバル化、広範囲にわたる貧困の 3 つの主な要因によって、そのような病気は残念なことに今後数十年でさらに大きな問題になるだろう。

第 2 パラグラフ

1 地球の人口が増えるにつれて、伝染病が蔓延しやすくなる。

2 地球の大部分の人口密度が高まるにつれて、人々の間で密接な接触が起こることで、病気の発生や蔓延に理想的な環境が作り出される。

3 さらに、人間の集団が動物の生息地に侵入することで、これらの動物に潜伏した細菌がより簡単に人に感染する可能性がある。

1 Infectious diseases have been plaguing human populations throughout the course of history.

POINT **have been V-ing「(今までずっと)V し続けている」**

2 Despite scientific advances that benefit healthcare, the three main factors of population growth, globalization, and widespread poverty mean such diseases will, unfortunately, become an even bigger problem in the coming decades.

POINT **関係代名詞 that の先行詞は scientific advances、benefit は動詞**

1 As Earth's population increases, it becomes easier for infectious diseases to spread.

POINT **接続詞 as は「〜につれて」の意味、仮主語 it は for 以下を指す**

2 As much of the planet becomes densely populated, close contact among people creates an ideal environment for disease outbreaks and epidemics.

POINT **As は接続詞、much of the planet が as 節の中で主語の役割**

3 What is more, as human populations encroach on animal habitats, germs harbored in these animals can more easily infect people.

POINT **harbored in these animals が名詞 germs を修飾**

第 3 パラグラフ

1 人の移動もますます活発になり、移動が増えることで病気の発生を追跡し食い止めることがより困難になるだろう。

2 昆虫のように病気を広める生き物はしばしば人と一緒に輸送されるため、かつては特定の地域の人々に限定されていた伝染病が世界中で問題になるだろう。

3 さらに悪いことに、医師たちはこれまで自分の地域では見られなかった病気を診断するのに苦労するだろう。

第 4 パラグラフ

1 発展途上国は特に被害に遭いやすくなるだろう。

2 医療を受けたり薬を入手したりする機会が限られるため、途上国の人口は致命的な伝染病が広まると激減する可能性がある。

3 さらに、都市のスラム街が大きくなるにつれて、衛生的でない環境や清浄水を利用できないことによって伝染病が起こりやすくなる。

第 5 パラグラフ

1 今日の世界では人口増加やグローバル化、貧困が蔓延している。

2 現在の状況を考えると、伝染病が今後数十年でますます重大な課題にならないというシナリオを想像する方が困難だ

1 People are also increasingly mobile, and more travel will make it harder to track and halt disease outbreaks.

POINT **make O C の構文で、仮目的語 it は to tack and halt を指す**

2 Disease-spreading organisms such as insects are often transported along with people, making it likely that infections once limited to local populations will become problematic globally.

POINT **making 以下が分詞構文、make it C that ...「…を C にする」**

3 To make matters worse, doctors will struggle to diagnose diseases previously unseen in their areas.

POINT **diseases を previously unseen in their areas が修飾**

1 The developing world will be particularly vulnerable.

POINT **developing「発展途上の」、vulnerable「感染しやすい」**

2 With limited access to healthcare and medicine, populations in developing nations could be decimated by the spread of a lethal infection.

POINT **could は仮定法、by the spread of ～「～が広まると」**

3 Moreover, as urban slums grow larger, unhygienic conditions and lack of access to clean water will make it easier for infections to occur.

POINT **make O C の構文で、仮目的語 it は for infections 以下を指す**

1 Population growth, globalization, and poverty are rampant in the world today.

POINT **Population growth, globalization, poverty の 3 つが文の主語**

2 Given the current situation, it is hard to imagine a scenario in which infectious diseases do not pose an increasingly significant challenge in the coming decades.

POINT **given ～「～を考慮すると」、(in) which の先行詞は a scenario**

指示文とトピックの訳

- 与えられたトピックでエッセイを書きなさい。
- 回答の根拠となる理由を3つ挙げなさい。
- 構成：導入、本論、まとめ
- 目安となる長さ：200 ～ 240 語

トピック
賛成か反対か：伝染病は今後数十年でより大きな問題になるだろう

解答例訳

伝染病は歴史の過程を通して人類を悩ませ続けてきた。医療に有益な科学的な進歩にもかかわらず、人口増加、グローバル化、広範囲にわたる貧困の3つの主な要因によって、そのような病気は残念なことに今後数十年でさらに大きな問題になるだろう。

地球の人口が増えるにつれて、伝染病が蔓延しやすくなる。地球の大部分の人口密度が高まるにつれて、人々の間で密接な接触が起こることで、病気の発生や蔓延に理想的な環境が作り出される。さらに、人間の集団が動物の生息地に侵入することで、これらの動物に潜伏した細菌がより簡単に人に感染する可能性がある。

人の移動もますます活発になり、移動が増えることで病気の発生を追跡し食い止めることがより困難になるだろう。昆虫のように病気を広める生き物はしばしば人と一緒に輸送されるため、かつては特定の地域の人々に限定されていた伝染病が世界中で問題になるだろう。さらに悪いことに、医師たちはこれまで自分の地域では見られなかった病気を診断するのに苦労するだろう。

発展途上国は特に被害に遭いやすくなるだろう。医療を受けたり薬を入手したりする機会が限られるため、途上国の人口は致命的な伝染病が広まると激減する可能性がある。さらに、都市のスラム街が大きくなるにつれて、衛生的でない環境や清浄水を利用できないことによって伝染病が起こりやすくなる。

今日の世界では人口増加やグローバル化、貧困が蔓延している。現在の状況を考えると、伝染病が今後数十年でますます重大な課題にならないというシナリオを想像する方が困難だ。

DAY 10
ミニ模試

二次試験

今日の課題

■ 二次試験問題　1 問

■ 解答例（Topic 1）・英語面接上達トレーニング

▶トレーニング 1

▶トレーニング 2

■ 解答例（Topic 4）・英語面接上達トレーニング

▶トレーニング 1

▶トレーニング 2

You have one minute to choose one topic from the five choices and prepare your speech. You have two minutes to give your speech.

TOPIC CARD

1. Agree or disagree: It is too late to prevent the loss of biodiversity on Earth

2. Should more be done to increase awareness of mental-health issues in Japan?

3. What role should the central government play in determining school curriculums?

4. Are humans too dependent on science to solve society's problems?

5. Will the gap between the rich and the poor inevitably increase in today's globalized world?

まずは信頼できる英語の先生にスピーチを聞いてもらいましょう。英語面接の上達には発音を含めた改善点について個別指導を受けることが有益ですが、それだけで力がつくわけではありません。普段の自学自習の質と量がものをいいます。次のコーナーでは Topic 1と4を取り上げ、「英語面接上達トレーニング」に取り組みます。

MEMO

ミニ模試

DAY 1 DAY 2 DAY 3 DAY 4 DAY 5 DAY 6 DAY 7 DAY 8 DAY 9 DAY 10

※実際の試験では紙にメモを取ることはできません

トレーニング 1

60

英語面接上達の第一歩は、模範となるスピーチのスクリプトを何度も読み込み、音声を聞き込むことです。以下はトフルゼミナールオリジナルの解答例です。このようなスピーチをするために必要となるのが、英作文と同様に右ページのような「メモ」を作って考えを整理し、それを元に「アウトライン」で内容を組み立てることです。実際の試験では、この一連の流れを頭の中ですばやく処理することが必要になります。

I disagree with the claim that it's too late to prevent biodiversity from disappearing from the Earth as there is a lot that we can still do.

Biodiversity is a comparative conception. Compared with previous eras, the current number of plants and animals have decreased, although no one can know the exact number. In a hundred years from now, it may decline even more. It is time for all generations to try to stop the destruction of biodiversity.

We have to do something effective to keep biodiversity as it is now. If we do nothing to stop its decline soon, it will worsen rapidly with the fast spread of deforestation all over the world. For example, as the economies of Latin American countries continue to develop, forests in the Amazon area, which is one of the areas that have maintained the most abundant biodiversity, are disappearing at a higher speed than ever before.

While many developing countries are trying to prosper more and more, it is essential to know how to keep the right balance between economic progress and preservation of nature with rich plants and animals. In this age when more and more people are aiming for economic success, we must do something to protect the present environment as soon as possible.

（214 語）

メモ

「生物多様性の喪失を食い止めるは遅すぎる」同意しない
biodiversity ＝ 相対的な概念
今後もっと失われる可能性あり
すぐに何かすべき、さもなくば森林破壊進む　例）アマゾン
発展途上国の経済発展と自然保護のバランス重要

アウトライン

Introduction
disagree … too late to prevent biodiversity from disappearing
still many things we can do
Body
Reason 1
biodiversity = a comparative conception
… decreased though no one knows the exact number
… in the future, it may decline more
→ it is time to stop the destruction
Reason 2
need to do something effective to keep biodiversity
if not, spread of deforestation
e.g. economies of Latin America develop
→ forests in Amazon disappearing
Conclusion
many developing countries trying to prosper
but the right balance between economy and nature … essential
more people aiming for economic success
→ we must protect the present environment

トレーニング 2

◀61 >>> 70

前コーナーでは、「メモ」からスピーチを完成させる流れを意識しながら解答例のスクリプトを読み込み、音声を聞き込みました。このコーナーでは、日本語訳を手掛かりとしてスピーチを再現する練習をします。英文の構成や文法・語法などに注意を払いながら、また、POINT を参考に、すらすらと話せるようになるまで自分のものとしてください。

意見

1 私は生物多様性が地上から消えるのを防ぐのには遅すぎるという意見には同意しません。なぜなら私たちにできることがまだたくさんあるからです。

理由 1

1 生物多様性は相対的な概念です。

2 その正確な数は誰にも分かりませんが、以前の時代と比べると動植物の現在の数は減りました。

3 今から 100 年後には、もっとずっと減っているかもしれません。

4 全ての世代が生物多様性の破壊を止めようとすべき時です。

1 I disagree with the claim that it's too late to prevent biodiversity from disappearing from the Earth as there is a lot that we can still do.

POINT **claim の直後は同格の that、the claim that ～「～という主張」**

1 Biodiversity is a comparative conception.

POINT **comparative「相対的な（他と比べて分かる）」**

2 Compared with previous eras, the current number of plants and animals have decreased, although no one can know the exact number.

POINT **compared with ～「～と比べると」**

3 In a hundred years from now, it may decline even more.

POINT **in ～「（今から）～後には」、even は比較級 more を強調**

4 It is time for all generations to try to stop the destruction of biodiversity.

POINT **It is time for A to V「A が V すべき時だ」**

理由２

1 生物多様性を現在のまま維持するために何か効果的なことをしなければなりません。

2 もし、すぐにその減少を止めるために何もしないなら、世界中の森林破壊の急速な拡大に伴い、悪化するでしょう。

3 例えば、ラテンアメリカ諸国の経済が発展し続けているのにつれて、最も豊かな生物多様性を維持してきている地域の１つであるアマゾン一帯の森林がかつてないほど急速に失われていっています。

まとめ

1 多くの発展途上国がますます繁栄しようとしている一方で、不可欠なのは、経済の前進と動植物にあふれた自然の保存との適切なバランスを維持する方法を知ることです。

2 ますます多くの人が経済的成功を目指しているこの時代にあって、現在の環境を保護するために可能な限り速やかに何かをしなければなりません。

1 We have to do something effective to keep biodiversity as it is now.

POINT keep O C「O を C に保つ」、as it is「そのまま」

2 If we do nothing to stop its decline soon, it will worsen rapidly with the fast spread of deforestation all over the world.

POINT with ～「～に伴い、～につれて」

3 For example, as the economies of Latin American countries continue to develop, forests in the Amazon area, which is one of the areas that have maintained the most abundant biodiversity, are disappearing at a higher speed than ever before.

POINT 文の主語は forests で、対応する述語動詞は are disappearing

1 While many developing countries are trying to prosper more and more, it is essential to know how to keep the right balance between economic progress and preservation of nature with rich plants and animals.

POINT while ～「～の一方で、～だけれど」

2 In this age when more and more people are aiming for economic success, we must do something to protect the present environment as soon as possible.

POINT 関係副詞 when の先行詞は this age、aim for ～「～を目指す」

トレーニング 1

71

Topic 1と同様に、「メモ」と「アウトライン」を参照して Introduction / Body / Conclusion の三部構成を意識しながらスクリプトを読み込み、音声を聞き込みましょう。

I agree with the idea that people rely too much on science to solve issues facing society. Humans look to science for too much. I have three reasons to support my opinion.

First, science can't be used to analyze all the phenomena of society. Though scientific knowledge has been progressing, the more sophisticated it becomes, the more areas it finds unexplainable. For example, neuroscience has made such great progress that it has revealed some new parts of the structure of the brain. However, it is still difficult to heal a lot of mental problems, which sometimes cause serious damage to families, local communities and society in general.

Second, because of those unknown aspects, it is often beyond the capacity of science to find effective solutions. To solve any problem, you need to know its cause and effect, on which every genre of science is based. Without that knowledge, every step you take will just be trial and error.

Third, society is too complicated to be perceived from the point of one or two fields of science. For example, to deal with pollution, it is necessary to analyze it in terms of chemistry, and the problem of aging societies should be considered with reference to statistics and medicine. Who can synthesize those areas into one theory to find an effective answer?

In spite of these deficiencies, humans today expect too much of science and we should look for more empirical and practical solutions to the societal problems we face.

（248 語）

メモ

「科学に依存しすぎている」に同意
　まだ科学では分からないことがある　例）心の病
　よって解決法が見つからない … 因果関係不明　→ 試行錯誤の段階
　社会が複雑 → 各問題に異なる分野で分析必要 → 総合的判断困難
経験に基づいた現実的な解決法を探すべき

アウトライン

Introduction
　agree … rely too much on science to solve issues
　we look to science for too much
　three reasons
Body
Reason 1
　science … analyze not all the phenomena
　scientific knowledge progressing but more areas unexplainable
　e.g. neuroscience … great progress
　but still difficult to heal mental problems
Reason 2
　those unknown aspects → often no effective solutions
　need to know the cause and effect (basis of every science)
　without that knowledge → just trial and error
Reason 3
　society too complicated … one or two fields of science not enough
　e.g. (1) pollution … chemistry
　　(2) aging societies … statistics & medicine
　impossible to synthesize those areas into one theory
　→ no effective answer
Conclusion
　these deficiencies but humans expect too much of science
　→ we should look for more practical solutions based on experiences

トレーニング 2

◀72 >>> 85

この解答例でも日本語訳を手掛かりとしてスピーチを再現する練習をしましょう。英文の構成や文法・語法などに注意を払いながら、また、POINT を参考に、すらすらと話せるようになるまで自分のものとしてください。

意見

1 社会が直面している問題の解決に科学に頼り過ぎているという考えに同意します。

2 人間は科学にあまりに多くのものを求めています。

3 根拠となる 3 つの理由をあげます。

理由 1

1 第 1 に、科学を用いて社会の全ての現象を分析できるわけではありません。

2 科学の知識は進歩し続けていますが、先端的になるほど、さらに多くの説明できない領域が現れます。

3 例えば、神経科学が非常に大きな進歩を遂げたので、新たに明らかになった脳の構造の部分があります。

4 しかし、まだ治療が困難な精神的問題が多くあり、深刻な問題を家族や地域共同体、そして社会全般に引き起こしています。

1 I agree with the idea that people rely too much on science to solve issues facing society.

POINT **that 節は同格で the idea の内容を表す**

2 Humans look to science for too much.

POINT **look to A for B「A に B を求める」**

3 I have three reasons to support my opinion.

POINT **to support my opinion は three reasons を修飾**

1 First, science can't be used to analyze all the phenomena of society.

POINT **not ... all で部分否定、phenomena は phenomenon の複数形**

2 Though scientific knowledge has been progressing, the more sophisticated it becomes, the more areas it finds unexplainable.

POINT **the 比較級 ... the 比較級 ...「～するほどますます…」**

3 For example, neuroscience has made such great progress that it has revealed some new parts of the structure of the brain.

POINT **such 形容詞＋名詞 that S V「非常に…な～なので S が V する」**

4 However, it is still difficult to heal a lot of mental problems, which sometimes cause serious damage to families, local communities and society in general.

POINT **it = to heal ...、which の先行詞は a lot of mental problems**

理由 2

1 第 2 に、そうしたまだ不可知の部分のために、効果的な解決法を見つけることが科学の能力を超えていることが多くあります。

2 どんな問題を解決するにもその因果関係を知らなければなりません。そこに全ての科学のジャンルの基があります。

3 それを知らずに、どんな手段を講じても試行錯誤にすぎません。

理由 3

1 第 3 に、社会はあまりにも複雑なので 1 つや 2 つの科学の分野から見ただけでは捉えることはできません。

2 例えば、汚染を取り扱う場合は、化学の点から分析する必要があり、高齢化社会の問題は統計学と医療の点から考慮しなければなりません。

3 こうした領域を一つの理論にまとめて、効果的な解決法を誰が見つけられるでしょうか。

まとめ

1 これらの欠点にも関わらず、人は今日科学に期待しすぎています。直面している問題にもっと経験に基づいた現実的な解決法を探すべきです。

1 Second, because of those unknown aspects, it is often beyond the capacity of science to find effective solutions.

POINT it = to find ...., beyond ~「~を超えている」

2 To solve any problem, you need to know its cause and effect, on which every genre of science is based.

POINT which の先行詞は its cause and effect

3 Without that knowledge, every step you take will just be trial and error.

POINT trial and error「試行錯誤」、take a step「手段を講じる」

1 Third, society is too complicated to be perceived from the point of one or two fields of science.

POINT too ~ to V「とても~なので V できない」

2 For example, to deal with pollution, it is necessary to analyze it in terms of chemistry, and the problem of aging societies should be considered with reference to statistics and medicine.

POINT in term of も with reference to も「~の点から」の意味

3 Who can synthesize those areas into one theory to find an effective answer?

POINT Who can V?「誰が V できるか」=「誰も V できない」

1 In spite of these deficiencies, humans today expect too much of science and we should look for more empirical and practical solutions to the societal problems we face.

POINT expect A of B「B に A を求める」、look for「~を探す」

指示とトピックの訳

1 分間で 5 つのトピックの中から 1 つを選んでスピーチの準備をしなさい。スピーチをする時間は 2 分間です。

トピックカード

1. 賛成か反対か：地球の生物多様性の喪失を阻止するのには遅すぎる
2. 日本の精神衛生の問題に対する意識を高めるためにもっと多くのことがなされるべきか。
3. 中央政府は学校のカリキュラムを決定する上でどのような役割を果たすべきか。
4. 人間は社会の問題を解決するのに科学に依存しすぎているか。
5. 今日のグローバル化した世界で貧富の差は必然的に拡大するだろうか。

解答例訳（Topic 1）

私は生物多様性が地上から消えるのを防ぐのには遅すぎるという意見には同意しません。私たちにできることがまだたくさんあるからです。

生物多様性は相対的な概念です。その正確な数は誰にも分かりませんが、以前の時代と比べると動植物の現在の数は減りました。今から 100 年後には、もっとずっと減っているかもしれません。全ての世代が生物多様性の破壊を止めようとすべき時です。

生物多様性を現在のまま維持するために何か効果的なことをしなければなりません。もし、すぐにその減少を止めるために何もしないなら、世界中の森林破壊の急速な拡大に伴い、悪化するでしょう。例えば、ラテンアメリカ諸国の経済が発展し続けているのにつれて、最も豊かな生物多様性を維持してきている地域の 1 つであるアマゾン一帯の森林がかつてないほど急速に失われていっています。

多くの発展途上国がますます繁栄しようとしている一方で、不可欠なのは、経済の前進と動植物にあふれた自然の保存との適切なバランスを維持する方法を知ることです。ますます多くの人が経済的成功を目指しているこの時代にあって、現在の環境を保護するために可能な限り速やかに何かをしなければなりません。

解答例訳 (Topic 4)

社会が直面している問題の解決に科学に頼り過ぎているという考えに同意します。人間は科学にあまりに多くのものを求めています。根拠となる3つの理由をあげます。

第1に、科学を用いて社会の全ての現象を分析できるわけではありません。科学の知識は進歩し続けていますが、先端的になるほど、さらに多くの説明できない領域が現れます。例えば、神経科学が非常に大きな進歩を遂げたので、新たに明らかになった脳の構造の部分があります。しかし、まだ治療が困難な精神的問題が多くあり、深刻な問題を家族や地域共同体、そして社会全般に引き起こしています。

第2に、そうしたまだ不可知の部分のために、効果的な解決法を見つけることが科学の能力を超えていることが多くあります。どんな問題を解決するにもその因果関係を知らなければなりません。そこに全ての科学のジャンルの基があります。それを知らずに、どんな方法を講じても試行錯誤にすぎません。

第3に、社会はあまりにも複雑なので1つや2つの科学の分野から見ただけでは捉えることはできません。例えば、汚染を取り扱う場合は、化学の点から分析する必要があり、高齢化社会の問題は統計学と医療の点から考慮しなければなりません。こうした領域を一つの理論にまとめて、効果的な解決法を誰が見つけられるでしょうか。

これらの欠点にも関わらず、人は今日科学に期待しすぎています。直面している問題にもっと経験に基づいた現実的な解決法を探すべきです。

英検1級
でる単語リスト1000

このコーナーでは、ミニ模試の読解問題に登場した頻出単語約1000語を、各DAYの各問題、各パラグラフごとにまとめてありますので、総仕上げとして取り組んでください。赤シートを使って意味が言えるようにするのが第一段階です。概ねできるようになったら、該当するDAYの問題文に戻り、英文を何度も読み込みましょう。

DAY 1

筆記試験 2 （→ 052 ページ）

第 1 パラグラフ

- □ jury 名 陪審
- □ nullification 名 無効化、無視
- □ serve 動 務める
- □ instruct 動 指示する
- □ judge 名 裁判官
- □ guilt 名 有罪
- □ innocence 名 無罪
- □ accuse 動 告発する
- □ engage in 熟 関与する
- □ convict 動 有罪とする
- □ defendant 名 被告
- □ commit 動（罪を）犯す

第 2 パラグラフ

- □ defender 名 擁護する人
- □ appropriate 形 適切な
- □ juror 名 陪審員
- □ unjust 形 不公平な
- □ issue 名 問題
- □ slavery 名 奴隷制度
- □ practice 名 慣習
- □ legal 形 合法な
- □ illegal 形 違法な
- □ legislation 名 法律
- □ Fugitive Slave Act 名 逃亡奴隷法
- □ recapture 動 取り戻す
- □ impose 動 課す
- □ harsh 形 厳しい
- □ penalty 名 罰則
- □ aid 動 援助する
- □ employ 動 利用する
- □ conscience 名 良心
- □ obligation 名 義務
- □ defy 動 反抗する

第 3 パラグラフ

- □ supporter 名 支持者
- □ prosecution 名 起訴
- □ refrain from 熟 控える
- □ file criminal charge 熟 公訴する
- □ impractical 形 非現実的な
- □ unethical 形 非倫理的な
- □ prosecute 名 検察官
- □ set ~ free 熟 解放する
- □ guilty 形 有罪の
- □ critics 名 批判者
- □ have access 熟 閲覧する
- □ trial 名 裁判
- □ impartial 形 先入観を持たない
- □ detail 名 詳細
- □ prior 形 以前の
- □ criminal record 名 犯罪歴
- □ disclose 動 明らかにする
- □ deterrence 名 抑止力
- □ aspect 名 側面

第4パラグラフ

- □ common 形 一般的な
- □ complaint 名 不満
- □ violate 動 違反する
- □ principle 名 原則
- □ apply 動 適用する
- □ consistently 副 一貫して
- □ opponent 名 反対者
- □ inherent 形 内在している
- □ right 名 権利
- □ exercise 動 行使する
- □ argue 動 主張する
- □ undermine 動 弱める
- □ judicial process 名 司法手続き
- □ threaten 動 脅かす
- □ cornerstone 名 基礎
- □ democracy 名 民主主義

筆記試験3 (→054ページ)

第1パラグラフ

- □ gunpowder 名 火薬
- □ plot 名 陰謀
- □ renounce 動 関係を断つ
- □ the Roman Catholic religion 名 ローマカトリック
- □ establish 動 設立する
- □ the Protestant Church of England 名 イングランド国教会
- □ hotbed 名 温床
- □ intrigue 名 陰謀
- □ faction 名 勢力
- □ reign 動 在位する
- □ monarch 名 君主
- □ manipulate 動 操作する
- □ heir 名 世継ぎ
- □ throne 名 王位
- □ be subject to 熟 ～を受ける
- □ substantial 名 相当な
- □ fine 名 罰金
- □ incarceration 名 投獄
- □ execution 名 処刑
- □ assurance 名 確約
- □ prior to 熟 ～の前に
- □ oppression 名 抑圧
- □ mitigate 動 緩和する
- □ go back on 熟 (発言を) 撤回する
- □ betray 動 裏切る
- □ fellow 名 仲間
- □ radicalize 動 急進的にする
- □ hatch 動 計画する

第2パラグラフ

- □ collaborator 名 共謀者
- □ conspire 動 企てる
- □ assassinate 動 暗殺する
- □ revolution 名 革命
- □ ignite 動 火をつける
- □ huge 形 巨大な
- □ cache 名 貯蔵庫
- □ smuggle 動 秘密に運び込む
- □ palace 名 宮殿
- □ parliament 名 議会
- □ schedule 動 予定する
- □ be exposed 熟 発覚する
- □ adviser 名 相談役
- □ come into possession of 熟 入手する

- □ anonymous 形 匿名の
- □ the House of Lords 名 貴族院
- □ warn 動 警告する
- □ stay away 熟 欠席する
- □ conspirator 名 共謀者
- □ betray 動 密告する
- □ draft 動 草稿を書く
- □ mainstream 名 主流派
- □ authority 名 専門家
- □ conclude 動 結論づける
- □ impending 形 差し迫った
- □ conduct 名 行動
- □ amplify 動 増幅させる
- □ impact 名 衝撃
- □ conspiracy 名 陰謀
- □ unmask 動 暴露する
- □ assert 動 主張する
- □ exposure 名 暴露
- □ impression 名 印象
- □ treacherous 形 危険な
- □ revolutionary 名 革命者
- □ sway 動 揺らす
- □ sentiment 名 感情
- □ harsh 形 厳しい
- □ persecution 名 迫害

第 3 パラグラフ

- □ decisive 形 決定的な
- □ destroy 動 破壊する
- □ monarch 名 君主
- □ religious 形 宗教の
- □ perish 動 死亡する
- □ reveal 動 明るみに出す
- □ launch 動 起こす
- □ insurrection 名 反乱
- □ announce 動 発表する
- □ constitute 動 占める
- □ tiny 形 わずかな
- □ fraction 名 割合
- □ hunt down 熟 追跡する
- □ capture 動 捕らえる
- □ execute 動 処刑する
- □ vigilante 名 自警団員
- □ speculate 動 推測する
- □ lack 名 欠如
- □ popular 形 民衆の
- □ doom 動 破滅させる
- □ rebellion 名 反乱
- □ argument 名 議論
- □ destruction 名 破壊
- □ cause 動 引き起こす
- □ backlash 名 反動
- □ absolute monarch 名 絶対君主制
- □ oppress 動 抑圧する
- □ harshly 副 厳しく
- □ regime 名 体制

DAY 2

筆記試験 2 (→ 088 ページ)

第 1 パラグラフ

- □ anniversary 名 ～周年
- □ independence 名 独立
- □ highlight 動 目立たせる
- □ irony 名 皮肉
- □ comprise 名 占める
- □ approximately 副 約～
- □ nomadic 形 遊牧民の
- □ tribal 形 部族の
- □ concept 名 概念
- □ statehood 名 国家
- □ nationality 名 国籍
- □ uneducated 形 教育を受けていない
- □ isolate 動 孤立させる
- □ on the move 熟 移動している
- □ minority 名 少数民族
- □ citizenship 名 市民権
- □ diverge from 熟 異なる
- □ define 動 定義する
- □ allegiance 名 忠誠
- □ context 名 状況
- □ neglect 動 怠る

第 2 パラグラフ

- □ face 動 直面する
- □ widespread 形 広範囲に渡る
- □ discrimination 名 差別
- □ deny 動 拒否する
- □ access 名 利用する機会
- □ healthcare 名 医療
- □ groundwork 名 土台
- □ current 形 現状の
- □ undocumented 形 文書化されていない
- □ benefit 名 恩恵
- □ flee 動 逃げる
- □ purposely 副 故意に
- □ destroy 動 破棄する
- □ identification documents 名 身元確認資料
- □ deportation 名 強制送還
- □ declare 動 宣言する
- □ documentation 名 書類
- □ resident 名 居住者
- □ statelessness 名 無国籍状態
- □ refugee 名 難民
- □ attitude 名 態度
- □ stateless 形 無国籍の
- □ mistrust 名 不信
- □ suspicion 名 疑念
- □ marginalize 動 排除する

第 3 パラグラフ

- □ conceive 動 考案する
- □ novel 形 新しい
- □ solution 形 解決策
- □ announce 動 発表する
- □ negotiation 名 交渉
- □ off the coast 熟 沿岸沖の
- □ in exchange for 熟 引き換えに
- □ development 名 開発

□ provide 動 提供する
□ residence visa 名 滞在ビザ
□ critic 名 批判する人
□ accuse A of B 熟 B のことで A を非難する
□ motive 名 動機
□ appealing 形 魅力的な
□ theoretically 副 理論上は
□ apply for 熟 申請する
□ citizenship 名 市民権
□ note 動 指摘する
□ prohibit ~ from V-ing 熟 ~が V するのを禁じる
□ expel 動 追放する
□ protest 動 抗議する
□ remain to be seen 熟 これからわかる
□ play out 動 実施される
□ favorably 副 有利に

筆記試験 3 （→ 090 ページ）

第 1 パラグラフ

□ operation 名 作戦
□ evidence 名 証言
□ emerge 動 現れる
□ operate 動 活動する
□ authority 名 権限
□ military alliance 名 軍事同盟
□ form 動 結成する
□ counter 動 対抗する
□ threat 名 脅威
□ invasion 名 侵略
□ numerically 副 数的に
□ forces 名 軍隊
□ equip A with B 熟 A に B を装備する
□ arms 名 武器
□ stockpile 名 備蓄
□ intend 動 意図する
□ nucleus 名 中核
□ armed resistance 名 武装抵抗

第 2 パラグラフ

□ reveal 動 明らかにする
□ similar 形 同様の
□ supposedly 副 考えられているところでは
□ neutral 形 中立の
□ Switzerland 名 スイス
□ establish 動 設立する
□ intelligence service 名 情報機関
□ in conjunction with 熟 共同で
□ the Central Intelligence Agency (CIA) 名 アメリカ中央情報局
□ covert 名 秘密の
□ unaccountable 形 説明義務がない
□ national legislature 名 国会
□ resolution 名 決議
□ the European Parliament 名 欧州議会
□ controversy 名 論争
□ come to light 熟 明らかになる
□ sidestep 動 避ける
□ scandal 名 スキャンダル
□ investigation 名 調査

- □ launch 動 開始する
- □ independent 形 独自の
- □ parliamentary 形 議会の
- □ inquiry 名 調査
- □ stay-behind army 名 残留軍
- □ refuse 動 拒否する
- □ comment 動 コメント

第3パラグラフ

- □ existence 動 存在
- □ expose 動 露呈させる
- □ domestic 形 国内の
- □ terrorism 名 テロ行為
- □ revisit 動 再検討する
- □ unsolved 形 未解決の
- □ bombing 名 爆破
- □ police officer 名 警察官
- □ originally 副 もともと
- □ blame A on B 熟 A を B のせいにする
- □ left-wing 形 左翼の
- □ organization 名 組織
- □ crucial 形 重要な
- □ original 形 当初の
- □ explosive 名 爆発物
- □ expert 名 専門家
- □ assert 動 主張する
- □ bomb 名 爆弾
- □ homemade 形 手製の
- □ neofascist 名 ネオファシスト
- □ former 形 元〜
- □ confess 動 認める
- □ crime 名 犯行
- □ deliberately 副 意図的に
- □ mislead 動 誤解を与える
- □ authority 名 当局
- □ origin 名 出所

第4パラグラフ

- □ access 名 閲覧
- □ confidential 形 機密の
- □ archive 名 公文書
- □ establish 動 証明する
- □ issue 動 支給する
- □ acquire 動 取得する
- □ arms stockpile 名 武器保管庫
- □ prime minister 名 首相
- □ more than one 熟 複数の〜
- □ occasion 名 機会
- □ deny 動 否定する
- □ allegation 名 主張
- □ smoking gun 名 動かぬ証拠
- □ contradict 動 矛盾する
- □ previous 形 以前の
- □ assertion 名 主張
- □ force ~ to V 熟 〜にVするよう強いる
- □ admit 動 認める
- □ decade 名 10 年

第5パラグラフ

- □ convince 動 確信させる
- □ strategy 名 戦略
- □ tension 名 緊張
- □ mean 動 意図する
- □ weaken 動 弱める
- □ left-leaning 形 左傾の
- □ political party 名 政党
- □ destabilizer 名 不安定化の要因
- □ demonstration 名 デモ
- □ rock 動 揺るがす

□ recruit 動 募集する
□ invasion 名 侵略
□ combat 動 戦う
□ fail to V 熟 Vしない（できない）
□ perceive 動 認識する
□ carry out 熟 実行する
□ intent 名 意図
□ blame 名 責任
□ allege 動 主張する
□ incite 動 煽る
□ unrest 名 不安
□ backlash 名 反発
□ rightward 形 右寄りの
□ shift 名 転換
□ populace 名 大衆
□ authoritarian 形 権威主義的な
□ measure 名 措置

第6パラグラフ

□ historian 名 歴史家
□ director 名 所長
□ institute 名 研究所
□ complicit 形 共犯の
□ innocent 形 無実の
□ civilian 名 民間人
□ cite 動（例を）挙げる
□ extensive 形 広範囲にわたる
□ circumstantial evidence 名 状況証拠
□ highly placed 形 高官の
□ source 名 情報源
□ intelligence community 名 諜報組織
□ serve 動 務める
□ head 名 長官
□ counterintelligence 名 対敵諜報活動
□ testify 動 証言する
□ commit 動（罪などを）犯す
□ involvement 名 関与

第7パラグラフ

□ draw 動（批判などを）招く
□ criticism 名 批判
□ journalistic 形 ジャーナリズムの
□ a big spoonful of 熟 たっぷりの
□ conspiracy theory 名 陰謀論
□ substantiate 動 裏付ける
□ accusation 名 非難
□ professor 名 教授
□ echo 動 共鳴する
□ inadequate 形 不十分な
□ research 名 調査
□ formation 名 結成
□ appropriate 形 適切な
□ context 名 背景
□ central 形 核となる
□ hoax 名 捏造
□ comment 動 コメントする
□ state 動 述べる
□ treat 動 扱う
□ forgery 名 偽造
□ genuine 形 本物の
□ primary 形 主要な
□ lack 動 欠ける
□ credibility 名 信頼性
□ damning 形 不利な
□ elsewhere 副 他の場所で

□ seal 動 封印する
□ dismiss 動 却下する
□ prove 動 証明する

DAY 4

筆記試験 2 (→ 132 ページ)

第 1 パラグラフ

□ syndrome 名 症候群
□ refer to 熟 指す
□ phenomenon 名 現象
□ hostage 名 人質
□ captive 名 監禁
□ period 名 期間
□ emotional 形 感情的な
□ bond 名 結びつき
□ captor 名 誘拐犯
□ aid 動 助ける
□ pass up 熟 逃す
□ opportunity 動 機会
□ alter 動 変える
□ perception 名 認識
□ infant 名 幼児
□ ruthless 形 冷酷な
□ oppressor 名 抑圧者
□ generous 形 寛大な
□ savior 名 救世主
□ incident 名 事件
□ threaten 動 威嚇する
□ immense 形 多大な
□ gratitude 名 感謝
□ wound 動 傷つける
□ murder 動 殺害する

第 2 パラグラフ

□ authority 名 当局
□ subcategory 名 下位範疇
□ disorder 名 障害
□ description 名 説明
□ irrational 形 不合理な
□ sympathy 名 同情
□ abductee 名 拉致被害者
□ weep 動 泣く
□ mourn 動 悲しむ
□ basement 名 地下室
□ torture 動 拷問する
□ well-being 名 健康
□ evaporate 動 消える
□ hate mail 名 抗議の手紙
□ interpret 動 解釈する
□ on friendly terms with 熟 仲が良い
□ effective 形 有効な
□ strategy 名 戦略
□ evolutionary 形 進化論的な
□ basis 名 根拠
□ abduct 動 拉致する
□ primitive 形 原始の
□ demonstrate 動 示す
□ sympathize 動 同情する
□ unacceptable 形 受け入れられない

第 3 パラグラフ

- □ law enforcement officials 名 警察当局
- □ keenly 副 強く
- □ aspect 名 側面
- □ in particular 熟 特に
- □ potential 名 可能性
- □ impact 名 影響
- □ outcome 名 結末
- □ hostage crisis 名 人質事件
- □ negotiation 名 交渉
- □ law enforcement personnel 名 法執行官
- □ reciprocated 形 双方向的な
- □ skilled 形 熟練した
- □ negotiator 名 交渉人
- □ manipulation 名 操作
- □ induce 動 誘発する
- □ compassion 名 同情
- □ mind-set 名 考え方
- □ behavior 名 行動
- □ harm 動 傷つける

筆記試験 3 (→ 134 ページ)

第 1 パラグラフ

- □ taste 名 好み
- □ sociologist 名 社会学者
- □ distinction 名 差異
- □ critique 名 批判
- □ milestone 名 画期的なこと
- □ social science 名 社会科学
- □ research 名 研究
- □ survey 名 調査
- □ socioeconomic 形 社会経済的な
- □ background 名 背景
- □ regarding 前 ～について
- □ confirm 動 裏付ける
- □ stereotype 名 固定観念
- □ significant 形 重大な
- □ correlation 名 相関関係
- □ social class 名 社会階級
- □ preference 名 嗜好
- □ analysis 名 分析
- □ groundbreaking 形 画期的な
- □ justification 名 正当化
- □ working class 名 労働者階級
- □ pragmatic 形 実利的な
- □ utility 名 有用性
- □ entertainment 名 娯楽性
- □ value 名 価値
- □ middle and upper classes 名 中・上流階級
- □ elaborate 形 緻密な
- □ revealing 形 示唆に富んだ
- □ confidence 名 自信
- □ superiority 名 優位性
- □ reflect 動 反映する
- □ core 形 中核的な
- □ attribute 名 特性
- □ reject 動 拒絶する
- □ notion 名 考え方
- □ disinterested 形 客観的な
- □ aesthetic 形 審美的な
- □ conclude 動 結論づける
- □ primary 形 主要な
- □ means 名 手段
- □ differentiate 動 差別化する

- □ perpetuate 動 永続的にする
- □ disparity 名 格差
- □ critic 名 評論家
- □ press 動 強調する
- □ reinforce 動 強化する
- □ inequality 名 不平等
- □ competition 名 競争

第 2 パラグラフ

- □ discipline 名 学問
- □ economics 名 経済学
- □ theorize 名 理論づける
- □ derive A from B 熟 B から A を得る
- □ financial capital 名 金融資本
- □ improve 動 向上させる
- □ amass 動 集める
- □ cultural capital 名 文化資本
- □ analogy 名 類似点
- □ argue 動 主張する
- □ as with 熟 ～と同様に
- □ scarcity 名 希少性
- □ tuition fee 名 授業料
- □ academic competition 名 成績競争
- □ commodity 名 商品
- □ professor 名 教授
- □ in comparison to 熟 ～と比較して
- □ executive 名 幹部
- □ interrelate 動 相互に関連する
- □ obtain 動 得る
- □ lead to 熟 つながる
- □ career advancement 名 キャリアアップ
- □ factor 名 要因
- □ affect 動 影響を与える
- □ capacity 名 能力
- □ attract 動 引きつける
- □ mate 名 配偶者
- □ offspring 名 子供
- □ indication 名 指標
- □ significant 形 重要な
- □ competitive 形 競争的な
- □ capitalist society 名 資本主義社会

第 3 パラグラフ

- □ frequently 副 頻繁に
- □ extremely 副 非常に
- □ broad 形 幅広い
- □ omnivore 名 雑食動物
- □ somewhat 副 いくらか
- □ undermine 動 弱める
- □ dominance 名 優位性
- □ elite 名 エリート
- □ define 動 定義する
- □ rejection 動 拒絶
- □ discriminate 動 区別する
- □ with regard to 熟 関して
- □ set ~ off 熟 際立たせる
- □ by virtue of 熟 ～によって
- □ paper 名 論文
- □ anything but 熟 決して～ではない
- □ symbolic 形 象徴的な
- □ exclusion 名 排除
- □ pride oneself on 熟 誇りにする
- □ genre 名 ジャンル
- □ focus on 熟 集中する
- □ specific 形 特定の
- □ favor 動 好む
- □ novel 形 新しい

□ show off 熟 見せびらかす
□ cultivate 動 養う
□ apparent 形 見かけの
□ inclusivity 名 寛容

DAY 5

筆記試験 2 （→168 ページ）

第 1 パラグラフ

□ colony 名 植民地
□ archaeologist 名 考古学者
□ view A as B 熟 A を B とみなす
□ fate 名 運命
□ lesson 名 教訓
□ adapt to 熟 適応する
□ establishment 名 建設
□ coincide with 熟 ～と同時に起こる
□ temperature 名 気温
□ severity 名 厳しさ
□ incredibly 副 信じられないほど
□ harsh 形 過酷な
□ climate 名 気候
□ vanish 動 消滅する
□ archaeological 形 考古学の
□ narrative 名 説明
□ settler 名 移住者
□ wholesale 形 大規模な
□ transplantation 名 移植
□ graze 動 放牧する
□ squander 動 浪費する
□ scarce 形 乏しい
□ resource 名 資源
□ timber 名 木材
□ lead 名 手本
□ native people 名 先住民
□ consume 動 消費する
□ abundant 形 豊富な
□ seal 名 アザラシ
□ cling to 熟 固執する
□ agricultural 形 農業の
□ practice 名 慣習
□ suited 形 適した
□ Norwegian 形 ノルウェーの
□ rigid 形 頑固な
□ adherence 名 固執
□ calamity 名 災難
□ mark 動 示す
□ frigid 形 極寒の

第 2 パラグラフ

□ cause ～ to V 熟 ～が V する原因となる
□ out of favor 熟 支持されていない
□ analysis 名 分析
□ prevalence 名 普及
□ colonist 名 入植者
□ diet 名 食事
□ indicate 動 示す
□ extensive 形 広範囲な
□ consumption 名 消費
□ foodstuff 名 食材
□ illogical 形 非論理的な
□ ivory 名 象牙
□ medieval 形 中世の

☐ item 名品
☐ walrus 名セイウチ
☐ tusk 名牙
☐ attemp 動試みる
☐ perilous 形危険な
☐ voyage 名航海
☐ icy 形冷たい

第 3 パラグラフ

☐ perish 動死に絶える
☐ pack up 熟荷物をまとめる
☐ primary 形主な
☐ factor 名要因
☐ decline 名衰退
☐ disrupt 動中断させる
☐ shipment 名出荷
☐ continent 名大陸
☐ collapse 動崩壊する
☐ contact 名交流
☐ superior-quality 形優良な
☐ elephant ivory 名象牙
☐ disease 名病気
☐ obstacle 名障害
☐ insurmountable 形克服できない
☐ unsustainable 形持続不可能な

筆記試験 3

（→ 170 ページ）

第 1 パラグラフ

☐ rise and fall 名盛衰
☐ Readjuster Party 名再編党
☐ battle 名戦い
☐ outcome 名結末
☐ the American Civil War 名アメリカ南北戦争
☐ painful 形痛ましい
☐ episode 名出来事
☐ conflict 名紛争
☐ pit 動戦わせる
☐ Confederate forces 名南軍
☐ represent 動代表する
☐ slave-owning 名奴隷制
☐ secede 動離脱する
☐ Union troops 名北軍
☐ industrialize 動工業化する
☐ tumultuous 形激動の
☐ reconstruction 名再建
☐ commence 動始まる
☐ reunify 動再統一する
☐ infrastructure 名インフラ
☐ devastate 動荒廃させる
☐ adapt to 熟適応する
☐ societal 形社会的な
☐ passage 名成立
☐ amendment 名修正
☐ constitution 名憲法
☐ outlaw 動違法とする
☐ slavery 名奴隷制

第 2 パラグラフ

☐ complicate 動困難にする
☐ livestock 名家畜
☐ agricultural crop 名農作物
☐ cultivate 動耕作する
☐ ruin 名荒廃
☐ transportation 名交通
☐ ravage 動大損害を与える
☐ plantation 名農園
☐ decimate 動大量に殺す

□ reliance 名 頼ること
□ manual labor 名 肉体労働
□ mechanize 動 機械化する
□ equipment 名 設備
□ abolish 動 廃止する
□ quarter 名 4分の1
□ transport 名 輸送手段

第3パラグラフ

□ landowner 名 家主
□ investment 名 投資
□ overnight 副 一晩で
□ devise 動 考え出す
□ forefront 名 最前線
□ capital 名 資本
□ hire 動 雇う
□ laborer 名 労働者
□ purchase 動 購入する

第4パラグラフ

□ void 名 空虚
□ pejorative 形 軽蔑的な
□ perceive A as B 熟 AをBとみなす
□ pursue 動 追い求める
□ spoils of war 名 戦利品
□ financier 名 資金提供者
□ incentive 名 動機
□ profitable 形 儲けの出る
□ business interests 名 利権
□ go hand in hand with 熟 ～と密接に関係している
□ measure 名 措置
□ aim at 熟 目的とする
□ democratize 動 民主化する
□ modernize 動 近代化する
□ civil rights legislation 名 公民権法
□ aid 名 支援
□ establishment 名 確立
□ idealism 名 理想主義
□ enterprise 名 事業
□ compelling 形 魅力的な
□ coalition 名 連合支援
□ free A from B 熟 AをBから解放する
□ govern 動 運営する
□ state 名 国家

第5パラグラフ

□ play out 熟 起こる
□ microcosm 名 小規模
□ amass 動 抱える
□ enormous 形 莫大な
□ debt 名 負債
□ canal 名 運河
□ asset 名 資産
□ target 動 対象にする
□ in debt 熟 借金を負って
□ term 名 条件
□ crippling 形 壊滅的な
□ annual 形 年間の
□ allocate 動 割り当てる
□ interest 名 利子
□ lawmaker 名 議員
□ bar ~ from office 熟 ～を解任する
□ would-be 形 ～志望の
□ legislator 名 議会議員

- □ campaign 動 選挙運動を行う
- □ issue 名 問題
- □ fall into 熟 ～に分類される
- □ faction 名 派閥
- □ conservative 名 保守派
- □ favor 動 支持する
- □ repayment 名 返済
- □ entire 形 全体の
- □ a good standing with 熟 ～との良好な関係
- □ creditor 名 債権者
- □ readjuster 名 再編党員

第 6 パラグラフ

- □ general 名 少将
- □ interracial 形 異人種間の
- □ legislature 名 議会
- □ run 動 立候補する
- □ platform 名 政策
- □ abolition 名 廃止
- □ in power 熟 権力を持った
- □ usher in 熟 導く
- □ hire 動 雇う
- □ bureaucracy 名 官僚
- □ staff 動 配属する
- □ in part 熟 部分的に
- □ auditor 名 会計検査官
- □ set about 熟 着手する
- □ delinquent 名 滞納
- □ treasury 名 財政
- □ surplus 名 黒字

第 7 パラグラフ

- □ significant 形 著しい
- □ promotion 名 推進
- □ radical 形 急進的な
- □ majority 名 大多数
- □ voter 名 有権者
- □ in the long term 熟 長期的に
- □ conservative 形 保守的な
- □ element 名（構成）要素
- □ race 名 人種
- □ electoral fraud 名 選挙違反
- □ intimidation 名 脅迫
- □ outright 形 あからさまな
- □ retake 動 取り戻す
- □ enact 動 制定する
- □ bar ～ from V-ing 熟 ～がＶするのを禁止する
- □ hold office 熟 官職に就く
- □ segregation 名 分離
- □ enforce 動 実施する
- □ brief 形 短期間の
- □ by all accounts 熟 誰に聞いても
- □ foray 名 事例
- □ integrate 動 統一する
- □ restore 動 回復する
- □ racial 形 人種の

DAY 7

筆記試験 2 （→ 212 ページ）

第 1 パラグラフ

- □ effective 形 効果的な
- □ altruism 形 利他主義
- □ expand 動 拡大する
- □ movement 名 運動
- □ emphasize 動 重視する
- □ unbiased 形 公平な
- □ when it comes to 熟 ～に関して
- □ charitable 形 慈善の
- □ organization 名 組織
- □ contribution 名 寄付
- □ factor 名 要因
- □ scale 名 規模
- □ severity 名 深刻さ
- □ maximum 形 最大の
- □ impact 名 影響
- □ human nature 名 人間性
- □ respond to 熟 ～に反応する
- □ emotional 形 感情的な
- □ appeal 名 訴え
- □ tug on the heartstrings 熟 心を揺り動かす
- □ bioethics 名 生命倫理学
- □ argue 動 主張する
- □ morality 名 道徳
- □ require ～ to V 熟 ～に V するように求める
- □ tenet 名 教義
- □ obligation 名 義務
- □ suffer from 熟 ～に苦しむ
- □ poverty 名 貧困

第 2 パラグラフ

- □ approach 名 仕方
- □ reflect 動 反映する
- □ principle 名 原則
- □ likelihood 名 見込み
- □ charity 名 慈善団体
- □ donate 動 寄付する
- □ be faced with 熟 ～に直面している
- □ plethora of 熟 あまりにも多くの
- □ option 名 選択肢
- □ in terms of 熟 ～の観点で
- □ scope 名 範囲
- □ museum 名 博物館
- □ cultural-enrichment 形 文化発展の
- □ reduce 動 削減する
- □ carbon 名 炭素
- □ emission 名 排出
- □ pharmaceutical 形 医薬品の
- □ research 名 研究
- □ potential 名 可能性
- □ avert 動 回避する
- □ charitable 形 慈善事業の
- □ arrange 動 配置する
- □ spectrum 名 範囲
- □ odds 名 可能性

- □ bear fruit 熟 実を結ぶ
- □ prove 動 証明する
- □ drug therapy 名 薬物療法
- □ combat 動 戦う
- □ region 名 地域
- □ treatment 名 治療
- □ currently 副 現在は
- □ unavailable 形 使用できない
- □ preferable 形 望ましい

第 3 パラグラフ

- □ critic 名 批判的な人
- □ charge 動 非難する
- □ proponent 名 支持者
- □ put emphasis on 熟 重視する
- □ statistics 名 統計
- □ overlook 動 見過ごす
- □ media 名 メディア
- □ watchdog 名 監視団体
- □ democracy 名 民主主義
- □ ensure 動 確保する
- □ maintenance 名 維持
- □ press 名 報道
- □ benefit 名 利益
- □ indisputably 副 紛れもなく
- □ essential 形 不可欠な
- □ defy 動 反する
- □ quantitative 形 量的な
- □ analysis 名 分析
- □ crunch 動 処理する
- □ have one's place 熟 意義がある
- □ mainstream 名 主流
- □ practitioner 名 実践者
- □ quantify 動 定量化する

筆記試験 3 (→214 ページ)

第 1 パラグラフ

- □ emotion 名 感情
- □ expression 名 表情
- □ evolution 名 進化論
- □ argue 動 主張する
- □ behavioral 形 行動的な
- □ physiological 形 生理学的な
- □ reaction 名 反応
- □ survive 動 生存する
- □ evolve 動 進化する
- □ unconditioned 形 無条件の
- □ response 名 反応
- □ external 形 外的な
- □ stimulus 名 刺激（複数形は stimuli）
- □ theorize 動 理論づける
- □ demonstrate 動 示す
- □ specific 形 特定の
- □ involuntary 形 無意識の
- □ facial expression 名 表情
- □ perspective 名 考え方
- □ hardwired 形 生まれつき備わった
- □ describe 動 説明する
- □ means 名 手段
- □ communicate 動 伝える
- □ innate 形 先天的な
- □ mental 形 精神の
- □ state 名 状態
- □ researcher 名 研究者
- □ construct 動 構築する

第 2 パラグラフ

- □ theory 名 理論
- □ propose 動 提唱する
- □ neuroscientist 名 神経科学者
- □ hold 動 主張する
- □ formulate 動 形作る
- □ exist 動 存在する
- □ note 動 注目する
- □ lack 動 ～がない
- □ solid 形 確固たる
- □ evidence 名 証拠
- □ view 名 見解
- □ point out 熟 指摘する
- □ anatomically 副 解剖学的に
- □ automatically 副 自動的に
- □ in response to 熟 ～に反応して
- □ multiple 形 複数の
- □ collaborate 動 協力する
- □ combine 動 結びつける
- □ auditory 形 聴覚的な
- □ sensory 形 知覚の
- □ simulation 名 シミュレーション
- □ assign 動 割り当てる
- □ significance 名 意義
- □ perception 名 知覚
- □ prior to 熟 ～の前
- □ associate 動 関連付ける
- □ heart rate 名 心拍数
- □ sweaty 形 汗をかいた
- □ palm 名 手のひら
- □ anxiety 名 不安
- □ recognize 動 認識する
- □ determination 名 決意
- □ acknowledge 動 認める
- □ prewire 動 あらかじめ備える
- □ notion 名 概念
- □ pleasure 名 喜び
- □ distress 名 苦痛
- □ label 動 分類する
- □ breadth 名 幅
- □ vary 動 変化する
- □ encounter 動 遭遇する

第 3 パラグラフ

- □ in particular 熟 特に
- □ significant 形 重大な
- □ influence 名 影響
- □ frame 動 表現する
- □ foundation 名 基盤
- □ facilitate 動 促進する
- □ acquisition 名 習得
- □ implementation 名 実行
- □ develop 動 発達させる
- □ label 動 分類する
- □ interplay 名 相互作用
- □ physiological 形 生理学的な
- □ bodily 形 身体的な
- □ sensation 名 感覚
- □ context 名 文脈
- □ arise 動 生じる
- □ term 名 用語
- □ when it comes to 熟 ～について
- □ automatic 形 自然発生的な
- □ trigger 動 誘発する
- □ adopt 動 取り入れる
- □ internalize 動 内面化する
- □ prevalent 形 浸透している

DAY 8

筆記試験 2 (→248 ページ)

第 1 パラグラフ

- □ box office 名 興行
- □ revenue 名 収入
- □ slide 名 低下
- □ theater attendance 名 観客数
- □ skyrocket 動 急増する
- □ account for 熟 占める
- □ share 名 シェア
- □ gross earnings 名 総収入
- □ market 名 市場
- □ point out 熟 指摘する
- □ statistics 名 統計
- □ mislead 動 誤解を招く
- □ take home 熟 (収入を) 手取りとして得る
- □ approximately 副 約
- □ strict 形 厳しい
- □ revenue-sharing 形 収入分配の
- □ regulation 名 規制
- □ consequently 副 その結果
- □ impressive 形 目覚ましい
- □ contribution 名 寄与
- □ bottom line 名 収益
- □ exaggerate 動 誇張する

第 2 パラグラフ

- □ reliance 名 依存
- □ gamble 名 ギャンブル
- □ rating system 名 レイティングシステム
- □ state-sanctioned 形 国家に認証された
- □ suitable 形 適している
- □ viewing public 名 視聴者
- □ deem 動 ～とみなす
- □ offensive 形 反する
- □ moral 形 道徳的な
- □ values 名 価値観
- □ deny 動 拒否する
- □ release 名 公開
- □ the supernatural 名 超自然現象
- □ apply 動 適用する
- □ consistently 副 一貫して
- □ production 名 作品
- □ permission 名 許可
- □ investor 名 投資家
- □ count on 熟 あてにする
- □ former 形 元の
- □ diplomat 名 外交官
- □ object to 熟 反対する
- □ censor 名 検閲官

第 3 パラグラフ

- □ view A as B 熟 A を B とみなす
- □ form 名 形態
- □ communist nation 名 共産主義国家

- □ resistance 名 抵抗
- □ authoritarian 形 権威主義的な
- □ reverse 形 逆の
- □ film 名 映画
- □ hit 名 ヒット
- □ stir up 熟 呼び起こす
- □ sympathy 名 同情心
- □ advocate 動 主張する
- □ independence 名 独立
- □ perception 名 認識
- □ burgeon 動 急成長する
- □ profitability 名 収益性
- □ fund 動 資金を提供する
- □ sensitive 形 扱いづらい
- □ routinely 副 日常的に
- □ alter 動 変更する
- □ appealing 形 受けがいい
- □ role 名 役
- □ scene 名 シーン
- □ incorporate 動 取り入れる
- □ Chinese character 名 漢字

筆記試験 3 （→250 ページ）

第 1 パラグラフ

- □ uprising 名 反乱
- □ inception 名 建国
- □ colonization 名 植民地化
- □ characterize 動 特徴づけられる
- □ violence 名 暴力
- □ injustice 名 不正
- □ repress 動 圧迫する
- □ displace 動 強制退去させる
- □ native people 名 先住民族
- □ settler 名 入植者
- □ seize 動 取る
- □ farmland 名 農地
- □ capital city 名 首都
- □ provide A with B 熟 A に B を提供する
- □ transportation 名 交通機関
- □ link 名 接続路線
- □ subsidize 動 補助金を出す
- □ freight service 名 貨物輸送サービス
- □ access 名 利用
- □ credit 名 信用貸し
- □ loan 名 融資
- □ offer 動 提供する
- □ native 形 地元の
- □ inhabitant 名 住民
- □ in terms of 熟 ～の点で
- □ legal protection 名 法的保護
- □ burden 動 課す
- □ taxation 名 課税
- □ harshly 副 厳しく
- □ subjugate 動 服従させる
- □ tribe 名 部族
- □ fertile 形 肥沃な
- □ force 動 強いる
- □ menial labor 名 単純労働
- □ be subjected to 熟 ～を受ける
- □ appalling 形 酷い
- □ abuse 名 虐待

第 2 パラグラフ

- □ band 動 団結する
- □ in secret 熟 密かに
- □ form 動 作る
- □ launch 動 始める

- □ **guerrilla warfare** 名 ゲリラ戦
- □ **revolt** 名 反乱
- □ **unanimous** 形 全員一致の
- □ **stance** 名 立場
- □ **colonial** 形 植民地の
- □ **division** 名 分裂
- □ **loyalist** 名 親植民地派
- □ **retain** 動 維持する
- □ **forge** 動（関係など）を築く
- □ **administration** 名 当局
- □ **moderates** 名 穏健派
- □ **resolution** 名 解決
- □ **path** 名 道

第 3 パラグラフ

- □ **official** 形 公式の
- □ **portray A as B** 熟 A を B とみなす
- □ **savage** 形 野蛮な
- □ **tribal** 形 部族的な
- □ **cult** 名 カルト
- □ **irrational** 形 不合理な
- □ **instinct** 名 本能
- □ **be bent on** 熟 注力している
- □ **underlying** 形 根底にある
- □ **racism** 名 人種差別主義
- □ **propaganda** 名 プロパガンダ
- □ **subconscious** 形 潜在意識の
- □ **minority** 名 少数派
- □ **comprehend** 動 理解する
- □ **craft** 動 巧妙に練る
- □ **albeit** 前 ～ではあるが
- □ **brutal** 形 残忍な
- □ **hit-and-run** 形 電撃的な
- □ **tactics** 名 戦術
- □ **potent** 形 効果的な
- □ **sophisticated** 形 洗練された
- □ **engage** 動 交戦する
- □ **entrenched** 形 堅固な
- □ **heavily armed** 形 重装備の
- □ **forces** 名 軍
- □ **ignore** 動 無視する
- □ **legitimate** 形 正当な
- □ **grievance** 名 不満
- □ **narrative** 名 論調
- □ **conflict** 名 紛争
- □ **primarily** 副 主に
- □ **civil war** 名 内戦
- □ **significant** 形 かなりの
- □ **distort** 動 歪曲する
- □ **motivation** 名 動機
- □ **rebel** 名 反逆者
- □ **subdue** 動 抑える

第 4 パラグラフ

- □ **retaliate** 動 報復する
- □ **massive** 形 大規模な
- □ **aerial bombing** 名 空爆
- □ **campaign** 名 作戦
- □ **inflict** 動（苦痛など）を負わせる
- □ **casualty** 名 犠牲者
- □ **refuge** 名 避難
- □ **imprison** 動 投獄する
- □ **torture** 名 拷問
- □ **simultaneously** 副 同時に
- □ **strategy** 名 戦略
- □ **villagization** 名 村落化

□ implement 動 実行する
□ harmless-sounding 形 無害な響きの
□ resettlement 名 移住
□ rural 形 農村の
□ secure 形 警備の厳重な
□ compound 名 区域
□ watchtower 名 監視塔
□ deal with 熟 対処する
□ justify 動 正当化する
□ means 名 手段
□ sanctuary 名 聖域
□ rehabilitation 名 社会復帰
□ civilian 名 市民
□ relocate 動 移転する
□ property 名 家財
□ livestock 名 家畜

第5パラグラフ

□ resource 名 資源
□ inadequate 形 不十分な
□ malnutrition 名 栄養失調
□ starvation 名 飢餓
□ relief 名 救援
□ aid 名 援助
□ prioritize 動 優先させる
□ in actuality 熟 実際のところ
□ conceive 動 考案する
□ sole 形 唯一の
□ intent 名 意図
□ deprive A of B 熟 AからBを奪う
□ manpower 名 人的資源
□ sympathetic 形 同情的な
□ countermeasure 名 対策
□ achieve 動 達成する
□ intend 動 意図する
□ embitter 動 苦しめる

第6パラグラフ

□ controversy 名 論争
□ surround 動 めぐる
□ figure 名 数値
□ around 副 約～
□ human rights 名 人権
□ execute 動 処刑する
□ torture 動 拷問する
□ maimed 形 障害を負った
□ dispute 動 異論を唱える
□ commit 動（罪を）犯す
□ brutal 形 残忍な
□ acknowledge 動 認める

第7パラグラフ

□ ultimately 副 最終的に
□ legacy 名 遺産
□ debate 動 議論する
□ historian 名 歴史家
□ decolonization 名 独立
□ agrarian 形 農業的な
□ reform 名 改革
□ liberals 名 リベラル派
□ suppress 動 抑圧する
□ rebellion 名 反乱
□ comprehensively 副 完全に
□ defeat 動 負かす
□ transition 名 移行
□ independence 名 独立
□ argument 名 主張
□ account for 熟 説明する

- □ **atrocity** 名 残虐行為
- □ **raging** 形 激しい
- □ **exert** 動 行う
- □ **lessen** 動 緩める
- □ **severity** 名 厳しい仕打ち
- □ **height** 名 最盛期

第8パラグラフ

- □ **moderate** 形 穏健派の
- □ **nationalist** 名 民族主義者
- □ **reject** 動 拒否する
- □ **liberation** 名 解放
- □ **state** 動 述べる
- □ **hooligan** 名 フーリガン
- □ **liken A to B** 熟 AをBにたとえる
- □ **veteran** 動 退役軍人
- □ **successive** 形 その後の
- □ **ban** 動 禁止する
- □ **hardship** 名 苦難
- □ **suffer** 動 被る
- □ **insurgency** 名 反乱
- □ **compensate** 動 賠償する
- □ **victim** 名 犠牲者

監修者紹介

山田広之（やまだ・ひろゆき）

神奈川県出身。英国エディンバラ大学での交換留学を経て、国際基督教大学教養学部を卒業。英国リーズ大学大学院に進学し、社会美術史専攻で修士号を取得。2004 年よりトフルゼミナール講師として基礎英語から大学入試、TOEFL 対策までさまざまな授業を担当。監修に『TOEFL テスト速読速聴トレーニング［英検 2 級レベル］』『TOEFL テスト速読速聴トレーニング［英検準 2 級レベル］』『はじめて受ける TOEFL ITP テスト教本』『TOEFL ITP テストリーディング教本』『TOEFL ITP テストリスニング教本』、共著書に『パーフェクト攻略 IELTS 総合対策』（全てテイエス企画）がある。

執筆協力：　谷合瑞輝、小沢芳、キャメロン・ハイ
編集協力：　高橋清貴
デザイン・DTP：　清水裕久（Pesco Paint）
録音・編集：　株式会社ルーキー
ナレーター：　Deirdre Ikeda ／ Jack Merluzzi ／ Carolyn Miller ／ Michael Rivas

毎日ミニ模試 英検® 1級

発行　　2020 年 3 月 30 日　第 1 刷

監修者　　山田広之
発行者　　山内哲夫
企画・編集　　トフルゼミナール英語教育研究所
発行所　　テイエス企画株式会社
〒 169-0075
東京都新宿区高田馬場 1-30-5 千寿ビル 6F
TEL　(03) 3207-7590
E-mail　books@tsnet.co.jp
URL　https://www.tofl.jp/books
印刷・製本　　図書印刷株式会社

ISBN978-4-88784-254-0　Printed in Japan